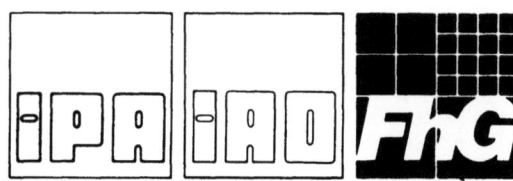

Forschung und Praxis

Band T 22

Berichte aus dem

Fraunhofer-Institut für Produktionstechnik und Automatisierung (IPA), Stuttgart

Fraunhofer-Institut für Arbeitswirtschaft und Organisation (IAO), Stuttgart

Institut für Industrielle Fertigung und Fabrikbetrieb (IFF) der Universität Stuttgart, und

Institut für Arbeitswissenschaft und Technologiemanagement (IAT) der Universität Stuttgart

Herausgeber: H. J. Warnecke und H.-J. Bullinger

IAO-Forum
18. April 1991

Objektorientierte Informationssysteme

Herausgegeben von H.-J. Bullinger

Springer-Verlag Berlin Heidelberg GmbH 1991

Dr.-Ing. Dr. h. c. Dr.-Ing. E. h. H. J. Warnecke
o. Professor an der Universität Stuttgart
Fraunhofer-Institut für Produktionstechnik und Automatisierung (IPA), Stuttgart

Dr.-Ing. habil. H.-J. Bullinger
o. Professor an der Universität Stuttgart
Fraunhofer-Institut für Arbeitswirtschaft und Organisation (IAO), Stuttgart

Dieses Werk ist urheberrechtlich geschützt. Die dadurch begründeten Rechte, insbesondere die der Übersetzung, des Nachdrucks, der Entnahme von Abbildungen und Tabellen, der Funksendung, der Mikroverfilmung oder der Vervielfältigung auf anderen Wegen und der Speicherung in Datenverarbeitungsanlagen, bleiben, auch bei nur auszugsweiser Verwertung, vorbehalten. Eine Vervielfältigung dieses Werkes oder von Teilen dieses Werkes ist auch im Einzelfall nur in den Grenzen der gesetzlichen Bestimmungen des Urheberrechtsgesetzes der Bundesrepublik Deutschland vom 9. September 1965 in der Fassung vom 24. Juni 1985 zulässig. Sie ist grundsätzlich vergütungspflichtig. Zuwiderhandlungen unterliegen den Strafbestimmungen des Urheberrechtsgesetzes.

ISBN 978-3-540-54122-6   ISBN 978-3-662-09036-7 (eBook)
DOI 10.1007/978-3-662-09036-7

© Springer-Verlag Berlin Heidelberg 1991
Ursprünglich erschienen bei Springer-Verlag Berlin Heidelberg New York 1991.

Die Wiedergabe von Gebrauchsnamen, Handelsnamen, Warenbezeichnungen usw. in diesem Werk berechtigt auch ohne besondere Kennzeichnung nicht zu der Annahme, daß solche Namen im Sinne der Warenzeichen- und Markenschutz-Gesetzgebung als frei zu betrachten wären und daher von jedermann benutzt werden dürften.

Sollte in diesem Werk direkt oder indirekt auf Gesetze, Vorschriften oder Richtlinien (z. B. DIN, VDI, VDE) Bezug genommen oder aus ihnen zitiert worden sein, so kann der Verlag keine Gewähr für Richtigkeit, Vollständigkeit oder Aktualität übernehmen. Es empfiehlt sich, gegebenenfalls für die eigenen Arbeiten die vollständigen Vorschriften oder Richtlinien in der jeweils gültigen Fassung hinzuziehen.

Gesamtherstellung: Copydruck GmbH, Heimsheim

2362/3020-543210

Vorwort

Objektorientierte Informationssysteme

Viele Software-Experten sind der Ansicht, daß objektorientierte DV-Systeme in den 90er Jahren zunehmend an Bedeutung gewinnen werden. Eigenschaften wie die erhöhte Wiederverwendbarkeit von Softwarebausteinen verringern die Entwicklungszeit, vereinfachen die Wartung und steigern die Performance der Anwendungssysteme.

Nach objektorientierten Programmiersprachen und Benutzeroberflächen erobern derzeit die Datenbanksysteme diese zukunftsträchtige Technologie. Objektorientierte Datenbanken sind die Systeme der kommenden Jahre: Sie sind anwenderfreundlich, flexibel, mächtig in der Modellierung und in der Performance können sie relationale Systeme um Größenordnungen übertreffen.

Besonders für anspruchsvolle Anwendungsgebiete wie CAD/CAM, Büroautomatisierung, Software Engineering oder Wissensrepräsentation ist die hohe Ausdrucksfähigkeit des objektorientierten Modells von entscheidender Bedeutung. Objektorientierte Datenbanksysteme begegnen den komplexen Anforderungen dieser Anwendungen vor allem dadurch, daß ihr Datenmodell Konzepte anbietet, mit denen die Struktur und das Verhalten von realen Objekten weitgehend 1:1 durch Datenbankobjekte abbildbar sind. Dadurch vereinfachen sich Datenbankentwurf und Datenverwaltung und weisen den Vorteil erhöhter Fehlertoleranz auf. Außerdem werden die Konsistenz der Datenbank verbessert sowie die Effizienz des Anwendungssystems gesteigert.

In diesem Forum werden die in objektorientierten Anwendungssystemen implementierten theoretischen Ansätze sowie die daraus gewonnenen praktischen Erfahrungen aufgezeigt und diskutiert. Der Schwerpunkt liegt dabei auf der praktischen Anwendung der Konzepte und wird durch Vorführung von kommerziellen Produkten sowie von am IAO entwickelten Prototypen veranschaulicht.

Stuttgart, April 1991   Prof. H.-J. Bullinger

Inhalt

Neue Wege der Informationsverarbeitung — 9
H.-J. Bullinger, Fraunhofer-Institut für Arbeitswirtschaft und Organisation (IAO), Stuttgart

Objektorientierte Datenbanksysteme — 33
– leistungsfähige Basis komplexer Anwendungssysteme
K. R. Dittrich, M. Härtig, Universität Zürich

Objektmodellierung betrieblicher Informationssysteme — 59
E. Sinz, Otto-Friedrich-Universität Bamberg

Objekt-orientierte Datenbanksysteme – Eine Marktübersicht — 111
D. Koch, FhG-IAO

Technische Produktdokumentation am Beispiel von — 135
Nutzfahrzeugen
J. Matthes, FhG-IAO

Objektorientierte Modellierung von Anwendungsprozessen — 151
L. Heuser, Digital Equipment Corporation, Karlsruhe

Werkstoffinformationssystem auf der Basis einer — 171
objektorientierten Datenbank
D. Fischer, FhG-IAO

Praktische Anwendung objektorientierter Technologien — 193
in der Software-Entwicklung
R. Vorwerk, Vorwerk Consulting, Braunschweig

Werkzeuge zur Übersetzung technischer Dokumente — 201
R. Mayer, FhG-IAO

1 Einleitung

In zunehmendem Maße sehen sich heute die Anwender der Informationsverarbeitung mit der Situation konfrontiert, daß die organisch gewachsenen und oftmals isoliert arbeitenden Anwendungssysteme den Unternehmenszielen sowie den Bedürfnissen der Aufbau- und Ablauforganisation nicht mehr gerecht werden.

Durch die fortschreitende Mechanisierung und Automation sowie DV-technische Durchdringung der technischen Unternehmensbereiche wurde ein Grad an Effizienz erreicht, der erhöhte Anforderungen an den neben Arbeit, Betriebsmittel und Werkstoff vierten Produktionsfaktor, die Information, stellt. In diesem Zusammenhang erhöht die notwendige Integration von Administration/Planung, Prozeßsteuerung und des Produktionsprozesses selbst die Komplexität der innerbetrieblichen Abläufe. Erzeugung, Verarbeitung und Nutzung von Informationen erfordern organisatorisch und DV-technisch geeignete Kommunikationsschnittstellen in allen Ebenen und Funktionen des Unternehmens.

Das Bild der heutigen DV-Landschaft in vielen Unternehmensbereichen läßt sich beschreiben durch Anwendungen unterschiedlicher Herkunft bzw. Entstehungsgeschichte. In dieser Tatsache liegt die Schwierigkeit der Realisierung einer über alle Bereiche greifenden Integration begründet. Selbst wenn der Integrationsgedanke angegangen wird, kann dieser nicht sinnvoll umgesetzt werden, da die im Einsatz befindlichen Anwendungssysteme oftmals an der Grenze ihrer Ausbaubarkeit und Wartbarkeit angelangt sind. Zusätzliche Schwierigkeiten bereitet die Anpassung und der Ausbau der Hardware an die neuen Anwendungssysteme, so daß dieser Umstand häufig zwingend einen Generationswechsel bei der Hardware nach sich zieht. Bild 1 zeigt den Übergang von der funktionalen auf die ganzheitliche Sichtweise im Unternehmen.

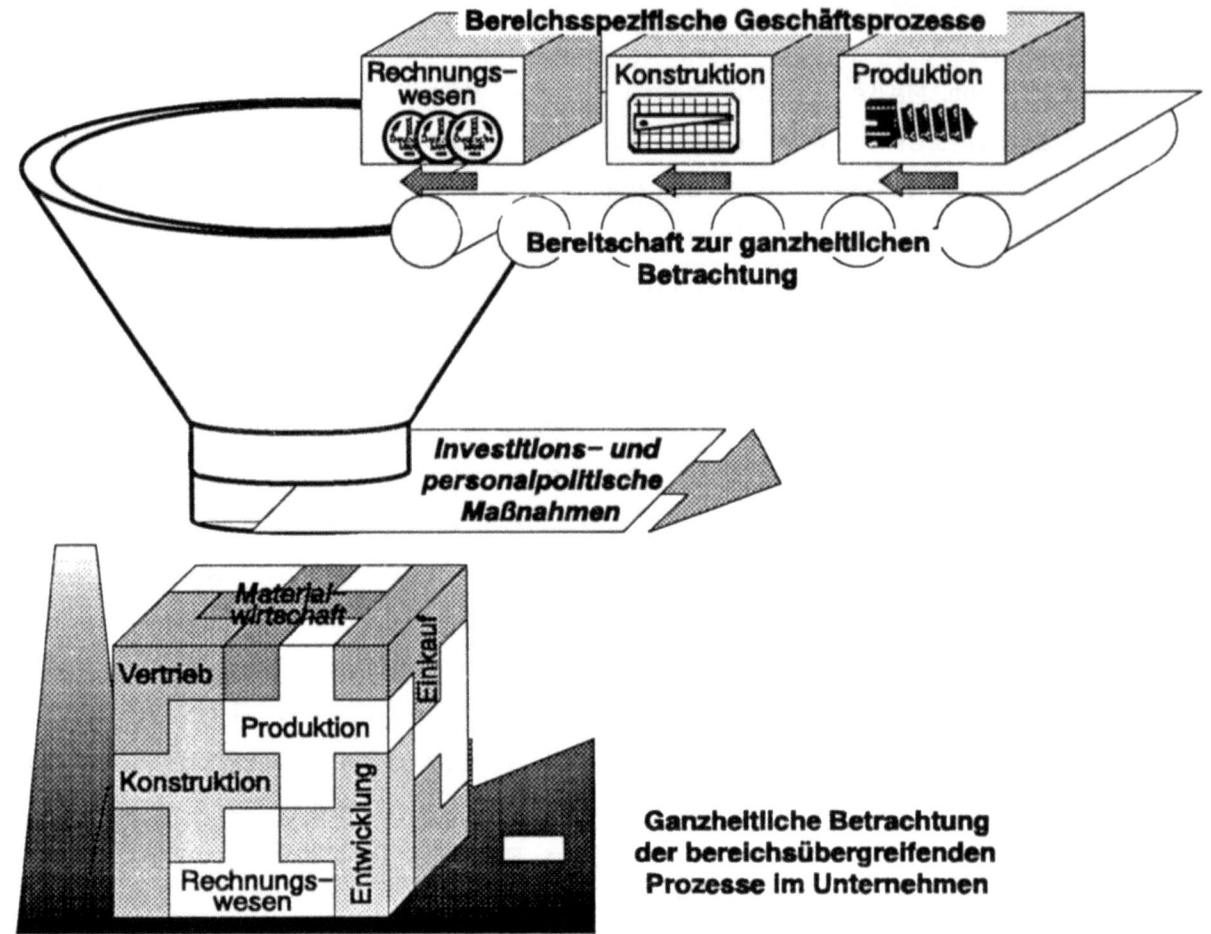

Bild 1: Übergang zur ganzheitlichen Betrachtung

Die Situation der für die Informationsverarbeitung Verantwortlichen ist die, daß sie sich zum einen der Unzufriedenheit der Anwender bezüglich der eingesetzten DV-Systeme gegenüber sehen, aber gleichzeitig um vielversprechende Neuentwicklungen in der Informationsverarbeitung wissen. Hieraus resultiert der Wunsch nach einem Neubeginn, einer DV-technischen Lösung auf der grünen Wiese.

Die Erwartungen, die der Anwender an zukünftige DV-Systeme stellt, lassen sich wie folgt beschreiben:

o   Aufbau einer homogenen DV-Systemwelt, in der die Betriebssystemsoftware hardwareunabhängig ist.

o   Gestaltung einheitlicher Schnittstellen zur Mensch-

Maschine-Kommunikation, in denen zur Verbesserung der
Aufnahmefähigkeit des Menschen ergonomische Gesichtspunkte
verwirklicht werden. Der Vorteil ist, daß der Anwender
nicht mehr mit der abstrakten Kommandosyntax der
Betriebssysteme konfrontiert wird, sondern er sich auf
originäre Tätigkeiten, wie Erzeugung, Beschaffung und
Bearbeitung von Daten, konzentrieren kann.

o Abbildung von operativen Prozessen weniger vor dem
  Hintergrund einer streng funktionalen Gliederung der
  Unternehmensbereiche, sondern hinsichtlich
  bereichsübergreifender Zusammenhänge.

Für die Verwirklichung neuer DV-Systeme in der Informationsverarbeitung gilt es, sich mit folgenden Fragen auseinander-
zusetzen.

o Wird die Information und deren Verarbeitung im Unternehmen
  als künftiger neuer Produktionsfaktor gesehen?

o Wenn ja, ist das Unternehmen bereit, die disziplinäre
  Sicht auf die Organisationsstruktur neu zu überdenken und
  auf eine ganzheitliche Betrachtungsweise der operativen
  Prozesse im Unternehmen überzugehen?

o Eine weitere Frage im Umgang mit diesem Thema stellt sich
  mit den für die Durchführung der neuen Aufgabe verbundenen
  investitionspolitischen Entscheidungen. Ist das
  Unternehmen bereit, diese zu leisten, auch ohne deren
  Wirtschaftlichkeit quantitativ belegen zu können?

o Und last but not least muß sich das Unternehmen im klaren
  sein, daß eng mit der Entwicklung und Anwendung von
  ganzheitlichen DV-Systemen personalpolitische Maßnahmen
  und eine entsprechende Qualifizierung der Anwender
  einhergehen müssen.

2 Produktionsfaktor Information

Information - Lebenselexier der Wirtschaft im Wettbewerb

Eine leistungsfähige Informationsverarbeitung wird immer stärker zum wettbewerbsentscheidenden Faktor für Forschung und Industrie. Große Unternehmen leisten sich ein Informationsmanagement, um die für ihre betrieblichen Entscheidungen erforderliche Information zu gewinnen und ihren Führungskräften gezielt zur Verfügung zu stellen. Der Besitz von Informationen - nicht nur von Daten - und die Fähigkeit, sie richtig zu bewerten und zu verarbeiten, ist ein wesentlicher Faktor in den unterschiedlichsten Entscheidungsprozessen. Erfahrung, Intuition und Phantasie sind weitere Faktoren. Viele Unternehmen, vor allem Großunternehmen, haben längst erkannt, daß der Produktionsfaktor Information genauso wirtschaftlich, effizient und gewinnbringend "gemanagt" werden muß wie Boden, Kapital und Arbeit. Die Information als Produktionsfaktor gewinnt somit zunehmend an Wert. Wettbewerbsfähige und profitable Unternehmen heben sich am Markt durch die Fähigkeit ab, daß sie den Umgang mit der Information beherrschen. Denn Informationen machen Entscheidungen, auch ad hoc Entscheidungen, sicherer. Je mehr Informationen berücksichtigt werden, desto geringer ist das Risiko, falsch zu entscheiden.

Wie versorgt sich unsere Wirtschaft mit Informationen?

Damit Wissen nicht verlorengeht, wird es aufgeschrieben und nicht selten veröffentlicht. Ein gut ausgebautes Fachzeitschriften- und Fachliteraturwesen ist deshalb eine wichtige Informationsquelle für die Wirtschaft. Diese Informationen werden in Bibliotheken gesammelt, um möglichst viel Wissen für die Suche nach neuen Problemlösungen parat zu haben. Die traditionellen Formen, Wissen zu sammeln und es verfügbar zu machen, haben bisher gut funktioniert. In jüngster Zeit werden jedoch Zahlen, Fakten usw. in Datenbanken gesammelt. Hier werden Informationen gespeichert, geordnet und verwaltet, damit bei neuen Fragestellungen auf diese Sammlungen zurückgegriffen werden kann. Dies ermöglicht die Compu-

tertechnik in Form der elektronischen Wissensspeicherung. Die
EDV eröffnet bei der Suche nach Informationen und Daten neue
Dimensionen beim Speichern, Verwalten und Wiederfinden von
Wissen. Die Effizienz der Informationssuche läßt sich mit
Hilfe der EDV wesentlich steigern. Dadurch bietet sich die
Chance für Unternehmen, den Konkurrenten stets einen Schritt
voraus zu sein.

Was steht an "elektronischen" Informationen zur Verfügung?

Setzt man sich mit dieser Frage auseinander und will sie
beantworten, müssen der Informationsmarkt und die Kommunikation näher beleuchtet werden.

Informationsmärkte und Kommunikation

Datenbanken, von Behörden oder Unternehmen unterhaltene Anlagen, gibt es für fast alle Wissensgebiete. In den Datenbanken
werden Informationen elektronisch gespeichert. Sie ermöglichen eine schnelle und umfassende Informationsbeschaffung aus
der immer stärker anwachsenden Informationsmenge. In Deutschland wurden beispielsweise 1989 mit sogenannten Online-Datenbanken - direkter Anschluß der Anwender - rund 210 Mio.DM
umgesetzt.

Umsätze mit Datenbanken in der BRD

Jahr	Umsatz (Mio.DM)
1989	210
1990*	270
1991*	310
1992*	360
1993*	400

*Schätzung; Quelle: IDC Deutschland GmbH/Kronberg

Die Telekommunikation erlaubt es, diese Systeme immer stärker zu vernetzen. Die Ressource Information wird standortunabhängig verfügbar. Eine wichtige Quelle für die Unternehmen sind die "elektronischen" Märkte wie der Online-Datenbankmarkt. Dabei können Anwender über eine Online-Verbindung mit Hilfe eines Computers Informationen abrufen, der an Einrichtungen zur Datenübertragung angeschlossen ist. Der Schwerpunkt abrufbarer Informationen liegt eindeutig, wie in Bild 2 zu erkennen ist, bei den Wirtschafts- und Finanzinformationen.

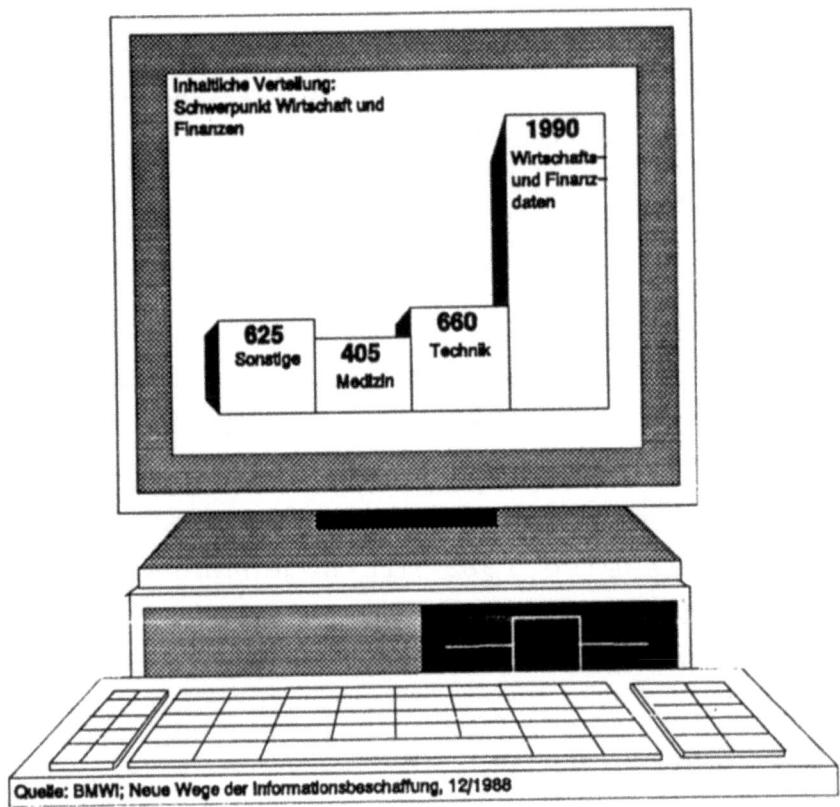

Bild 2: Inhaltliche Verteilung vorhandener Datenbanken

Beispielsweise waren weltweit im Jahr 1988 Zugriffe auf ca. 3700 elektronische Datenbanken und deren Informationen, die von mehr als 550 Datenbankanbietern bereitgehalten werden, möglich - Tendenz steigend.

In drei unterschiedlichen Grundtypen von Datenbanken werden Informationen gespeichert.

Gewußt wo! - Bibliographische Datenbanken

Bibliographische Datenbanken sind sogenannte Hinweisdatenbanken. Sie enthalten nicht selbst die gesuchte Information, sondern den Hinweis, wo man sie in vollem Umfang findet. In diesen Datenbanktyp gehören die Literaturdatenbanken, in denen Angaben zu Fachliteratur (Kurzfassung von Publikationen und eine Liste im Text auftauchender Schlagworte) enthalten sind.

Gewußt wo und gleich geliefert! - Volltextdatenbanken

Volltextdatenbanken liefern ebenfalls direkt die gewünschte Information, allerdings als kompletten Text in Form von Büchern, Zeitschriften, Zeitungen oder Dokumenten, wie z. B. Patentdokumente, Gerichts- und Verwaltungsentscheidungen. Sie haben gegenüber den Literaturdatenbanken den Vorteil, daß sie nicht nur einen Hinweis auf anderweitig zu beschaffende Texte liefern, sondern die Texte selbst.

Gewußt wer, wie, was! - Faktendatenbanken

Faktendatenbanken liefern direkt die gewünschte Information in Form von Zahlen und Texten. Faktendatenbanken gibt es z.B. für Bilanzdaten, Einkaufsmöglichkeiten, naturwissenschaftliche (Chemie, Physik) und technische Daten, Preise, Börseninformationen u. a. m. Die Faktendatenbanken liefern exakte Tatsachendaten, die man im eigenen Rechner unmittelbar weiterverarbeiten kann. Das gilt z.B. für technische Konstruktionen oder wirtschaftliche Vergleichsrechnungen.

Eine zusätzliche, besondere Form des Einsatzes der elektronischen Kommunikationsmittel sind Real-Time-Dienste für Wirtschaftsinformationen. Bei Wirtschaftsdiensten werden u. a. Börsenkurse und Firmeninformationen abgerufen.

Aktienkurse, Waren-, Börseninformationen, Devisenkurse sowie Wertpapiernotierungen werden so schnell an alle Interessenten übermittelt. Diese können ggf. sofort auf die Börsen- oder

Marktentwicklung reagieren.

Der wirtschaftliche Nutzen der Real-Time-Dienste ist so offensichtlich, daß sie sich am Markt durchgesetzt haben. Mit ihnen werden weltweit hohe Umsätze erzielt. Im selben Umfang hat sich die elektronische Speicherung und Vermittlung von Informationen durch Datenbanken noch nicht durchgesetzt. In den letzten Jahren steigen aber auch bei den Datenbanken schnell die Umsätze, weil die neuen Informationsmöglichkeiten immer stärker angenommen werden.

Abschließend seien noch die Datenbanken für die Westentasche erwähnt. Seit Anfang 1990 werden Datenbanken im Taschenrechnerformat angeboten. Die nur wenige hundert Gramm schweren Computer können durch verschiedene Einsteckkarten zu Terminkalendern, Wörterbüchern, Adressenverzeichnissen u. a. umgerüstet werden. Diese Geräte mit ihren Minidatenbanken können an größere Rechner angeschlossen werden.

3 Herausforderungen an die zukünftige Informationsverarbeitung

Das Ziel der Informationsverarbeitung ist es, den Menschen in seiner Arbeit möglichst wirkungsvoll zu unterstützen. Daraus folgt, daß die Gegenstandswelt der Anwender Maßstab sein muß für die Funktionalität der Rechnersysteme - und nicht etwa umgekehrt! Je mehr sich die Strukturen der DV-Welt den Denkstrukturen ihrer Benutzer anpassen, um so einfacher können die Anwender mit den Systemen arbeiten und um so flexibler können Rechner auf die Anforderungen der Benutzer reagieren.

3.1 Evolution der Informationsverarbeitung

Zur Bedienung der ersten Rechner mußten die Benutzer noch weitreichendes Wissen über die Hardware des benutzten Computers besitzen.

Selbst in den 70er Jahren wurden viele Programme noch in Lochkarten eingestanzt (oft noch unter der Einschränkung, daß der auf eine Karte eingestanzte Text erst nach Beendigung der Zeile sichtbar wurde). Das Ziel und der Verlauf der Entwicklung gehen jedoch immer weiter in Richtung einer höheren Abstraktionsebene, auf der man weder genaue Kenntnisse über die Rechner-Hardware besitzen muß, noch über die internen Details der erfolgten Berechnungen. So wie man beispielsweise ein Fernsehgerät einfach benutzen kann, ohne zu wissen, woraus das Gerät besteht und wie es funktioniert.

Diese Entwicklung ist auch bei den Programmiersprachen zu erkennen. Die ersten Programme mußten in Assembly Language geschrieben werden, was den Programmierer zwang, seine Anwendung in Form von einzelnen Zeichen, die zwischen Registern hin- und hergeschoben wurden, zu formulieren. Oft hört man die typischen Witze über Hacker, die mühelos Text in Hexadezimaldarstellung lesen können.

Die erste (heute noch verwendete) "höhere" (weil auf einer höheren logischen Ebene) Programmiersprache - FORTRAN - brachte einen entscheidenden Fortschritt; man konnte Algorithmen nun in abstrakteren Strukturen formulieren und brauchte wenig Wissen über interne Rechnerstrukturen. Die dann entwickelten anderen höheren Programmiersprachen (wie z.B. Pascal) brachten eine weitere Strukturierung und Abstrahierung mit sich.

Dennoch zwingen auch die meisten höheren Programmiersprachen den Benutzer, seine Anwendung in Formen auszudrücken, die mit der Gegenstandswelt der Anwendung, die ja den Benutzer letztendlich interessiert, wenig zu tun haben. So denkt ein Anwender, der sich etwa mit einem Fahrzeugdokumentationssystem beschäftigen will, zunächst nicht an Variablendeklarationen, goto-Anweisungen oder Unterprogramme, sondern an die Objekte, die in seiner Anwendung vorkommen, also zum Beispiel an Fahrzeuge, deren Einzelteile, Kostendifferenzen, etc. Das natürlichste für den Entwickler eines solchen Systems wäre es zu definieren: Es gibt diese und jene Objekte, und sie sollen sich so und so verhalten.

Vier verschiedene Paradigmata der Programmiersprachen bildeten sich im Laufe der Zeit (Bild 3) heraus.

o   *Prozedurales Paradigma*

In den hierzu gehörigen Programmiersprachen werden die Variablen, mit denen man operiert, sowie der Algorithmus, durch den man zu den gewünschten Ergebnissen gelangt, beschrieben. Beispiele für prozedurale Programmiersprachen sind FORTRAN, Pascal, C, Algol, Ada, Cobol.

o   *Funktionales Paradigma*

Hier gibt es keine Variablendeklarationen oder Zuweisungen, sondern nur Funktionen, die auf Parameter wirken. Ein Anwendungsproblem wird also nach seiner Funktionalität modular in Teilprobleme zerlegt, und diese werden durch Funktionen beschrieben. Beispiele für funktionale Sprachen sind Lisp und Scheme.

o   *Objektorientiertes Paradigma*

Objektorientierte Sprachen stellen die Objekte der Benutzerwelt in den Vordergrund und ordnen sie in einem Klassensystem an, in dem Eigenschaften und Verhalten von Ober- and Unterklassen vererbt werden. Die Objekte kommunizieren miteinander durch Nachrichten. Beispiele für objektorientierte Programmiersprachen sind Smalltalk, C++ und Eiffel.

o   *Deklaratives Paradigma*

Die Idee der deklarativen Sprachen ist es, nur noch zu formulieren, was als Ergebnis gewünscht wird, ohne ein Verfahren dafür anzugeben, wie das z.B. durch Regeln bei der Programmiersprache Prolog der Fall ist. Diese Idee wird übrigens auch von der Datenbankanfragesprache SQL (Structured Query Language) verfolgt, die allerdings keine vollständige Programmiersprache ist.

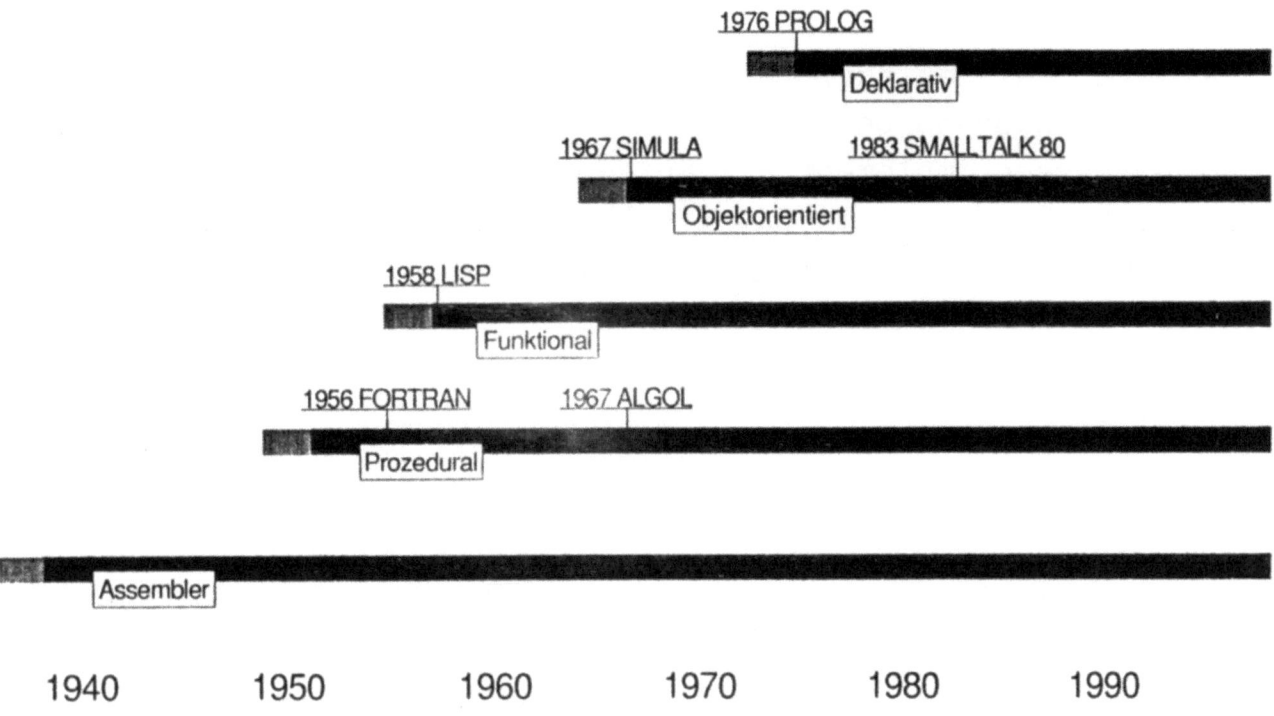

Bild 3: Paradigmata der Programmiersprachen

In die Entwicklung des Rechners in Richtung der Bedürfnisse des Menschen sind alle größeren Bewegungen der Software-Entwicklung einzuordnen, angefangen mit komfortablen Benutzeroberflächen für Anwender und Entwickler, über verteilte Systeme, die dem Benutzer an seinem Arbeitsplatz die nötigen Informationen von benachbarten sowie weit entfernten Rechnern zur Verfügung stellen, bis zur Künstlichen Intelligenz, die sich in besonderer Weise bemüht, dem Computer menschliche Denkweisen beizubringen /1/.

Objektorientierung ist in diesem Rahmen zu sehen; sie bedeutet für die Entwickler eine Möglichkeit, ihre Gegenstandswelt nach ihren Vorstellungen im Rechner zu modellieren und ist so ein weiterer Schritt in die Richtung, Computertechnologie den Menschen anzupassen /2/, /9/.

3.2 Software-Produktivität

Es wird viel beklagt, daß die Software-Produktivität zu niedrig sei. Während bei kleineren Projekten - die z.B. nur von einer Person implementiert werden - die Produktivität meist recht hoch ist, nimmt sie stark ab mit wachsender Größe und Komplexität des Systems und der Zahl der beteiligten Entwickler. Traditionell ist die Zahl der "Lines of Code", die pro Zeiteinheit produziert werden, ein Maß der Software-Produktivität.

Es muß jedoch hinterfragt werden, ob die "Lines of Code" auch in Zukunft der Maßstab für die Produktivität bleiben können, da hierbei keineswegs die Qualität der Programme gemessen wird. Ein Faktor, der die Länge der Programme in die Höhe treibt, ist etwa, daß viele Funktionen immer wieder neu programmiert werden. In vielen Fällen werden die Entwickler, sobald sie z.B. ein Sortierprogramm benötigen, dieses selbst programmieren, weil gerade kein bereits vorhandenes Programm zur Hand ist. So wird häufig "das Rad wieder neu erfunden".

Es muß nun das Ziel sein, die richtige Funktionalität der Anwendung durch weniger neu zu entwickelnden Code zu verwirklichen - wobei damit natürlich nicht gemeint ist, mehr Semantik in die einzelnen Statements der Programmiersprache zu packen, da dies zu schlecht lesbaren Programmen führt und die Entwicklung solcher Programme oft besonders zeitintensiv ist.

Vielmehr ist es wünschenswert, sich am Vorbild der Entwicklung und Herstellung von Rechnerhardware zu orientieren. Dort werden Chips serienmäßig hergestellt, die gekauft und in größere Schaltungen eingebaut werden können. Nur so ist die rasante Entwicklung im Hardwarebereich möglich. Müßte jeder Hardware-Hersteller jede verbaute Komponente von Grund auf neu entwickeln, wäre dies nicht denkbar.

Eine Wunschvorstellung der Zukunft sind also wiederverwendbare Software-Bausteine (auch Software-ICs genannt), die aus

Bibliotheken auswählbar sind und in größere Systeme eingesetzt werden können. Objektorientierte Konzepte geben durch die Möglichkeit der applikationsunabhängigen Definition von Objektklassen Hoffnung auf die Realisierung solcher Vorstellungen /3/.

4 Dokumentation und Archivierung im Unternehmen

Das gesamte Wissen auf der Welt verdoppelt sich etwa alle fünf Jahre. Neue Erkenntnisse, die sich auf allen Wissensgebieten ergeben, nutzbar zu machen, ist die große Herausforderung unseres Informationszeitalters.

Der größte Teil dieser Informationen erreicht uns heute noch in Papierform und wird durch die hervorgerufene Papierflut zu einem wachsenden Problem für die Unternehmen.

Bei der Informationsverarbeitung im Unternehmen sind besonders die Produkt-Dokumentation und Archivierung von entscheidender Bedeutung. Das typische Unternehmen dokumentiert heute zu 90% auf Papier. Der Anteil der Daten, der elektronisch erfaßt wird, ist gering und leidet unter unnötigen Redundanzen und Inkonsistenzen /4/.

Durch die zukünftige elektronische Archivierung produktbeschreibender Daten kann eine höhere Zugänglichkeit und Durchgängigkeit von Informationen in allen Unternehmensbereichen erreicht werden. Außerdem werden dadurch bereichsspezifische "Ersatzdokumentationen" und die daraus resultierende Schnittstellenproblematik verringert. Insbesondere im technischen Produktionsbereich ist es mit Papierdokumentation nicht mehr möglich, einen Überblick über die immensen Datenmengen zu erhalten, woraus Probleme z.B. bei der Fertigung sowie in nachgelagerten Bereichen wie Service und Kundendienst entstehen können.

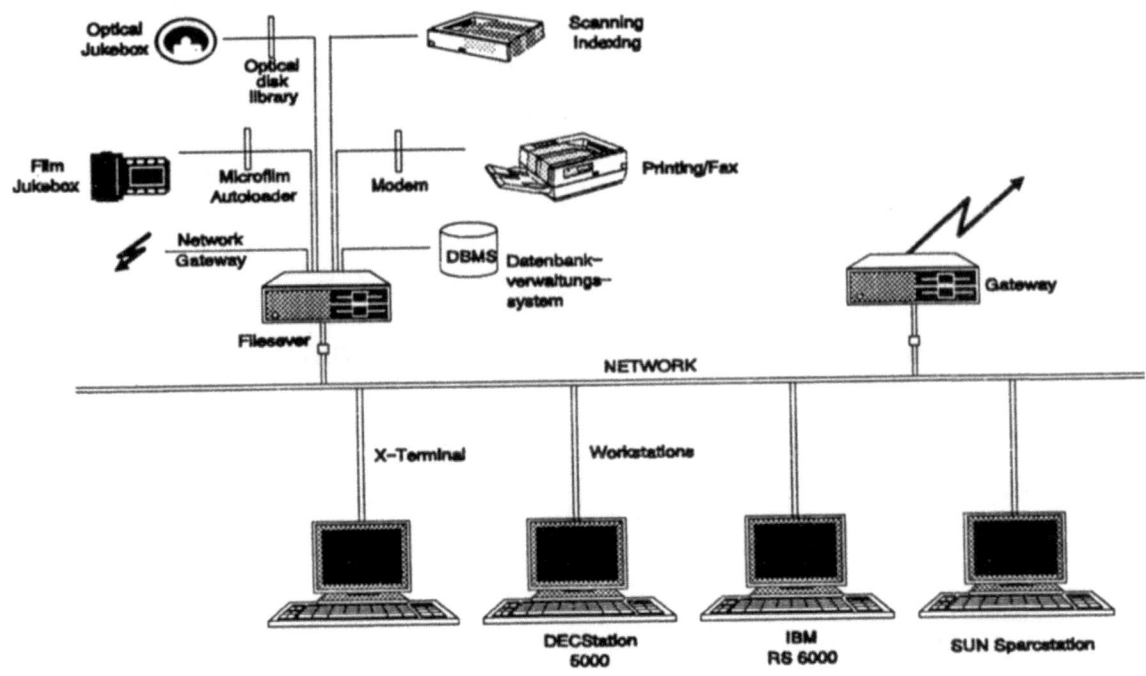

Bild 4: Wichtige Komponenten eines Dokumentations- und Archivierungssystems.

Bild 4 zeigt ein konzeptionelles, integriertes Informationssystem zur Dokumentation und Archivierung von produktbeschreibenden Daten im Unternehmen. Auch für eine vernünftige Qualitätskontrolle ist eine gut strukturierte elektronische Dokumentation und Archivierung unabdingbar. Ab einer gewissen Menge bzw. Komplexität der Unternehmensdaten ist es zum Teil nicht mehr möglich, mit veralteten Konzepten und Technologien die datentechnische Unterstützung entlang der Prozeßkette zu gewährleisten. Größere Unternehmen stehen oft heute schon vor diesem Problem. Hier stellt sich die Aufgabe an das strategische Informations-Management, den Einsatz neuer Technologien für das eigene Unternehmen zu überprüfen, um auch morgen noch im Wettbewerb bestehen zu können.

Dazu gehört auch die Berücksichtigung personalpolitischer Faktoren, da Veränderungen durch verstärkte EDV-Durchdringung, abteilungsübergreifende Kooperation sowie neue Arbeitsinhalte Mitarbeiter aller Bereiche betreffen und von ihnen akzeptiert und getragen werden müssen. Sie müssen in der Lage sein, den technologischen Fortschritt in effizientes Arbeiten umzusetzen bzw. die zur Verfügung stehenden technischen und betriebswirtschaftlichen Informationssysteme optimal zu nutzen. Die dabei entstehende Lücke zwischen vorhandener und benötigter Qualifikation läßt sich neben der Durchführung von Schulungs- und Weiterbildungsmaßnahmen durch Auswahl von benutzerfreundlichen Anwendungsprogrammen schließen. Parallel dazu sind Ausbildungsmaßnahmen zur Verinnerlichung neuer Arbeitsinhalte und -abläufe zu ergreifen.

Bei der Entwicklung technischer und betriebswirtschaftlicher Informationssysteme im allgemeinen und Dokumentations- und Archivierungssystemen im besonderen sind folgende elementare Punkte zu berücksichtigen:

Datenaktualität

Dem Anwender dürfen bei der Informationsbeschaffung systemseitig nur aktuelle Daten zur weiteren Verarbeitung bereitgestellt werden. Es sei denn, er fordert auf ausdrücklichen Wunsch bestimmte Daten aus der Produkthistorie eines Teils an.

Flexibilität

Das System muß seitens der verwendeten Software-Werkzeuge (z.B. Benutzeroberflächen-Generator, Datenbanksysteme) an

o   sich ändernde Informations-Wünsche der Benutzer,
o   sich ändernde Eingangsdaten (wie z.B. neue Produkte) und
o   sich ändernde Methoden der Informationsverarbeitung

anpaßbar sein.

Systemintegration

Es muß gewährleistet sein, daß alle Unternehmensbereiche entsprechend ihrer Sicht auf die Produktdaten - nicht jedes Produktdatum muß jedem Unternehmensbereich zugänglich gemacht werden - die Produktdokumentation zur Informationsbeschaffung heranziehen können.

Die Basiskomponente eines Dokumentations- oder Archivierungssystems ist eine Datenbank, die nicht nur die Daten dauerhaft speichert und effizienten Zugriff ermöglicht, sondern auch den Mehrfachzugriff regelt, durch Transaktionsmanagement Konsistenzen wahrt und Wiederaufsetzmechanismen bei Medienversagen (wie z.B. Stromausfall) bereitstellt.

Unternehmen benötigen Informationen, die sich aus unterschiedlichen Dokumenten zusammensetzen und intern von eigenen Mitarbeitern oder extern von Kunden erstellt wurden. Dabei ist die Vielfältigkeit dieser Dokumente zu berücksichtigen. Komplexe Zusammenhänge werden oft nicht nur durch Text, sondern zusätzlich durch Graphik und möglicherweise Video- bzw. Audio-Medien dokumentiert. Gerade der Visualisierung technischer Abläufe wird in Zukunft eine wachsende Bedeutung zukommen. Technische Zeichnungen werden hauptsächlich von Personen genutzt, die sich mit dem Entwicklungs- und Herstellungsprozeß eines Produktes befassen. Die technische Illustration dagegen zeigt dem Anwender eines Produktes, wie ein Produkt zu installieren, zu bedienen oder zu warten ist. Ebenso sind Illustrationen für den Vertrieb wichtig. CAD-Systeme unterstützen heute schon vielfach den Konstruktionsprozeß. Die Einbindung dieser Daten sowohl in den Fertigungsprozeß als auch in andere Unternehmensbereiche ist jedoch nicht durchgängig vorhanden /5/.

Um diesen Anforderungen in einheitlicher, durchgängiger Weise gerecht zu werden, sind Datenbanken erforderlich, die multimediale Objekte speichern können.

Traditionelle Datenbanktechnologie versagt an dieser Stelle, oft aufgrund zu großer Einschränkungen bei der Art der Datentypen, die von der Datenbank zugelassen werden.

Objektorientierte Datenbanken bieten auf diesem Gebiet eine
größere Flexibilität und Vielfältigkeit, da der Benutzer bei
der Definition seiner Datentypen kaum Beschränkungen unter-
liegt. Teilweise werden Datentypen wie Text, Audio oder Video
schon vom System bereitgestellt.

In diesem Zusammenhang sind auch aus Gründen der Vollständigkeit Hypertext und Hypermedia Systeme zu nennen.

5 Erfahrungen mit dem Einsatz objektorientierter Technologie

Seit einigen Jahren steht die objektorientierte Technologie
als Teilgebiet der Informatik im Blickpunkt des Interesses
zahlreicher Wissenschaftsdisziplinen.

Speziell beim industriellen Einsatz objektorientierter Datenbanksysteme liegen bisher nur wenige Erfahrungen vor. Im Vergleich zu objektorientierten werden relationale Datenbanksysteme bereits in der Praxis für unterschiedlichste
Anwendungen eingesetzt. Erste Eindrücke aus praxisnahen
Anwendungen, die einen direkten Vergleich dieser Systeme
erlauben, konnten am Fraunhofer-Institut für Arbeitswirtschaft und Organisation (IAO) gewonnen werden.

In mehreren erfolgreich durchgeführten Projekten wurde am IAO
die objektorientierte Technologie in der Auftragsforschung
eingesetzt. So beispielsweise in dem Projekt "Neue Erzeugnis-
dokumentation".
Die Problemstellung war, Geschäftsvorgänge verschiedener
Unternehmensbereiche wie Konstruktion, Fertigung, Montage,
Vertrieb etc. auf eine einheitliche Datenquelle zugreifen zu
lassen und die dafür notwendigen Transaktionen zu berücksichtigen. In diesem Projekt wurde ein Prototyp mit hohem
Konkretisierungsgrad entwickelt und eine durchgängige Produktdokumentation entlang der Prozeßkette auf Basis einer
objektorientierten Datenbank realisiert. Dazu war einerseits
eine methodische Vorgehensweise zur strukturierten Umsetzung

der einzelnen Geschäftsvorgänge und deren gegenseitigen Abhängigkeiten notwendig und andererseits die Aufbereitung der entsprechenden Datenbankanfragen. Von besonderer Bedeutung ist ebenfalls die Zugänglichkeit auf die gespeicherten Daten und Informationen durch eine anwenderorientierte, komfortable grafische Benutzeroberfläche (Bild 5). Um einen direkten Vergleich zwischen der relationalen und der objektorientierten Datenbanktechnologie ziehen zu können, wurde parallel dazu ein Prototyp entwickelt, basierend auf der relationalen Datenbanktechnologie und dem identischen Datenpool.

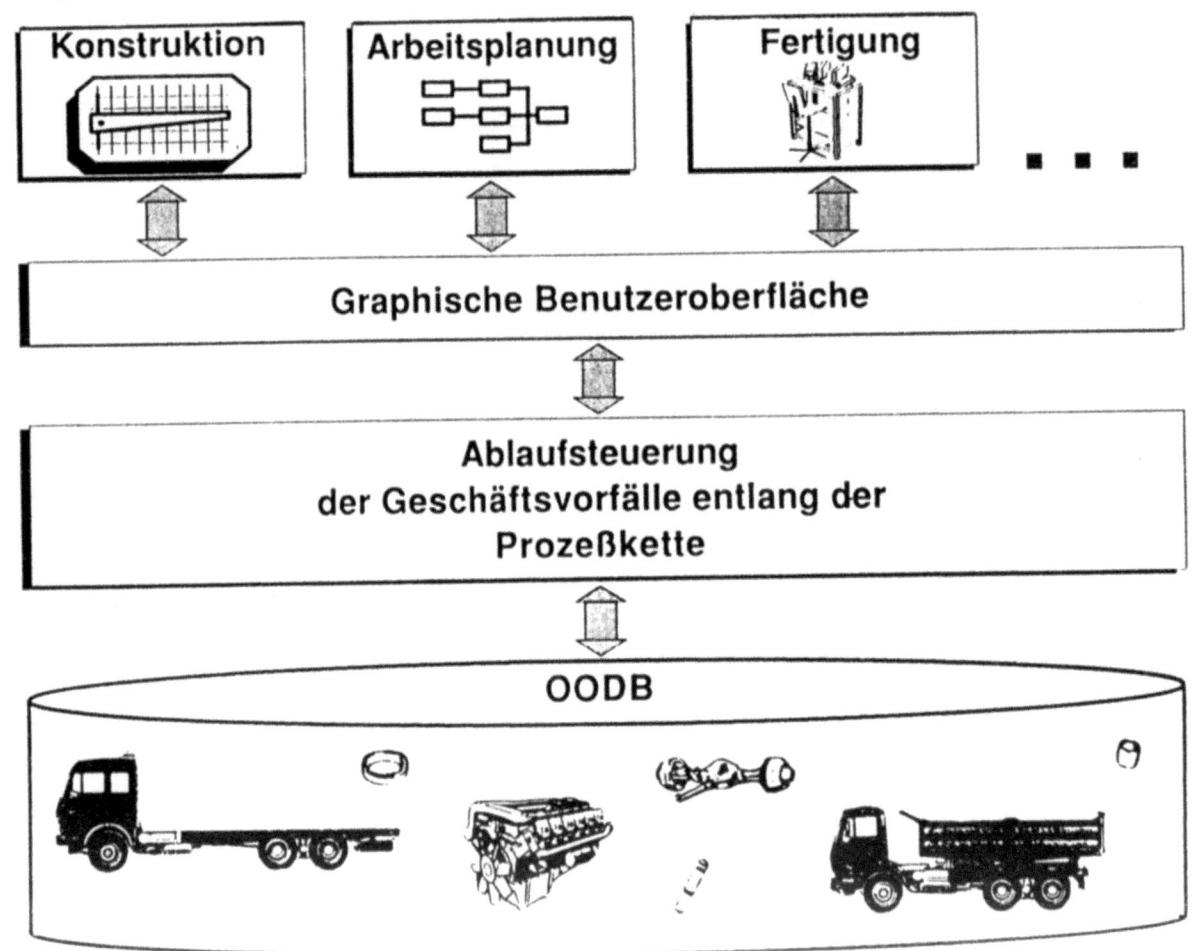

Bild 5: Konzeption des objektorientierten Prototypen

Aus dem Vergleich der beiden Datenbankmodelle konnten folgende Erkenntnisse gezogen werden:

o Für bestimmte Typen von Anfragen, wie z.B. der Verwendungsnachweis für Teile, konnten beim objektorientierten

Datenbanksystem kürzere Antwortzeiten festgestellt und somit eine effizientere Bearbeitung der Anfragen durchgeführt werden.

o   Mit den Eigenschaften des objektorientierten Datenbankmodells war die Gegenstandswelt der Anwendungen wesentlich besser und einfacher zu beschreiben und abzubilden.

o   Bezüglich Änderungen im und Neuanforderungen an das Datenmodell war bei der objektorientierten Datenbankkonzeption eine höhere Flexibilität festzustellen.

Erfahrungen mit objektorientierter Technologie wurden am IAO auch im Rahmen des Projektes DIAMANT, eines Software-Engineering-Werkzeugs zur Erstellung grafischer Benutzerschnittstellen gewonnen. Dabei wurde ein weiterer Vorteil der objektorientierten Technologie wie die Wiederverwendbarkeit von Klassen deutlich. Die Möglichkeit, die vordefinierten Grundklassen gemäß den speziellen Benutzerwünschen zu erweitern, bewirkt eine einfache und flexible Unterstützung beim Entwurf grafischer Benutzeroberflächen.

Weitere Beispiele lassen erkennen, wie vielfältig die Anwendungsmöglichkeiten der objektorientierten Technologie sind.

So setzt die Deutsche Lufthansa AG ein objektorientiertes Datenbanksystem sowohl zur Gestaltung von Planungsunterstützungssystemen für die Produktionsplanung /6/ als auch zur Luftfrachtdisposition /7/ erfolgreich ein.

In der CIM-Fabrik Hannover wird in Zusammenarbeit mit dem wissenschaftlichen Zentrum der IBM Deutschland an einem integrierten Informationssystem Produktion gearbeitet. In diesem Projekt wird mit drei Modellfirmen gearbeitet, die den Produktionsverbund für das Produkt Gelenkwelle simulieren sollen. Dabei zeigt sich, daß die objektorientierten Eigenschaften der eingesetzten Datenbank wesentlich zur Durchgängigkeit des Systems beitragen /8/.

Auch die Schweizer Nationalbank, der Mineralölkonzern BP in Großbritannien und das Hopital Broussais in Paris haben bereits Erfahrungen im Einsatz objektorientierter Datenbanken gesammelt.

6 Schlußbemerkungen

Die Problematik bei der Realisierung eines umfassenden integrierten technischen und betriebswirtschaftlichen Informationssystems erfordert für die Datenverarbeitung neue Konzepte und Technologien.

Am Fraunhofer-Institut für Arbeitswirtschaft und Organisation (IAO) konnten auf der Suche nach effizienten Konzepten für die Informationsverarbeitung mit dem Einsatz der objektorientierten Datenbanktechnologie erste Eindrücke und Erfahrungen aus praxisnahen Anwendungen für die Auftragsforschung gewonnen werden. Objektorientierung bedeutet für die Entwickler von DV-Systemen die Möglichkeit, ihre Gegenstandswelt einfach und ihren Vorstellungen entsprechend im Rechner zu modellieren. Man kann sogar behaupten, sie ist ein weiterer Schritt in die richtige Richtung, Computertechnologie dem Menschen anzupassen und nicht umgekehrt.

Die Information und deren durchgängige Verarbeitung im Unternehmen steht zukünftig als neuer, wenn nicht gar als der zentrale Produktionsfaktor (Bild 6) im Blickpunkt zahlreicher Anwendungen. Dazu sind die Unternehmen aufgefordert, die disziplinäre Sicht auf ihre Organisationsstruktur neu zu überdenken und auf eine ganzheitliche Betrachtungsweise der operativen Prozesse überzugehen.

Die einheitliche und konsistente Bereitstellung, besonders bei der Produkt-Dokumentation und Archivierung, ist für die Unternehmen von entscheidender Bedeutung. Die Basiskomponente dafür ist eine fortschrittliche Datenbanktechnologie, wie sie objektorientierte Datenbanksysteme darstellen und die unterschiedliche effiziente Mechanismen für die Verwaltung und Speicherung von Daten und Informationen bereitstellt.

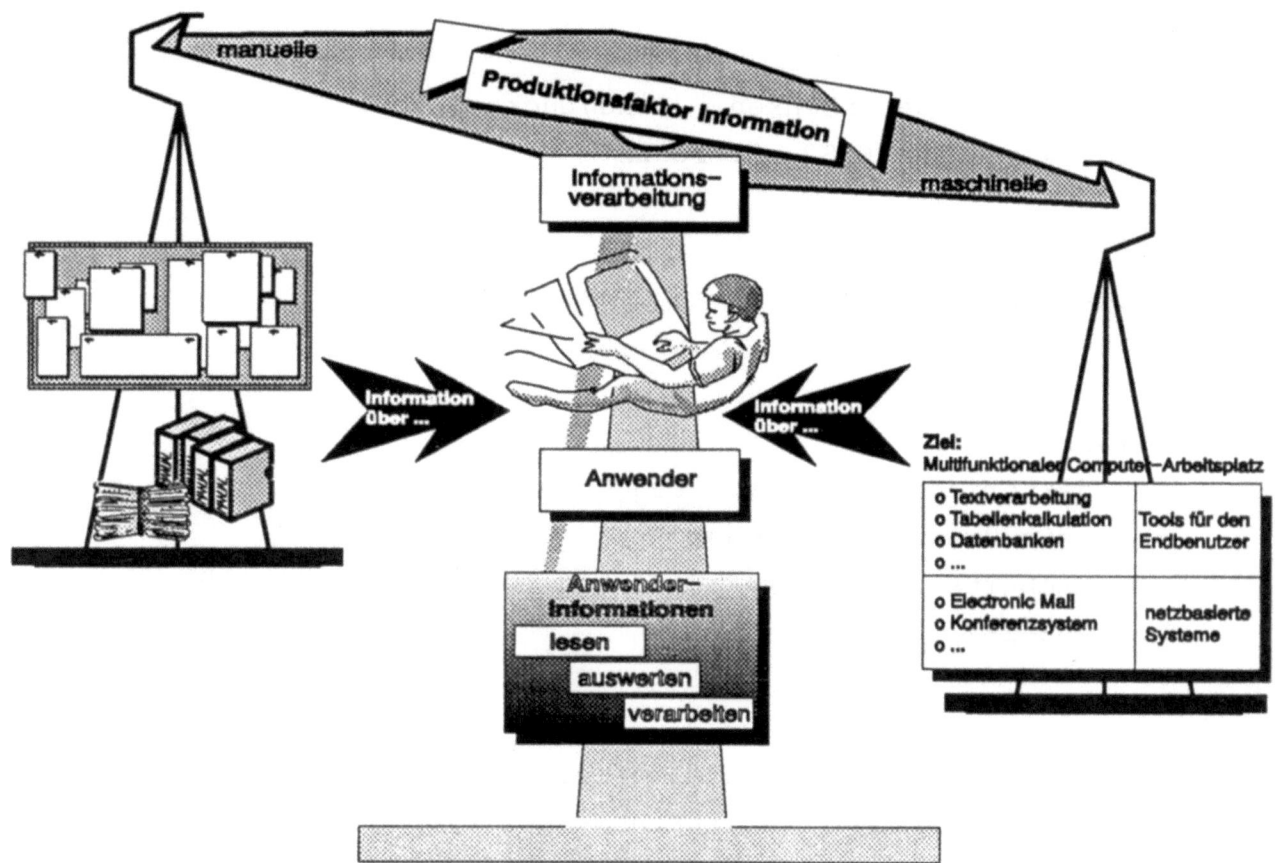

Bild 6: Die Information als Produktionsfaktor

7 Literatur zum Thema

/1/ Bastian, R. :
    "Realität natürlicher abbilden"
    bit 12/89, S. 164-171

/2/ Lockemann, P.C.:
    "Object-oriented Information Management"
    North-Holland, Decision Support Systems"
    5 (1989), S. 79-102

/3/ Cox, B.J.:
"Object-oriented Programming - An Evolutionary Approach"
Addison-Wesley, 1987

/4/ Fischer, W.:
"Technische Datenbanken - eine Lücke in der Praxis"
CIM Management 6/89, S. 16-22

/5/ Völker, W.:
"Dokumentation ist mehr als Text und Grafik"
CAD-CAM Report Nr. 12, 1989, S. 30-37

/6/ Franken, R.:
"Objektorientierte Gestaltung von Planungsunterstützungssytemen für die Produktionsplanung"
Wirtschaftsinformatik, 32. Jahrg., Heft 3, Juni 1990
S. 253-262

/7/ Wolf, S.:
"CARGEX - ein Fallbeispiel eines objektorientierten Expertensystemsyur Luftfrachtdisposition"
Wirtschaftsinformatik, 32. Jahrg., Heft 3, Juni 1990,
S. 263-272

/8/ Hanewinckel, F. Küspert, K.:
"Integration durch objektorientierte Datenbank"
VDI-Z 132 (1990), Nr. 3 - März, S. 50-57

/9/ Kreutzer, W.:
"Grundkonzepte und Werkzeugsysteme objektorientierter Systementwicklung"
Wirtschaftsinformatik, 32. Jahrg., Heft 3, Juni 1990,
S. 211-227

/10/ Nittel, S.:
"Relationale und objetkorientierte Datenbanksysteme für CIM Applikationen - ein Vergleich"
CIM Management 6/89, S. 11-14

IAO-Forum
Objektorientierte Informationssysteme

Objektorientierte Datenbanksysteme – leistungsfähige Basis komplexer Anwendungssysteme

K. R. Dittrich,
M. Härtig

Objektorientierte Datenmodelle als Basis komplexer Anwendungssysteme
- Stand der Entwicklung und Einsatzperspektiven - *

Prof. Dr. Klaus R. Dittrich
Institut für Informatik
Universität Zürich
Winterthurerstrasse 190
CH-8057 Zürich

Kurzfassung

Der Einsatz objektorientierter Konzepte verspricht große Vorteile für Entwurf und Realisierung komplexer Anwendungssysteme. Aus diesem Grund ist es wenig verwunderlich, daß die Entwicklung nicht bei objektorientierten Entwurfsmethoden und Programmiersprachen stehenblieb, sondern schon zeitig im Bereich der Datenbanksysteme ihre Fortsetzung fand und dort im Augenblick eines der wichtigsten Themen überhaupt darstellt. Der Aufsatz erläutert, wie sich Objektorientierung bei Datenbanken manifestiert und skizziert den aktuellen Entwicklungsstand. Schließlich wird beleuchtet, welche Konsequenzen sich daraus für den augenblicklichen und künftigen Einsatz dieser Technologie ergeben.

Schlagworte: Datenbanksysteme, Datenmodelle, Objektorientierung, Datenbankentwurf, Semantik, Anwendungssystementwicklung, Nonstandarddatenbanksysteme

---

* Überarbeitete Fassung des gleichnamigen, in der Zeitschrift "Wirtschaftsinformatik" 32(1990) 3, S. 228-237 veröffentlichten Aufsatzes; Nachdruck mit freundlicher Genehmigung des Vieweg-Verlags.

1 Motivation und Einordnung

Die meisten Aktivitäten von Unternehmen, Institutionen und Privatpersonen bestehen - sehr abstrakt betrachtet - darin, physische oder logische Sachverhalte unserer Umwelt zu analysieren und aufgrund anderer Sachverhalte wie bestimmter Zielsetzungen, eigener Erfahrungen, der Kenntnis von Regeln vielfältigster Art (z. B. Naturgesetze, Geschäftsgebräuche, Vorschriften, eigene Handelsmaximen) u.v.a.m. zu verändern oder daraus hervorgehende neue Sachverhalte zu schaffen. Eine Schadensmeldung an eine Versicherungsgesellschaft etwa führt dort zu einer entsprechenden Prüfung und, abhängig von deren Ergebnis, zu einer Kostenerstattung an den Versicherungsnehmer. Aus diesem recht einfachen Beispiel läßt sich zweierlei erkennen: einmal sind fast immer eine Vielzahl von Sachverhalten eng miteinander verstrickt (man bedenke, was im Versicherungsbeispiel noch alles eine Rolle spielt, ohne explizit Erwähnung zu finden!); zum anderen agieren wir häufig gar nicht mit den Sachverhalten selbst, sondern mit **Informationen**, die wir über diese Sachverhalte haben. Hier liegt - ohne daß wir uns dies stets vor Augen führen - eine **Abstraktion**, eine **Modellbildung** vor, bei der nur die für die konkrete Aufgabenstellung wesentlichen Teilsachverhalte Berücksichtigung finden (wenn wir etwa einen Schadensfall an die Versicherung melden, interessiert uns die Adresse des Unternehmens und die dort abgeschlossene Police, nicht aber, wer dort Geschäftsführer oder wer außer uns sonst noch Versicherungsnehmer ist).

Bei der Automatisierung (oder zumindest Unterstützung) von Aktivitäten beliebiger Art durch elektronische Rechner hat man das Problem, diese Informationen grundsätzlich nur als Bitmuster in den vorhandenen Speichermedien darstellen und nur mittels des jeweiligen Befehlsvorrates damit umgehen zu können. Sachverhalte der Realwelt bzw. Informationen darüber müssen also letztlich als digitale Daten dargestellt werden, die Vorgänge zu ihrer Veränderung bzw. Erzeugung müssen mithilfe von Programmen in der jeweiligen Maschinensprache nachgebildet werden.

Damit ist für den Einsatz elektronischer Rechner nicht nur eine adäquate Modellierung der interessierenden Umwelt zu betreiben, sondern die entstandenen Modelle sind auch physisch durch Daten (Bezeichner der Modellbestandteile) zu repräsentieren. Nur mit diesen Bezeichnern kann das Rechensystem arbeiten, und es wird als Ergebnis auch wiederum nur solche produzieren. Diese Daten müssen im gewählten Modell erst wieder **interpretiert** werden (die binäre Darstellung der Zahl "315.50" wäre beispielsweise als "Erstattungsbetrag in DM" für den gemeldeten Schadensfall auszulegen) und können dann den zugehörigen Umweltsachverhalten zugeordnet werden oder diese steuern (wir finden als Versicherungsnehmer dann hoffentlich DM 315.50 auf unserem Konto gutgeschrieben - wobei ein Konto übrigens auch bereits eine Abstraktion bestimmter Kaufkraftsachverhalte darstellt). Das Kernproblem liegt also darin, daß wir eigentlich **Informationsverarbeitung** betreiben wollen, in Tat und Wahrheit mit den verfügbaren technischen Geräten aber lediglich **Datenverarbeitung** betreiben können. Abb.1 skizziert die erläuterten Zusammenhänge.

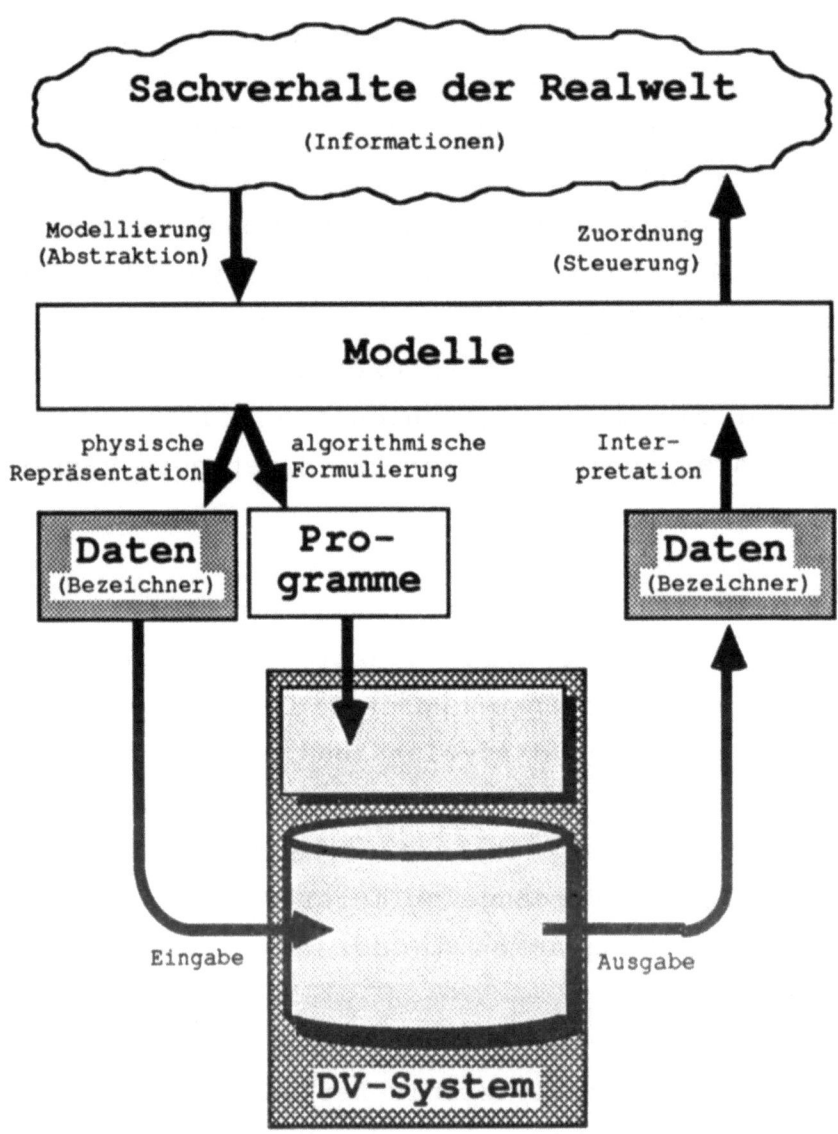

Abb.1: Informationsverarbeitung mit Hilfe elektronischer Rechner

Die Schwachstelle bei diesem Ablauf ist, daß bei der Abbildung der Umweltsachverhalte auf die Konzepte der Rechnerhardware zwangsläufig ein Informationsverlust eintritt, der eben nicht ausschließlich darauf zurückzuführen ist, daß alle für die gestellte Aufgabe unwichtigen Details im Zuge der angesprochenen Abstraktion weggelassen werden. Vielmehr gehen auch interessierende Teilsachverhalte verloren, wenn Informationen **formalisiert** darzustellen sind - und dies ist eine zwangsläufige Konsequenz, sobald automatische Maschinen und nicht Menschen mit all ihrem informalen Wissen agieren sollen. Man braucht somit außer den Daten selbst noch Beschreibungen, welche Informationen diese Daten darstellen sollen. Hier setzt - zumindest, wenn es um Daten geht, die längerfristig in einem Rechensystem aufbewahrt und verwendet werden sollen (obwohl bei Programmdaten, die nur zur Laufzeit existieren sollen, prinzipiell dieselben Gesichtspunkte vorliegen) - die Rolle des **Datenbankentwurfs** und der **Datenmodelle** ein.

Aufgabe des Datenbankentwurfs ist es, den Modellierungsprozeß ausgehend von den Umweltsachverhalten soweit durchzuführen, bis formalisierte, vom Rechner und der vorhandenen Systemsoftware handhabbare Beschreibungen für die gewünschten Daten vorliegen. Bei der Verwendung klassischer Dateien, die lediglich Bytemengen ohne jegliche dem System bekannte Struktur und Bedeutung verwalten, sind alle diesbezüglichen Beschreibungen zwangsläufig (und bestenfalls!) unzugänglich in den Anwendungsprogrammen enthalten. Damit wird es bereits für zwei auf denselben Daten arbeitende Programme schwierig, diese in einheitlicher Weise zu interpretieren. Datenbanksysteme bieten hingegen an ihrer Schnittstelle ein explizites Datenmodell an, also eine formale Sprache, in der die Anwendungen die Bedeutung ihrer Daten zumindest zu einem Teil, nämlich strukturell (und mit einigen - meist nur sehr einfachen - Konsistenzbedingungen versehen) beschreiben können, sowie einen Satz von Operatoren zum Umgang mit derart strukturierten Daten. Solche Beschreibungen, **(Daten)Schemata** genannt, sind selbst (als sog. Metadaten) im System gespeichert und somit auch explizit zugänglich; ihre Existenz erleichtert u.a. das gemeinsame Verständnis mehrerer Anwendungen derselben Daten. Verschiedene Datenbanksysteme bieten unterschiedliche Datenmodelle an, wobei sich das hierarchische, das netzwerkartige und in letzter Zeit besonders das relationale Modell durchgesetzt haben [1].

Der Prozeß des Datenbankentwurfs umfaßt damit im wesentlichen folgende Schritte ([2]; weitere dort besprochene Aufgaben wie etwa Sichtenintegration oder physischer Entwurf spielen für die weitere Erörterung keine Rolle und werden daher weggelassen):

(1) **Informationsbedarfsanalyse**: Ermittlung, welche Sachverhalte bzw. Informationen überhaupt für die gestellte Aufgabe relevant sind
(2) **Konzeptueller Entwurf**: (Semi-) formalisierte Beschreibung der relevanten Informationen, aber unabhängig vom einzusetzenden Datenbanksystem (und damit vom vorhandenen Datenmodell)
(3) **Logischer Entwurf**: Umsetzung der Ergebnisse des konzeptuellen Entwurfs in das im speziellen Anwendungsfall vorliegende Datenmodell.

Der konzeptuelle Entwurf soll bereits zu einer halbwegs formalen Beschreibung (wenngleich meist nur auf Papier, zumindest aber – da eben nur "halbwegs" formal – nicht vollständig in von einem Datenbanksystem verwendbarer Form vorliegend) führen; auch er benötigt demnach ein Datenmodell als Grundlage. Man spricht hier von **konzeptuellen** oder **semantischen Datenmodellen** [3], bei deren Gestaltung man um besonders hohe Ausdrucksmächtigkeit bemüht war, damit sich der Informationsverlust bei diesem Schritt in möglichst engen Grenzen hält. Bei der Konzeption der **logischen Datenmodelle** (das sind diejenigen, die an der Schnittstelle von Datenbanksystemen tatsächlich realisiert sind, vor allem also die oben genannten) standen dagegen andere Überlegungen im Vordergrund, etwa effiziente Realisierbarkeit oder universelle Einsetzbarkeit. Sie umfassen daher relativ wenige Modellierungskonzepte. Das Relationenmodell ist hier die konsequenteste Lösung: jegliche Information ist als Attributwert in einem Tupel einer Relation auszudrücken.

Wiewohl dieser Ansatz (neben der Existenz einfacher formaler Grundlagen und der leichten Erlernbarkeit) den Vorzug hat, daß man wirklich "alles" damit modellieren kann (er ist eine Art "Assembler der Datenmodellierung"), zeigt er doch gleichzeitig die Schwachstellen aller heute verwendeter logischer Datenmodelle: beim logischen Entwurf geht ein Großteil der relevanten Zusammenhangsinformation verloren, da er im logischen Modell nicht ausgedrückt werden kann.

Betrachten wir hierzu ein (stark vereinfachtes) Beispiel: eine Versicherungsgesellschaft hält Daten für alle ihre Versicherungsnehmer. Neben etlichen, den einzelnen Kunden beschreibenden Informationen (Name, Adresse, Bankverbindung etc.) gibt es dabei natürlich auch eine ganze Reihe weiterer Informationen, die die einzelne, vom Kunden abgeschlossene Police betreffen. Je nach Art der Versicherung (etwa Sachversicherung, Krankenversicherung, Lebensversicherung) können die Policendaten recht unterschiedlich ausfallen. Zu jeder Police möge weiterhin eine Sammlung aller bislang darauf gemeldeten Schadensfälle gehören; für diesen Fall gehen wir davon aus, daß jede Schadensmeldung unabhängig von der Versicherungsart auf gleiche Weise beschrieben werden kann.

Eine Modellierung dieser Sachverhalte im Relationenmodell könnte etwa folgendes Aussehen haben (wobei viele der für die Anwendung relevanten Details nur angedeutet werden):

VNehmer   (Name, <u>VN#</u>, Adresse, . . .)
KfzVersPolice   (<u>Pol#</u>, VN#, Deckungssumme, . . .)
LebensVersPolice (<u>Pol#</u>, VN#, Ablauf, Abschlußsumme, Rückkaufwert,
                      Gewinnbeteiligung , . . .)
KrankenVersPolice (<u>Pol#</u>, VN#, Selbstbeteiligung, . . .)
Schadensmeldung (<u>SM#</u>, Pol#, Datum, . . .)

Wie auch in der Realwelt üblich, wurden eindeutige Nummern für die verschiedenen beteiligten Sachverhalte eingeführt; sie dienen hier als Primärschlüssel für die einzelnen Relationen.

Wie manifestiert sich bei dieser Modellierung die Gesamtheit der Informationen über einen bestimmten Kunden (also seine Individualdaten zusammen mit den Daten aller vorhandenen Policen und dazu vorliegenden Schadensmeldungen? Unsere intuitive Vorstellung hiervon ist - eingeschränkt auf die strukturellen Aspekte - für einen konkreten Versicherungsnehmer in Abb. 2 beispielhaft skizziert. Die Darstellung im Relationenmodell erfordert jedoch, alle Einzelsachverhalte quasi "atomisiert" jeweils als Tupel in den verschiedenen genannten Relationen wiederzugeben. Die Gesamtinformation über Kunde "xyz" ist also über mehrere Tupel in verschiedenen Relationen verstreut (ein Tupel in **VNehmer**, kein, ein oder mehrere Tupel - es könnten ja beispielsweise mehrere Kfz-Policen abgeschlossen sein - in den anderen Relationen). Der Zusammenhang zwischen diesen Einzelinformationen wird lediglich dadurch gewahrt, daß etwa in den entsprechenden **KfzVersPolice**-Tupeln der Primärschlüssel (*VN#*) des betreffenden **VNehmer**-Tupels als sog. Fremdschlüssel aufgenommen wird. Die Bedeutung der Gleichheit dieser Werte ist dem Datenbanksystem jedoch nicht bekannt — es sind Werte wie alle anderen auch — womit wesentliche Information verloren gegangen ist.

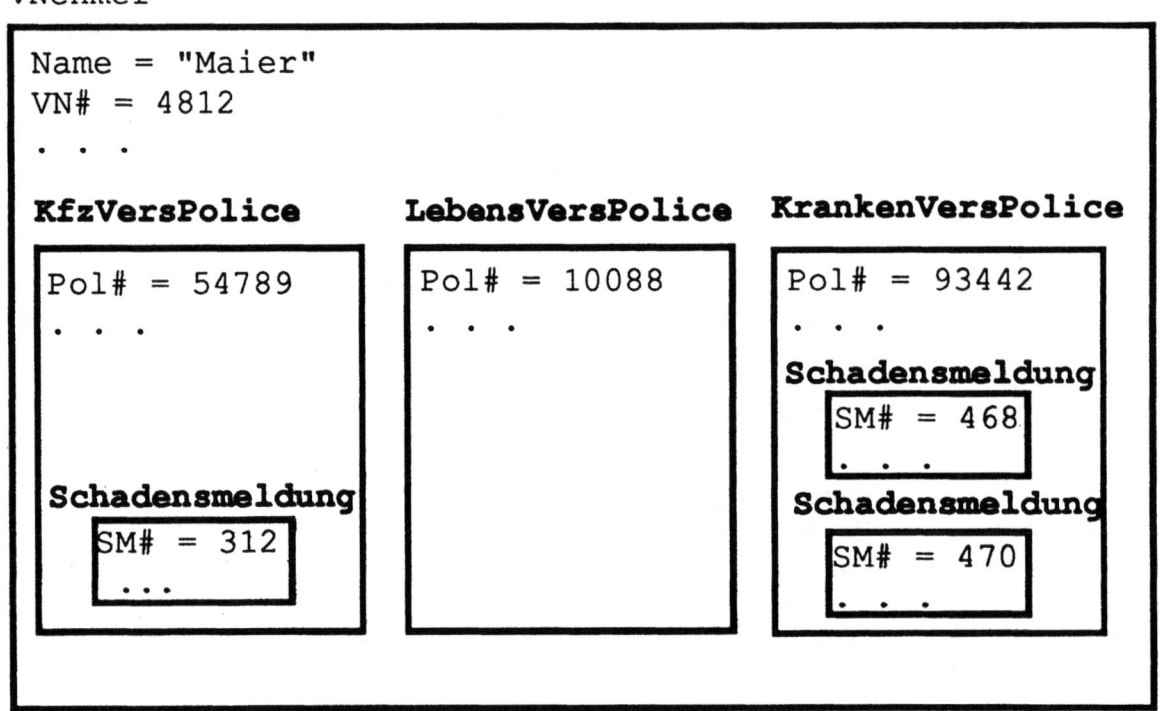

Abb.2: Beispiel: Bestandteile der Daten eines Versicherungsnehmers

Daraus ergibt sich die Konsequenz (außer der Notwendigkeit, beim Datenbankentwurf die ursprünglich zusammengesetzte Information zu zerlegen und dann die einzelnen Schlüssel-Fremdschlüssel-Beziehungen zu berücksichtigen), daß bei einem Zugriff die Gesamtinformation erst wieder "zusammengesetzt" werden muß. In relationalen Systemen steht hierfür die sog. Verbindungsoperation (der "join") zur Verfügung, die nicht nur recht schwierig zu formulieren ist, sondern auch vergleichweise hohe Ausführungszeiten benötigt - vor allem, wenn die Sachverhalte komplizierter als im genannten Beispiel sind und womöglich 10-20 Relationen involvieren, was in realistischen Anwendungen durchaus der Fall ist.

Herkömmliche Datenmodelle bieten jeweils eine Reihe **generischer Operatoren**, mit deren Hilfe alle in den Konzepten des Modells dargestellten Informationen (also etwa alle Tupel einer Relation, alle Attribute der Tupel) zugegriffen, teilweise auch kombiniert, verändert und gelöscht sowie neue Daten (hier: Tupel) eingebracht werden können. Die Operationen weisen also — völlig zurecht — eine ähnliche Atomarität wie die vorhandenen Strukturen auf.

Die in unserem Beispiel relevanten Operationen (außer dem Auffinden verschiedener Teilinformationen) sind etwa der Abschluß einer neuen Police, das Erhöhen der Abschlußsumme einer Lebensversicherung oder das Registrieren einer Schadensmeldung. In allen diesen Fällen ist es aber in der Regel nicht damit getan, ein neues Tupel einzufügen oder schlicht den Wert eines einzelnes Attributs zu ändern. Vielmehr besteht eine aus Anwendungssicht sinnvolle Änderungsoperation oft aus der Änderung von Werten in verschiedenen Relationen, oder sie erfordert zumindest die Überprüfung solcher Werte (Konsistenz der Daten!). Dies alles zu berücksichtigen, bleibt bei den üblichen Datenmodellen wiederum den Anwendungsprogrammen vorbehalten; da die entsprechenden Informationen in der Datenbank nicht oder nur unzureichend bekannt sind, kann auch keine Garantie übernommen werden, daß alle Anwendungen immer in gleicher Weise korrekt mit den Daten umgehen.

Zusammenfassend läßt sich also feststellen, daß die heute üblichen Datenmodelle die interessierenden Umweltinformationen für viele Anwendungen nur unzureichend wiederzugeben imstande sind; dies deshalb, weil lediglich einfache, "flache" Datenstrukturen zur Verfügung stehen (man spricht daher auch von "**satzorientierten Datenmodellen**"), und weil lediglich fest vorgegebene, "standardisierte" generische Operationen dazu angeboten werden.

Genau diese Erkenntnis, die Anfang der achtziger Jahre besonders im Hinblick auf technische Datenbankanwendungen (etwa im Bereich CAD) offenbar wurde, war einer der Hauptausgangspunkte für die Entwicklung **objektorientierter Datenmodelle** und **Datenbanksysteme** (ein zweiter besteht darin, daß für die notorisch unschöne Schnittstelle zwischen Datenmanipulations- und Programmiersprachen nach "glatteren" Lösungen gesucht wurde; dieser Aspekt soll hier aber nicht weiter ausgeführt werden). Grob gesprochen besteht ihr Ansatz darin, die Vorteile der objektorientierten Programmierung [4] mit Konzepten semantischer Datenmodelle und sog. Wissensrepräsentationstechniken [5] zu vereinen und innerhalb von Datenbanksystemen mit deren bekannten Vorzügen zur Verfügung zu stellen. Das nächste Kapitel erläutert, was darunter im einzelnen zu verstehen ist.

2 Konzepte objektorientierter Datenmodelle

Es ist gar nicht so einfach, eine bündige und allgemein anerkannte Definition eines objektorientierten Datenmodells (ooDM) zu geben. Die im nachfolgenden Kapitel skizzierte Entwicklung des Standes der Kunst führte zwangsläufig zu recht kontroversen Ansichten in der Fachwelt. In [6] wurde daher erstmals der Versuch gemacht, in einer Reihe "goldener Regeln" die wesentlichsten Eigenschaften objektorientierter Datenbanksysteme (ooDBS) festzuschreiben; [7] erläutert dieses Unterfangen unter dem auch hier interessierenden Blickwinkel, daß ein ooDBS nichts anderes als ein Datenbanksystem (mit den üblichen Leistungen wie Datenintegration, Datenunabhängigkeit, Unterstützung von Mehrbenutzerbetrieb, Gewährleistung von Datensicherheit, Datenschutz, Datenkonsistenz und Verarbeitungsintegrität, evtl. Verteilung [1]) mit einem ooDM als an seiner Schnittstelle realisiertem (logischen) Datenmodell ist. Wir besprechen nachfolgend die diesbezüglichen Eigenschaften im einzelnen, wobei wir insbesondere auf die im Detail unterschiedlichen Schwerpunktsetzungen gegenüber den aus der objektorientierten Programmierung bekannten Konzepten (von denen wir Grundkenntnisse beim Leser erwarten) eingehen. Auf konkrete Ansätze kommen wir jedoch erst im Folgekapitel zu sprechen.

Ausgangspunkt für ooDM ist das Ziel, Umweltsachverhalte beliebiger Art und Komplexität **durch jeweils genau ein Datenmodellkonstrukt modellieren** zu können ("1:1-Abbildung" beim Datenbankentwurf statt 1:n-Zerlegung in mehrere Einzelkonstrukte); dies soll sowohl hinsichtlich struktureller (datenmäßige Repräsentation) als auch – unmittelbar damit verbunden – hinsichtlich verhaltensmäßiger Aspekte (Umgang mit/Operationen auf Sachverhalten) gelten. Man spricht dann von jedem im gegebenen Zusammenhang als eigenständig betrachteten Sachverhalt (strukturelle und verhaltensmäßige Aspekte einschließend) als einem **(Umwelt-) Objekt**, welches datenbankseitig durch einen ebenfalls **(Datenbank-) Objekt** genannten Konstrukt wiederzugeben ist (beide Objektbegriffe sind genau auseinanderzuhalten; allerdings ist durch den Kontext meist ohnehin klar, welcher gemeint ist).

Erste Forderung an ein ooDM ist ein Konzept zur Modellierung **komplex aufgebauter Objekte**. Hiermit ist gemeint, daß Datenbankobjekte (wie eben Umweltobjekte auch!) außer den üblichen, meist zahl- oder textwertigen Attributen Bestandteile haben können, die ihrerseits selbst Objekte sind ("Unterobjekte"). Im Beispiel der Abb. 2 kann dann der gesamte Sachverhalt sinnvollerweise durch ein Objekt mit (über mehrere Stufen!) etlichen Unterobjekten dargestellt werden. Im Allgemeinfall kann es übrigens durchaus vorkommen, daß dasselbe Objekt Komponente von mehr als einem Oberobjekt ist; man spricht dann von "überlappenden" Objekten.

Im Schema werden wie üblich Objekt**typen** spezifiziert; die einzelnen Datenbankobjekte werden dann als Instanzen dieser Typen erzeugt. Zusätzlich zur Festlegung der "gewöhnlichen" Attribute und von deren Wertebereichen ist hier nun auch anzugeben, von welchem Typ eventuelle Unterobjekte sein können (ist der Typ eines Objekts derselbe wie der eines seiner direkten oder indirekten Unterobjekte, so entstehen "rekursive" Objekte). Für den Aufbau komplexer Strukturen sollten außerdem nicht nur Konstruktoren für Tupel, sondern auch für (beispielsweise) Mengen und Listen zur Verfügung stehen.

Schließlich gehören zu einem Konzept für komplexe Objekte auch entsprechende Datenmodelloperatoren, mit denen mit ganzen solchen Objekten umgegangen werden kann (z.B. Auffinden oder Löschen samt aller Unterobjekte); außerdem werden weitere Operatoren benötigt, mit denen Objektstrukturen auf- und abgebaut werden können (z.B. Einfügen eines Objektes als Unterobjekt in ein anderes).

Die zweite geforderte Eigenschaft eines ooDM ist ein Konzept zur **Definition neuer Objekttypen** (in diesem Zusammenhang oft auch "Klassen" genannt) durch den Systemanwender (im Gegensatz zu den bereits fest in die Systemsoftware "eingebauten" Typen). Hiermit ist gemeint, daß man über die auch bisher schon durch Anwendung der Konstruktoren mögliche strukturelle Definition neuer Typen (für die dann nur die systemgegebenen generischen Operatoren anwendbar sind) hinaus auch die für einen Typ charakteristischen Operatoren ("Methoden") selbst festlegen und im Zuge des Datenbankentwurfs in das System einbringen kann. Hierzu sind folgende drei Einzelaktionen erforderlich: für Objekte des neuen Typs ist die strukturelle Repräsentation ihres Wertes festzulegen (im allgemeinsten Fall eine komplexe Objektstruktur wie oben erläutert, häufig aber auch nur ein flaches Tupel oder gar nur ein Bytestring; bei der objektorientierten Programmierung ist hier von den "Instanzvariablen" die Rede), für jeden gewünschten Operator ist die Schnittstelle (Name, Eingabe- und Ausgabeparameter sowie deren Wertebereiche) zu definieren, und schließlich müssen all diese Schnittstellen durch Programme in einer gegebenen Programmiersprache auf Basis der gewählten Wertrepräsentation implementiert werden. Diese Implementierungen werden mithilfe der passenden generischen Operatoren (oder, falls es sich um ebenfalls benutzerdefinierte Typen handelt, mithilfe der dafür explizit spezifizierten Operatoren) auf die Wertrepräsentation zugreifen und auf diese Weise das Verhalten von Objekten des neuen Typs bestimmen.

Betrachten wir hierzu unser obiges Versicherungsbeispiel. Für einen Objekttyp **LebensVersPolice** könnten wir als Wertrepräsentation eine Reihe von Attributen ähnlich den früher gewählten verwenden. Als Operatoren sind etwa vorstellbar (die Bezeichner mögen dabei die jeweils unterstellte Bedeutung suggerieren) **LVP_abschließen**, **LVP_rückkaufen**, **LVP_ändern** oder **LVP_Prämienzahlung**. Eine Schnittstellenspezifikation für den Operator **LVP_abschließen** wiederum würde Eingabeparameter für u. a. die gewünschte Versicherungssumme, den Versicherungsnehmer, den Begünstigten, das Abschlußdatum und die gewünschte Tarifvariante (alle mit jeweils passenden - auch komplexen! - Wertebereichen) sowie einen Ausgabeparameter für die zugewiesene Versicherungsnummer haben. Das Programm zur Implementierung dieses Operators wird dann die entsprechenden Attribute der Wertrepräsentation setzen, aber auch alle bei Abschluß einer Lebensversicherung notwendigen betriebsinternen Prüfungen und Fortschreibungen anderer Datenbestände (also anderer Objekte) durchführen bzw. durch Aufruf der dafür definierten Operatoren veranlassen. Befleißigt man sich schließlich des ebenfalls für ein ooDM geforderten Konzepts der **Datenkapselung** (encapsulation; "Geheimnisprinzip"), so sind die Wertrepräsentationen der einzelnen derartigen Objekte dem Benutzer sogar völlig unzugänglich; er kann mit den Objekten nur noch durch Aufruf der definierten Operatoren arbeiten. Lediglich im Zuge der Implementierung der Operatorprogramme können "direkte" Zugriffe auf die Wertrepräsentationen codiert werden.

Weiter wird verlangt, daß in einem ooDM alle Objekte eigenständig, von ihren aktuellen Werten unabhängig identifiziert werden können und zu diesem Zweck eine systemweit eindeutige, unveränderliche Kennung erhalten (**"Objektidentifikator"**; "Surrogat"). Dies entlastet den Benutzer davon, selbst eindeutige, unveränderliche Schlüssel für alle Objekte festlegen zu müssen (er darf dies auf Wunsch aber auch weiterhin tun!), was vielleicht weniger bei kaufmännisch/administrativen (wo künstliche Nummernsysteme zu diesem Zweck ohnehin meist existieren), sehr wohl aber bei vielen technischen Anwendungen eine große Erleichterung darstellt. Jedes Objekt ist damit über seinen Identifikator (und natürlich weiterhin per Schlüssel, per Selektion über Attributwerte allgemein, und - soweit im Datenmodell vorgesehen - per Navigation in Objektstrukturen) ansprechbar, und vor allem kann man nach Änderungen jeglicher Art immer noch von "demselben" Objekt sprechen: Gleichheit und Identität von Objekten können wohl unterschieden werden. Zusammengenommen läßt sich ein Objekt somit als ein Tupel <Identifikator, Wert, Typ> auffassen, wobei ein Typ durch einen (eventuell komplexen!) Wertebereich und eine Menge zulässiger Operatoren festgelegt ist.

Schließlich ist noch das Konzept der **Typhierarchien** und der damit eng einhergehenden **Vererbung** zu besprechen. Während in traditionellen Datenmodellen alle im Schema definierten Typen unabhängig voneinander sind, kann in einem ooDM ein Typ als ein Untertyp eines anderen auftreten (man beachte, daß dies nichts mit den oben besprochenen Ober-/Unterobjekten zu tun hat, sondern orthogonal dazu ist!). Damit wird ausgedrückt, daß der Untertyp eine **Spezialisierung** des Obertyps ist (oder umgekehrt der Obertyp eine **Generalisierung** des Untertyps darstellt): wo immer ein Objekt des Obertyps gefragt ist, kann auch ein - mit spezielleren Eigenschaften behaftetes - Objekt eines diesbezüglichen Untertyps verwendet werden; man spricht auch von der "IS_A"-Beziehung zwischen Unter- und Obertyp. Technisch wird dies durch das Prinzip der Vererbung erreicht: für einen Untertyp müssen lediglich die gewünschten zusätzlichen (also spezialisierenden) Eigenschaften festgelegt werden, seine Objekte ererben automatisch alle für den Obertyp definierten strukturellen (Attribute der Wertrepräsentation etc.) und/oder verhaltensmäßigen (definierte Operatoren) Eigenschaften. Die Vorteile dieses Konzepts liegen darin, daß wiederum ein Mehr an Semantik in der Datenbank bekannt gemacht (und damit natürlich auch verwendet!), daß teilweise die Mehrfachrealisierung von Operatoren eingespart, und daß nicht zuletzt eine gewisse Disziplin beim Datenbankentwurf ("schrittweise Verfeinerung" auch hier!) unterstützt werden kann. Zusammen mit den hier nicht näher erläuterten Konzepten des Überladens, Überschreibens und späten Bindens (siehe [4] oder andere Arbeiten zum objektorientierten Programmieren) verspricht man sich gerade durch Typhierarchien und Vererbung insgesamt mehr Effizienz bei der Systementwicklung, eben auch und gerade soweit Datenbanken involviert sind.

Auch hier mag wieder ein Blick auf ein Beispiel hilfreich sein. Gehen wir davon aus, daß den Policen der verschiedensten Versicherungssparten eine ganze Reihe von Eigenschaften gemeinsam sind und etwa Lebens- und Kraftfahrzeugversicherungspolicen sich nur in relativ wenigen Teilsachverhalten unterscheiden, so bietet sich eine Modellierung wie in Abb. 3 angedeutet an. Ein Objekt des Typs

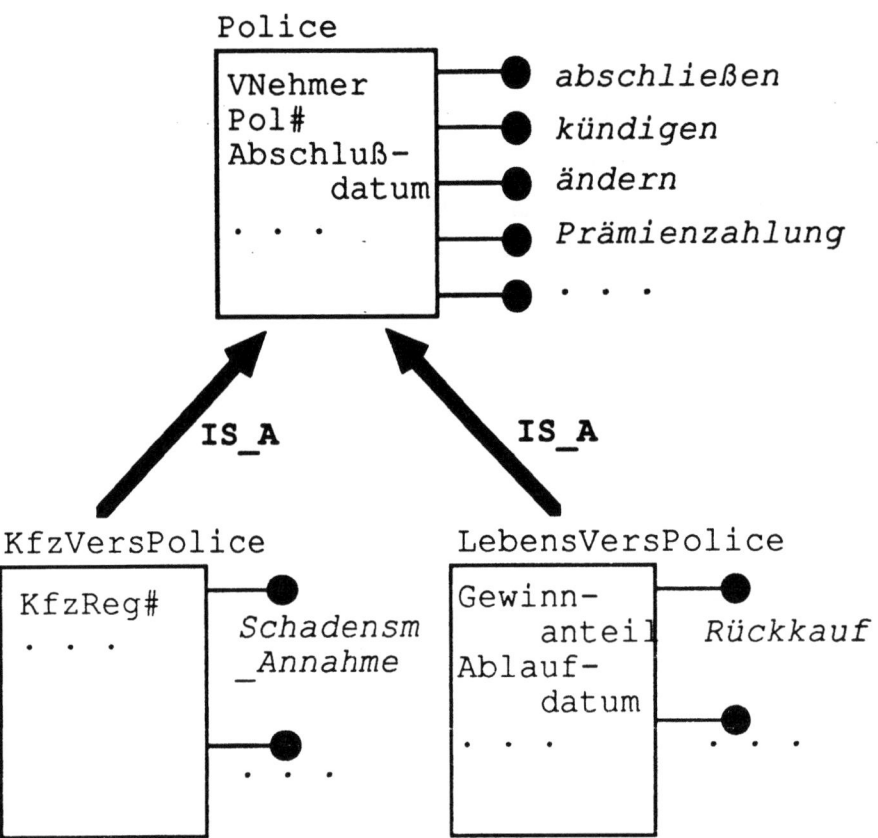

Abb.3: Modellierung verschiedener Policearten mittels Typhierarchie

LebensVersPolice hätte dann eine Wertrepräsentation, die sowohl die für **Police** (*Pol#*, *VNehmer*, ...), als auch die speziell für *LebensVersPolice* (*Gewinnanteil*, *Ablaufdatum*, ...) definierten Attribute umfaßt; auch an Operatoren sind die des Typs selbst, wie die seines Obertyps anwendbar (**abschließen, kündigen, ändern, Prämienzahlung, ..., rückkaufen,** ...). Übrigens ist es durchaus möglich, daß für einen Typ mehr als ein Obertyp definiert wird ("multiple Vererbung"); für dabei eventuell mögliche Konflikte (von wo soll geerbt werden, wenn eine gleichnamige Eigenschaft von mehr als einem Obertyp "angeboten" wird?) sind dann entsprechende Auflösungsvorschriften zu erlassen. Selbstverständlich kann sich eine Typhierarchie auch über mehr als zwei Stufen erstrecken; das Prinzip der Vererbung wird dann mehrfach angewandt.

3 Stand der Entwicklung

Während eine einheitliche Definition eines ooDM noch immer aussteht und obige Ausführungen daher nur für sich in Anspruch nehmen können, einen (wenngleich von einer wesentlichen Gruppe von Fachkollegen getragenen) Ansatz in diese Richtung darzustellen, sieht es bei prototypischen Entwicklungen, die die genannten Forderungen zumindest in Teilen erfüllen, weit besser aus (die Proliferation entsprechender Systeme, die - bei oft recht unterschiedlichen Eigenschaften - alle das Prädikat "objektorientiert" für sich reklamierten, führte gerade zu dem beklagten "definitionslosen" Zustand, ganz im Gegensatz etwa zum relationalen Datenmodell, wo zuerst eine formal untermauerte Definition publiziert wurde, an die sich die dann entstehenden Systeme halten konnten). In der Regel handelt es sich dabei um Prototypen, die seit einigen Jahren an universitären und industriellen Forschungseinrichtungen in aller Welt entwickelt wurden. Jedoch gibt es mittlerweile auch bereits einige am Markt angebotene Produkte (die gleichwohl nur in sehr seltenen Fällen als ausgereift bezeichnet werden können), und vor allem die Zahl einschlägiger amerikanischer "Start-up companies" (mit teilweise hochkarätigen Softwareingenieuren!) mit entsprechenden Produktankündigungen ist beachtlich und wächst immer noch.

Um den vielen existierenden Ansätzen gerecht zu werden, die (noch) nicht alle genannten Kriterien erfüllen, läßt sich folgende Klassifikation verwenden [6,7]. Von **struktureller Objektorientierung** spricht man, wenn ein Konzept für komplexe Objekte (natürlich samt der zugehörigen generischen Operationen) vorhanden ist; Objektidentität und strukturelle Vererbung können hinzukommen. **Verhaltensmäßige Objektorientierung** liegt vor, wenn zwar komplexe Objekte nicht (ausreichend) unterstützt werden, aber ein Konzept zur Definition neuer Datentypen durch den Benutzer vorhanden ist. Nur bei Erfüllung aller im vorhergehenden Kapitel genannten Forderungen ist **volle Objektorientierung** gegeben.

Nähere Ausführungen zu den Ansätzen und Systemen der verschiedensten Klassen finden sich beispielsweise in [8,9,10,11]. Wir können aus Platzgründen hier nur einige wenige Gesichtspunkte ansprechen. Bei strukturell objektorientierten Datenmodellen versucht man entweder, den Tupeln des Relationenmodells eine Objektstruktur zu überlagern (indem die Zusammenhänge zwischen mehreren Tupeln verschiedener Relationen durch Spezialattribute dem System bekannt gemacht werden), oder man lockert die sonst sakrosankte Forderung nach erster Normalform ("flache" Tupel) und erlaubt als Attributwerte selbst wieder ganze Relationen ("geschachtelte", "genestete", oder "NF^2"-Relationen). In beiden Fällen sind gewöhnlich nur strikt hierarchisch aufgebaute Objekte (keine Überlappungen, keine Rekursion) zugelassen. Ein anderer Ansatz besteht darin, Objekte und deren Strukturen explizit im Datenmodell zu verankern. Dies wurde verschiedentlich durch Anreicherung des Gegenstands-Beziehungs-Modells (entity/relationship model, ERM) um komplexe Objekte erreicht. Interessanterweise wurden strukturell objektorientierte Datenbanksysteme (einige Beispiele sind XSQL [12], AIM-P [13], PRIMA [14] oder DAMOKLES [15]) vorwiegend in Forschungslabors und in Europa untersucht; in marktreifen Produkten tauchen sie (noch) kaum auf.

Für verhaltensmäßig objektorientierte Modelle dient häufig eine objektorientierte Programmiersprache (z.B. Smalltalk oder insbesondere C++) als Ausgangspunkt; Aufgabe der Implementierung ist es dann, für die Persistenz der Objekte (und natürlich für die weiteren Datenbankeigenschaften) zu sorgen. Zwar werden hier Objektstrukturen dadurch ermöglicht, daß Referenzen auf Objekte als Attributwerte auftreten können, jedoch löst dies nicht alle für komplexe Objekte im eingeführten Sinn auftretenden Probleme (beispielsweise für die benötigten Operatoren). Fast alle heute kommerziell angebotenen Produkte (wie etwa GemStone [16] oder Ontos [17]) fallen in diese Kategorie.

Voll objektorientierte Datenmodelle sind im Augenblick noch ausgesprochen selten (Beispiele sind ORION [18] oder, mit etlichen Abstrichen, POSTGRES [19]). Hauptproblem ist dabei die erwünschte vollständige Orthogonalität von komplexen Objekten und definierbaren Typen, so daß auch komplexe Objektstrukturen als Wertrepräsentationen verwendet werden können.

4 Konsequenzen und Perspektiven für die Anwendung

Was bedeutet die Entwicklung objektorientierter Datenmodelle für den Anwender und für die Entwicklung von datenbankbasierten Anwendungssystemen? Pauschal gesprochen liegt die größte Errungenschaft von ooDM darin, daß mit ihrer Hilfe wesentlich mehr an Semantik innerhalb der Datenbasis festgehalten werden kann, als dies mit traditionellen Modellen möglich ist. Die einzelnen Anwendungsprogramme können damit von Aufgaben der Informationsverwaltung entlastet werden. Zwar ist damit zunächst nur eine Verlagerung von zu erbringendem Aufwand weg von der Anwendungsentwicklung und hin zum Datenbankentwurf (der dann natürlich weiter als bisher üblich zu sehen ist: auch die Realisierung der Operatoren für neu definierte Typen gehört dazu!) erfolgt, jedoch ergeben sich daraus positive Konsequenzen, die letztendlich doch auch zu einer zeit- und kostengünstigeren Realisierung von Anwendungen führen.

So ist sichergestellt, daß - da eben alle zur Verwendung eines Objektes benötigten Operatoren gleich "mitgeliefert" werden - Datenbankinhalte ohne zusätzliche Vorkehrungen auch von allen Anwendungsteilen in gleicher Weise interpretiert werden (dies schließt keineswegs aus, daß auch für Objekte verschiedene "Anwendungssichten" im Sinne von Views oder Subschemata definiert werden können); dies vermeidet gleichzeitig Doppelentwicklungen von Programmteilen, die sich alle der Beschaffung und Interpretation gleicher oder ähnlicher Datenbankinhalte widmen. Bei korrekter Konzeption der Operatoren läßt sich zudem ein guter Teil der Maßnahmen zur Konsistenzüberwachung ohne (in Datenbanksystemen oft nicht vorhandene!) weitere Mechanismen direkt berücksichtigen, die für eine ordnungsgemäße, qualitativ hochwertige Datenverarbeitung an irgendeiner Stelle der Software ohnehin einzubauen wären.

Wie schon erwähnt, lassen auch Typhierarchien und das Vererbungskonzept die Einsparung von Aufwand erwarten. Einmal definierte Typen können - einfacher als andere Einheiten! - in Bibliotheken gehalten und bei Bedarf wiederverwendet werden (Schlagwort "reusability"!), entweder direkt, um daraus Objekte zu erzeugen, oder indirekt, indem zunächst im Zuge der Spezialisierung neue Untertypen für den vorliegenden Fall entworfen werden ("customization"). Es ist sogar leicht denkbar, daß - sobald sich die konzeptuellen Grundlagen noch etwas mehr gesetzt haben - ein neuer Markt entsteht, auf dem fertige Typbibliotheken für bestimmte Anwendungsgebiete "von der Stange" angeboten werden. Die hierzu erforderlichen Standardisierungsbemühungen, z.B. bei ANSI oder durch die Object Management Group (OMG) einer Reihe führender Hardware- und Softwareproduzenten, sind bereits angelaufen (wenngleich mit schnellen Erfolgen wohl nicht zu rechnen ist).

Rein technisch gesehen erlaubt das vorhandene Mehr an Semantik dem Datenbanksystem, verschiedene Arbeiten effizienter durchzuführen, beispielsweise eine Vielzahl aufwendiger Join-Operationen einzusparen. Voraussetzung dazu sind natürlich entsprechend geschickte Systemimplementierungen, aber die entsprechenden Techniken werden nach einiger Zeit ebenso entwickelt sein, wie dies in der Geschichte relationaler Systeme der Fall war. Nicht zu unterschätzen ist aber die Ersparnis, die (bei entsprechend komplexen Sachverhalten) allein dadurch erzielt wird, daß dieselbe Leistung im Extremfall nur noch einen statt vieler Aufrufe an das Datenbanksystem erfordert. Selbst wenn dort in der Summe derselbe Aufwand zu treiben wäre (was häufig nicht der Fall sein wird), so verursacht doch jeder Wechsel der Aktivitäten von der Anwendung in das Datenbanksystem und zurück erhebliche Grundkosten, die dann eben weit seltener anfallen.

Wie manch anderen neu in die Diskussion kommenden Konzepten bleibt auch der Objektorientierung und den objektorientierten Datenbanksystemen nicht erspart, daß ihnen einerseits mit zuviel Euphorie ("Allheilmittel") begegnet wird, sie von anderen aber als "alter Hut" (bestenfalls im neuen Kleid) abgetan werden. Wie meist, liegt auch hier die Wahrheit sicher irgendwo in der Mitte; Revolutionen sind in der Informatik äußerst selten, und so sind wie auch erwähnt die Einzelkonzepte objektorientierter Datenbanksysteme keineswegs taufrisch. Neu ist jedoch ihre Zusammenfassung in einem einzigen logischen (also tatsächlich an der Systemschnittstelle verwendbaren) Datenmodell. Die von vielen Menschen als natürlich empfundene Denkweise in Umweltobjekten mit Struktur und Verhalten muß also nicht irgendwann während des Entwurfes einer rein technisch bedingten Auftrennung in Programm- und Datenteile mit all ihren Nachteilen weichen, sondern kann durchgängig angewandt werden. Insofern stellen ooDM die logische Fortsetzung zu objektorientierten Programmiersprachen, objektorientierten Systementwurfstechniken usw. dar.

Gleichwohl gibt es natürlich vielerlei Gründe, warum objektorientierte Datenbanksystem unabhängig von ihrer technischen Reife (die heute sicher noch nicht voll attestiert werden kann) nicht sofort und überall breiten Einsatz finden werden. In der "Praxis" ist man erst seit kurzem dabei, Zutrauen in die relationale Welt zu fassen und diese in großem Stil in realistischen Anwendungen einzusetzen; ein gutes Marktangebot, Standards und die Haltung der Marktführerschaft haben dazu beigetragen. Außerdem sind viele Anwendungsfälle so geartet, daß sie relativ einfache Strukturen und einfaches, standardisiertes Verhalten aufweisen, so daß sie tatsächlich ohne großen Bruch auch mit dem Relationenmodell vernünftig abbildbar sind. Die meisten Prognosen lauten daher, daß ooDM zuallererst in komplexen Anwendungen erprobt werden, wo ihre Vorteile voll zur Geltung kommen und die besprochenen Schwachstellen traditioneller Ansätze besonders hinderlich sind (ein aktuelles Projekt befaßt sich beispielsweise mit der Planung des Flugzeugeinsatzes bei einer Fluggesellschaft, andere oft genannte Anwendungsklassen sind CAD/CAM/CIM oder Büroautomatisierung).

Bereits absehbar ist außerdem, daß einige der ooDM-Konzepte zu Erweiterungen relationaler Systeme führen, und daß außerdem für die meisten objektorientierten Datenbanksysteme SQL-ähnliche Sprachen (die natürlich teils erheblich erweitert sein müssen) angeboten bzw. gerade entwickelt werden. Beides kann dem Anwender den Übergang von einer Systemart zur anderen erleichtern, gleichwohl ist natürlich ganz erheblicher Aufwand zu bezahlen, wenn existierende Datenbestände und Anwendungen umgestellt werden sollen - die Verwendung bekannter Termini kann da (von den Anbietern sicher nicht verhindert) leicht zu Augenwischerei werden. Größere Hoffnungen sind daher in weitere Fortschritte bei der Integration heterogener Systeme zu setzen, so daß "unter einem Dach" sowohl (beispielsweise) ein relationales und ein objektorientiertes Datenbanksystem betrieben werden können.

Schließlich ist es auch durchaus möglich (wenngleich natürlich nicht immer voll befriedigend), Objektorientierung nicht durchgängig, sondern nur in manchen Schritten des Entwurfs bzw. einzelnen Systemkomponenten zu nutzen. So kann etwa der konzeptuelle Entwurf (der ja "mit Papier und Bleistift" bzw. speziellen Softwarewerkzeugen erfolgt) objektorientiert erfolgen, um anschließend (möglichst nach genau definierten Regeln!) auf konventionelle Systemsoftware umgesetzt zu werden. Der Einsatz von Datenwörterbüchern, in denen die nicht unmittelbar in der eigentlichen Datenbank vorhandene Information dokumentiert wird, kann dabei hilfreich sein. Systemseitig können aus Programmen in objektorientierten Programmiersprachen durchaus konventionelle Datenbanken verwendet werden, und ebenso können umgekehrt objektorientierte Datenbanken zusammen mit Programmen in konventionellen Sprachen zum Einsatz kommen. Zwar ist jede dieser Lösungen mit dem Verlust eines Teils der postulierten Vorteile verbunden und Synergien können weniger gut zum Tragen kommen, aber häufig ist eine zweitbeste Lösung besser, als überhaupt keinen Schritt vorwärts zu wagen.

5 Schlußbemerkungen

Obwohl Objektorientierung im Augenblick sicher eine der breitesten und – auch im Hinblick auf die kommerzielle Nutzung – wichtigsten Strömungen im Bereich der Datenbanksysteme darstellt, gibt es doch eine Reihe weiterer Entwicklungen, die nicht minder interessant sind und wohl mittelfristig ebenfalls zum "Datenbanksystem der Zukunft" beitragen werden. Hierzu gehören Einzelkonzepte etwa zur Verwaltung verschiedener (Objekt-) Versionen, zur geordneten Abwicklung langdauernder Bearbeitungsvorgänge ("lange Transaktionen") oder zur Verteilung (von Objekten) in sog. "Server/Client-Architekturen", die ab und zu auch in Definitionen für objektorientierte Datenbanksysteme auftauchen, in dieser Arbeit aber bewußt davon getrennt gesehen werden.

Darüberhinaus befassen sich Datenbanksystementwickler heute aber auch (neben vielen anderen Themen) mit "deduktiven" und mit "aktiven" Datenbanksystemen. Bei ersteren geht es darum, daß außer Fakten (repräsentiert durch einfache Sätze oder durch Objekte wie hier behandelt) auch Regelwissen in der "Wissensbank" (in Erweiterung der bloßen "Datenbank" oder der "Objektbank") abgelegt und zur Herleitung neuer Information herangezogen werden kann. Im Fall der aktiven Datenbanken können dem System bestimmte, vor allem vom aktuellen Status der vorhandenen Daten abhängige Ereignisse bekannt gemacht werden. Regeln werden hier dazu eingesetzt, die bei Eintreten definierter Ereignisse auszulösenden Aktionen zu bestimmen. Zusammen mit der Objektorientierung wird es so möglich sein, ein breites Spektrum an sehr leistungsfähigen Informationsverwaltungsmechanismen im weitesten Sinne bereits durch standardisierte Basissoftware ("Nonstandarddatenbanksystem") anzubieten und die Anwendungsentwicklung damit weit einfacher zu gestalten, als dies heute der Fall ist. Zu warnen ist allerdings vor euphorischen Überschätzungen derart, daß damit alle einschlägigen Probleme quasi automatisch gelöst wären: auch Objektorientierung braucht viel Ausbildung und die Unterstützung durch Methoden und Werkzeuge (die heute noch keineswegs zufriedenstellend existieren; z.B. löst sich das Problem des konzeptuellen Datenbankentwurfs nicht etwa von selbst!), um zu guten Ergebnissen zu führen.

Literatur

[1] Elmasri, R; Navathe, S.B.: Fundamentals of Database Systems. The Benjamin/Cummings Publishing Company, 1989

[2] Mayr, H.C.; Dittrich, K.R.; Lockemann, P.C.: Datenbankentwurf. In: Lockemann, P.C.; Schmidt, J.W.: Datenbank-Handbuch. Springer-Verlag, 1987

[3] Hull, R; King, R.: Semantic Database Modeling: Survey, Applications, and Research Issues. ACM Computing Surveys 20(1988)3, pp. 201-260

[4] Pinson, L.J.; Wiener, R.S.: An Introduction to Object-Oriented Programming and Smalltalk. Addison-Wesley Publishing Company, 1988

[5] Brachman, R.J.; Levesque, H.J. (edts.): Readings in Knowledge Representation. Morgan Kaufmann Publishers, 1985

[6] Atkinson, M.; Bancilhon, F.; DeWitt, D.; Dittrich, K.; Maier, D.; Zdonik, S.: The Object-Oriented Database System Manifesto. Proceedings DOOD '89, Kyoto, Dezember 1989

[7] Dittrich, K.R.: Object-Oriented Database Systems: The Next Miles of the Marathon. Information Systems, 1990

[8] Zdonik, S.B.; Maier, D. (edts.): Readings in Object-Oriented Database Systems. Morgan Kaufmann Publishers, 1990

[9] Dittrich, K.R. (ed.): Advances in Object-Oriented Database Systems. Lecture Notes in Computer Science, Vol. 334, Springer-Verlag, 1988

[10] Cardenas, A.F.; McLeod, D. (edts.): Seminal Research in Object-Oriented and Semantic Database Systems. Prentice Hall, 1990

[11] Kim, W.; Lochovsky, F.H. (edts.): Object-Oriented Concepts, Databases, and Applications. Addison Wesley Publishing Company, 1989

[12] Haskin, R.L.; Lorie, R.A.: On Extending the Functions of a Relational Database System. Proc. ACM SIGMOD Conf, 1982, pp. 202-212

[13] Dadam, P.; Küspert, K.; Andersen, F.; Blanken, H.; Erbe, R.; Günauer, J.; Lum, V.; Pistor, P.; Walch, G.: A DBMS Prototype to Support Extended NF^2 Relations: An Integrated View on Flat Tables and Hierarchies. Proc. ACM SIGMOD Conf, 1986, pp. 356-367

[14] Härder, T.; Meyer-Wegener, K.; Mitschang, B.; Sikeler, A.: PRIMA - a DBMS Prototype Supporting Engineering Applications.

Proc. 13th Intern. Conf. on Very Large Data Bases, 1987, pp. 433-442

[15] Abramowicz, K.; Dittrich, K.R.; Längle, R.; Ranft, M.; Raupp, T.; Rehm, S.: DAMOKLES - Architektur, Implementierung, Erfahrungen. Informatik Forschung und Entwicklung, Band 6(1991), Heft 1, S. 1-13

[16] Bretl, R.; Maier, D.; Otis, A.; Penney, J.; Schuchardt, B.; Stein, J.; Williams, E.H.; Williams, M.: The GemStone Data Management System. In [11], pp. 283-308

[17] Andrews, T.; Harris, C.; Sinkel, K.: The Ontos Object Database. Ontologic Inc., 1989

[18] Kim, W.; Ballou, N.; Chou, H.-T.; Garza, J.F.; Woelk, D.: Features of the ORION Object-Oriented Database System. In [11], pp. 251-282

[19] Rowe, L.A.; Stonebraker, M.R.: The POSTGRES Data Model. Proc. 13th Intern. Conf. on Very Large Data Bases, 1987, pp. 83-96

IAO-Forum
**Objektorientierte
Informationssysteme**

**Objektmodellierung
betrieblicher
Informationssysteme**

E. Sinz

IAO-Forum

Objektorientierte Informationssysteme, Stuttgart 18. April 1991

Objektmodellierung betrieblicher Informationssysteme

Inhalt:

1. Klassische versus objektorientierte Analyse betrieblicher Informationssysteme
2. Konzeptuelle Objektmodellierung und Vorgangsmodellierung im Semantischen Objektmodell (SOM)
3. Das Vorgehensmodell (V-Modell) von SOM
4. Ein durchgehendes Beispiel zur Objektmodellierung betrieblicher Informationssysteme im SOM

Prof. Dr. Elmar J. Sinz

Lehrstuhl für Wirtschaftsinformatik, insbes. Systementwicklung und Datenbankanwendung
Otto-Friedrich-Universität Bamberg, Feldkirchenstraße 21, D-8600 Bamberg
Tel.: (0951) 863-8478, Fax: (0951) 863-8220, X.400: sinz@sowi.uni-bamberg.dbp.de

SOM

SOM (Semantisches Objektmodell, V-Modell und SOM-CASE) ist ein gemeinsames Forschungsprojekt von

○ Institut für Wirtschaftsinformatik der Universität Koblenz-Landau,

Prof. Dr. Otto K. Ferstl

○ Lehrstuhl für Wirtschaftsinformatik, insbes. Systementwicklung und Datenbankanwendung, der Universität Bamberg,

Prof. Dr. Elmar J. Sinz

© Ferstl / Sinz 1990-1991

Zusammenfassung

Eines der zentralen Defizite im Bereich der Anwendungsentwicklung betrieblicher Informationssysteme (IS) besteht darin, daß Daten und Funktionen bisher nicht in überzeugender Weise zusammengeführt werden konnten. Das weitgehende Eigenleben von "Datensicht" und "Funktionssicht" eines IS ist eine der Ursachen für die bekannten Software-Probleme, die sich über den gesamten Lebenszyklus erstrecken. Sie reichen von einer unvollständigen und inkonsistenten Anforderungsdefinition bis zu einem überdimensionalen Wartungsaufwand.

Die Zusammenführung von Daten- und Funktionssicht muß bereits auf fachlicher Ebene erfolgen. Die klassische Vorgehensweise, nach der z.B. die Datensicht mit Hilfe des Entity-Relationship-Modells (ERM) und die Funktionssicht mit Hilfe von Structured Analysis (SA) beschrieben wird, ist hierzu nicht in der Lage. Die neueren Ansätze der objektorientierten Analyse stellen einen Schritt in die richtige Richtung dar. In objektorientierter Sicht besteht ein IS aus einer Menge von Objekten, die mit Hilfe von Nachrichten interagieren. Eine Nachricht an ein Objekt löst dort die Durchführung eines Operators (Methode) aus, wodurch ggf. weitere Nachrichten erzeugt werden. Nach dem aktuellen Stand der Literatur bleiben allerdings auch hier eine Reihe von Fragen offen, etwa die Frage "How to find the objects?".

Im folgenden wird ein neuer, objektorientierter Ansatz zur ganzheitlichen Modellierung von IS vorgestellt, der u.a. ein gezieltes Auffinden der betrieblichen Objekte unterstützt und mit der klassischen Datensicht eines IS kompatibel ist. Der Ansatz beruht auf dem Semantischen Objektmodell (SOM) und einem zugehörigen Vorgehensmodell (V-Modell).

Die Modellierung eines IS vollzieht sich im Spannungsfeld zwischen konzeptueller Objektmodellierung und Vorgangsmodellierung. Diese beiden Pole werden über mehrere Ebenen in ständiger Abstimmung aufeinander zu entwickelt und ergeben schließlich in Form eines konzeptuellen Objektschemas und eines zugehörigen Vorgangsobjektschemas eine geschlossene, objektorientierte Definition des IS.

Den Ausgangspunkt der Analyse bildet eine Abgrenzung des dem IS zugrundeliegenden Ausschnitts der realen Welt, der in Form eines Objektsystems definiert wird. Für dieses Objektsystem wird ein korrespondierendes Unternehmenszielsystem formuliert und mit dem Objektsystem abgestimmt.

Auf der nächsten Ebene wird die dem IS zugrundeliegende Diskurswelt ausgehend vom Objektsystem in Form eines mehrstufig verfeinerbaren Interaktionsmodells analysiert. Dieses Interaktionsmodell definiert Flüsse zwischen betrieblichen Stellen und/oder Umweltschnittstellen. Flüsse sind Leistungs- und Zahlungsflüsse sowie die zur Steuerung und Kontrolle der Leistungs- und Zahlungsflüsse erforderlichen Informationsflüsse. Korrespondierend hierzu wird ausgehend von der Definition des Zielsystems das Aufgabensystem entwickelt. Interaktionsmodell und Aufgabensystem sind abzustimmen: jeder Fluß wird durch eine zugehörige Aufgabe realisiert.

Auf der letzten Ebene wird das Interaktionsmodell der Diskurswelt in das konzeptuelle Objektschema des IS abgebildet. Dieses konzeptuelle Objektschema wird als eine Erweiterung des konzeptuellen Datenschemas verstanden. Es beschreibt konzeptuelle Objekttypen mit ihren Attributen und Operatoren sowie die Beziehungen zwischen den konzeptuellen Objekttypen. Die Beziehungen stellen aus Datensicht Schlüsselreferenzen dar. Aus objektorientierter Sicht werden sie zusätzlich als is_a-, is_part_of- oder interacts_with-Beziehungen interpretiert.

Auf der Seite der Vorgangsmodellierung wird das Zusammenwirken konzeptueller Objekttypen bei der Durchführung betrieblicher Aufgaben analysiert und in Form von Vorgangsobjekttypen definiert. Die Menge aller Vorgangsobjekttypen bildet das Vorgangsobjektschema des IS. Jeder Vorgangsobjekttyp beschreibt für eine Menge verwandter Vorgänge die auslösenden und generierten Ereignisse sowie den Nachrichtenaustausch zwischen den beteiligten konzeptuellen Objekttypen.

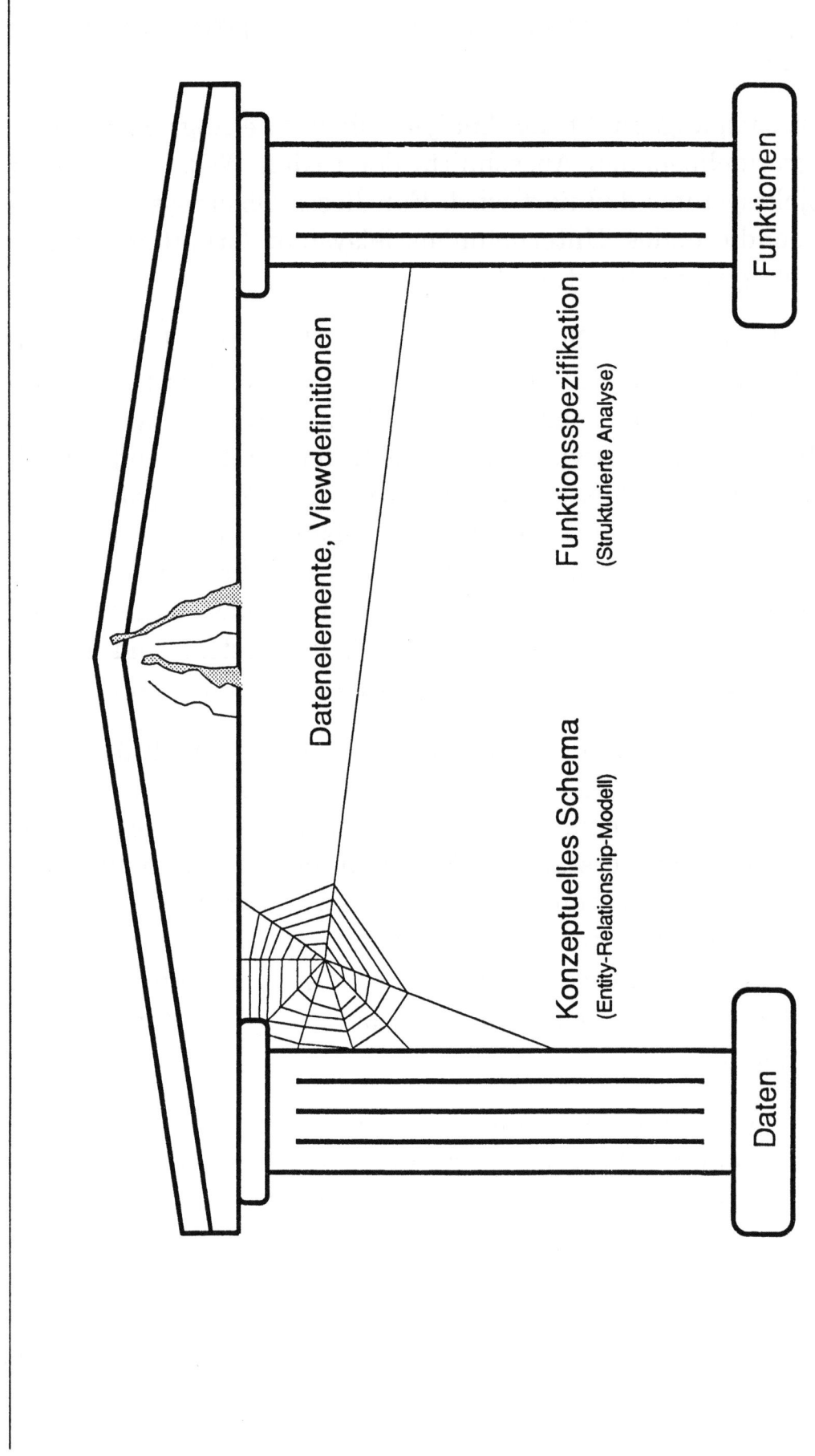

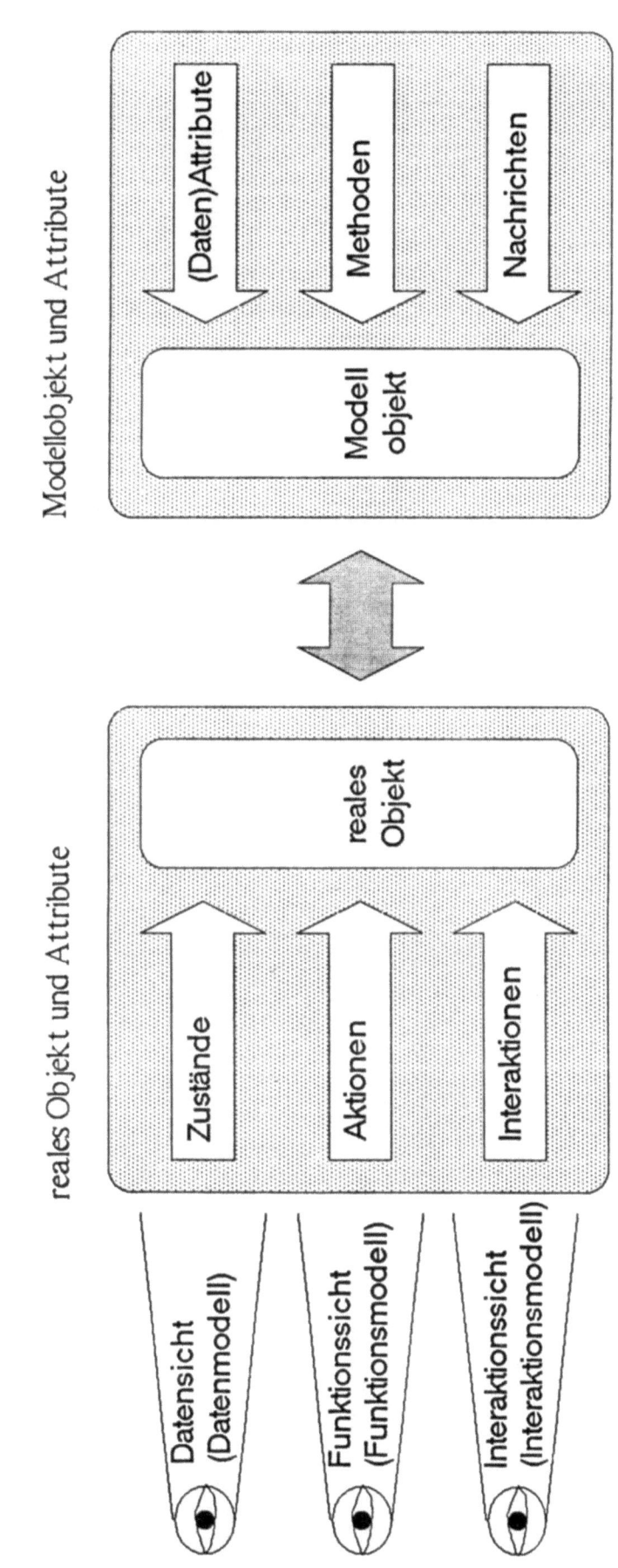

Der Modellierungsansatz des Semantischen Objektmodells (SOM)

- **Ganzheitliche Modellierung betrieblicher Informationssysteme**
  - **Vorgangsmodellierung**
    Zusammenwirken von Objekttypen bei der Durchführung von Aufgaben
  - **Konzeptuelle Objektmodellierung**
    - **Objektentwurf**
      Aufbau von Objekttypen:
      Attribute
      Klassenmethoden
      Methoden
    - **Objektsystementwurf**
      Beziehungsstruktur von Objekttypen

Basis: Aufgabenmodell (Aufgabenstruktur mit zugehörigen Sach- und Formalzielen)

Basis: Interaktionsmodell (Güter-, Leistungs- und Zahlungsflüsse)

IAO-Forum 18.4.91   Elmar J. Sinz: Objektmodellierung betrieblicher Informationssysteme

Beziehungsarten des SOM

Beziehungsart	Aufgabe und Wirkung	Strukturbildung
interacts_with	Modellierung von Interaktionskanälen für die Interaktion von Gegenstandsobjekten mit Hilfe von Nachrichten	hierarchisch, quasi-hierarchisch
is_a	Modellierung von Generalisierungen auf der Basis von Vererbung	hierarchisch (einfache Vererbung), quasi-hierarchisch (multiple Vererbung)
is_part_of	Modellierung von Aggregationen (is_part_of korrespondiert aus Datensicht mit Normalisierung; Art der Beziehung wird häufig durch semantische Integritätsbedingung bestimmt)	hierarchisch (complex objects), quasi-hierarchisch (complex objects with shared subobjects)

Beziehungsarten des SOM

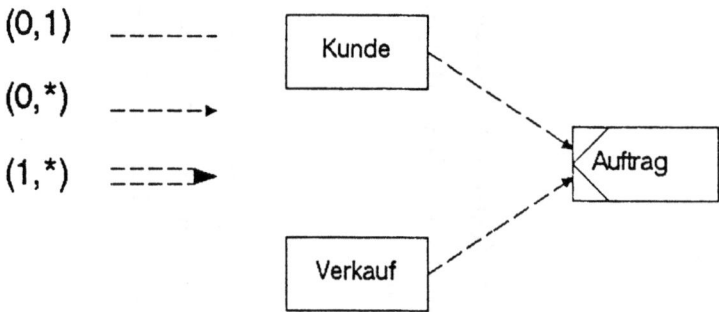

interacts_with – Beziehung im SOM

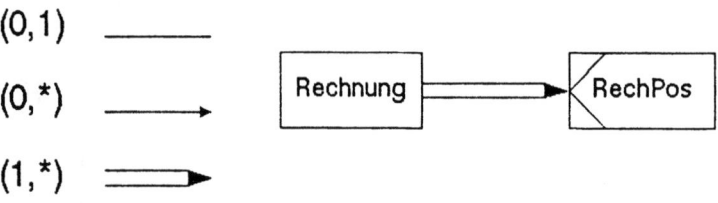

is_part_of – Beziehung im SOM

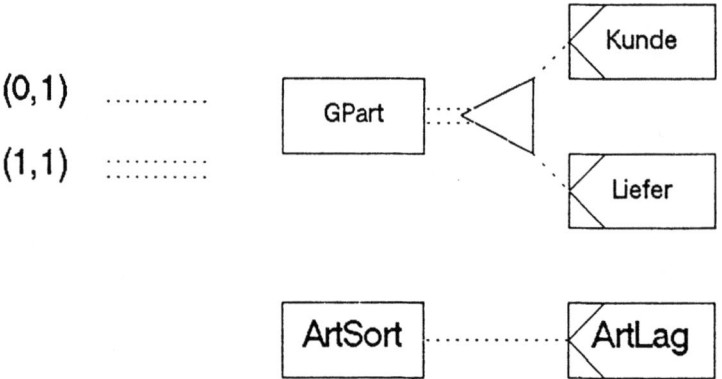

is_a – Beziehung im SOM

Begriffsystem der Aufgabendurchführung

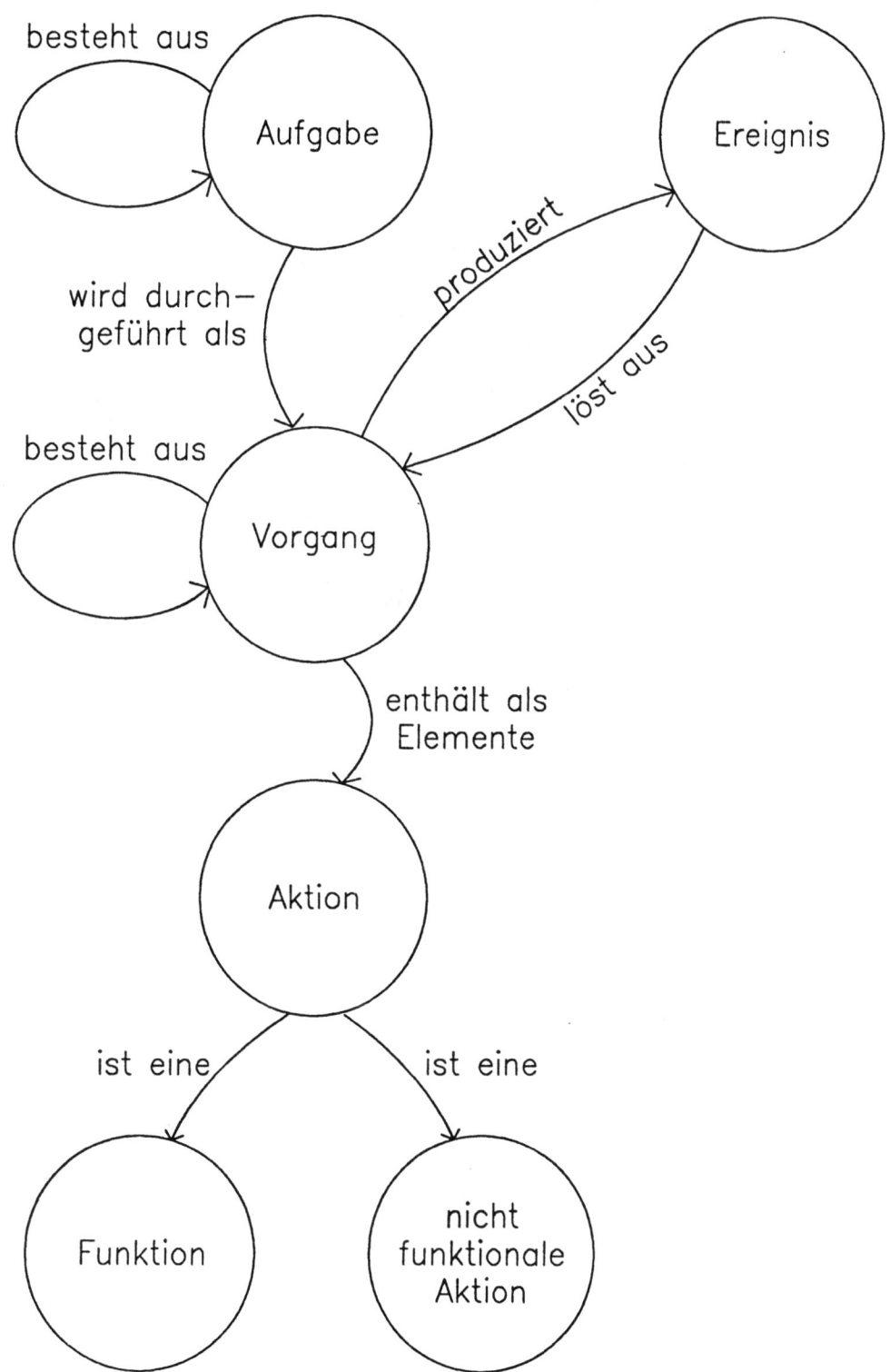

SOM-Vorgehensmodell

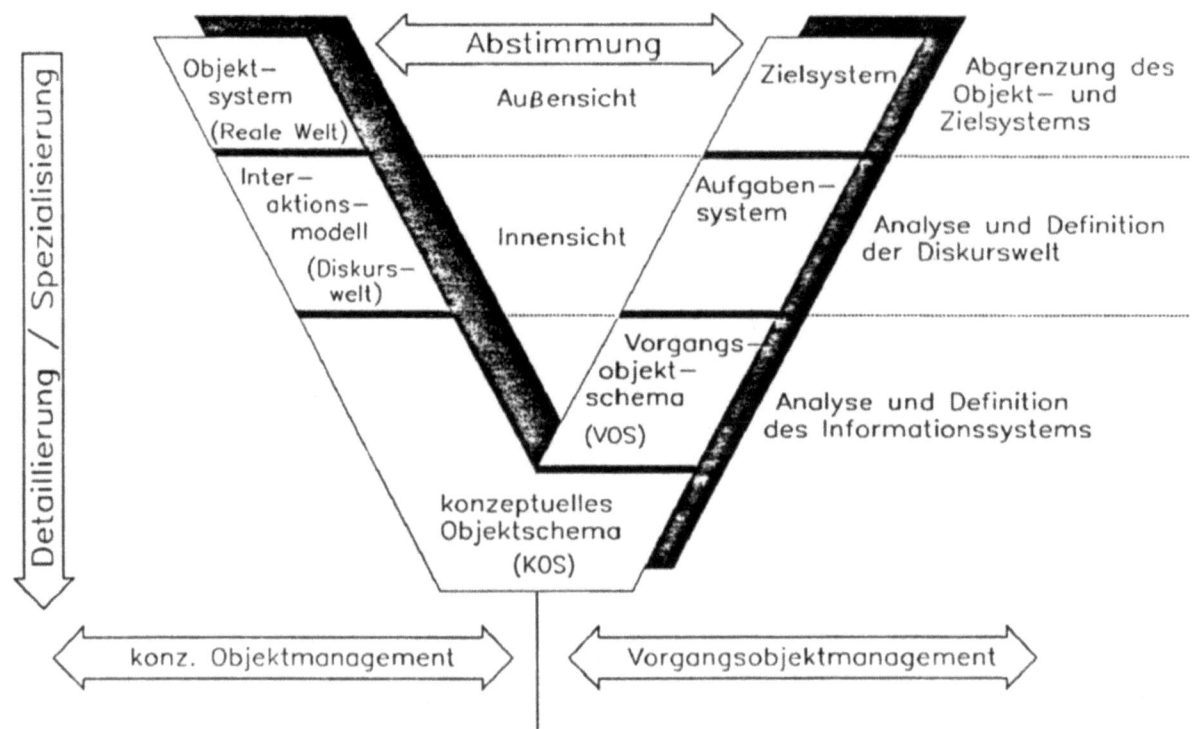

Vorgehensmodell der Objektmodellierung
im Semantischen Objektmodell (SOM)

Modellierung der Diskurswelt

○ Ausgangspunkt sind Güter-, Leistungs- und Zahlungsflüsse zwischen betrieblichen Stellen und/oder Umweltschnittstellen

○ Diese werden um die zur Auslösung und zur Begleitung / Kontrolle minimal notwendigen Informationsflüsse ergänzt

○ Anschließend werden alle weiteren, zur Vorbereitung, Nachbereitung usw. notwendigen Informationsflüsse ergänzt

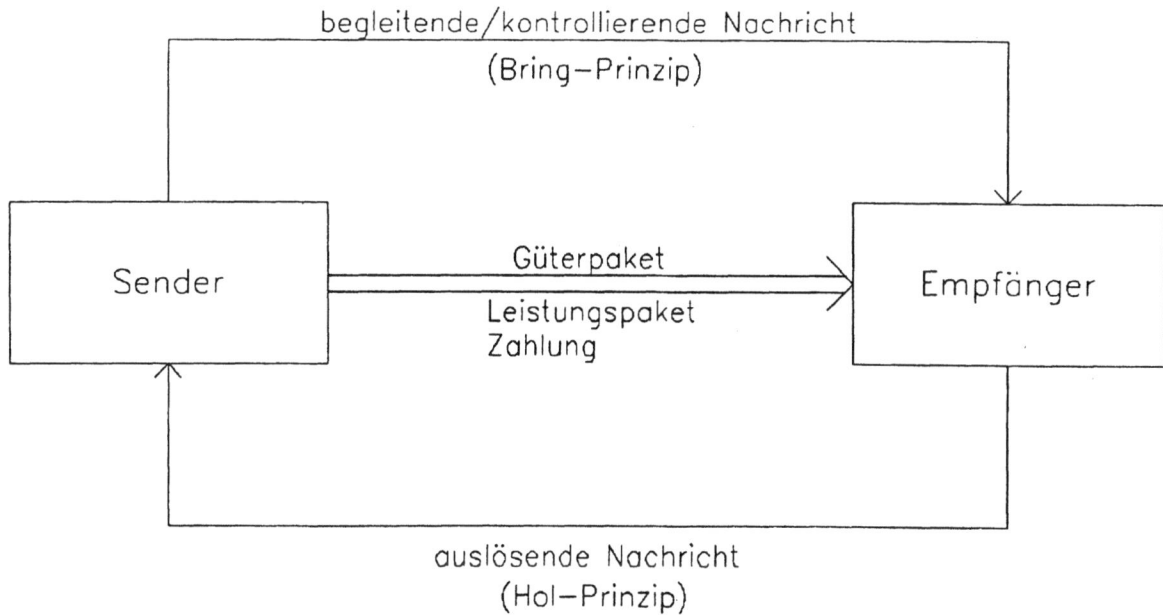

Beispiel: Flüsse zwischen Kunde und Vertrieb

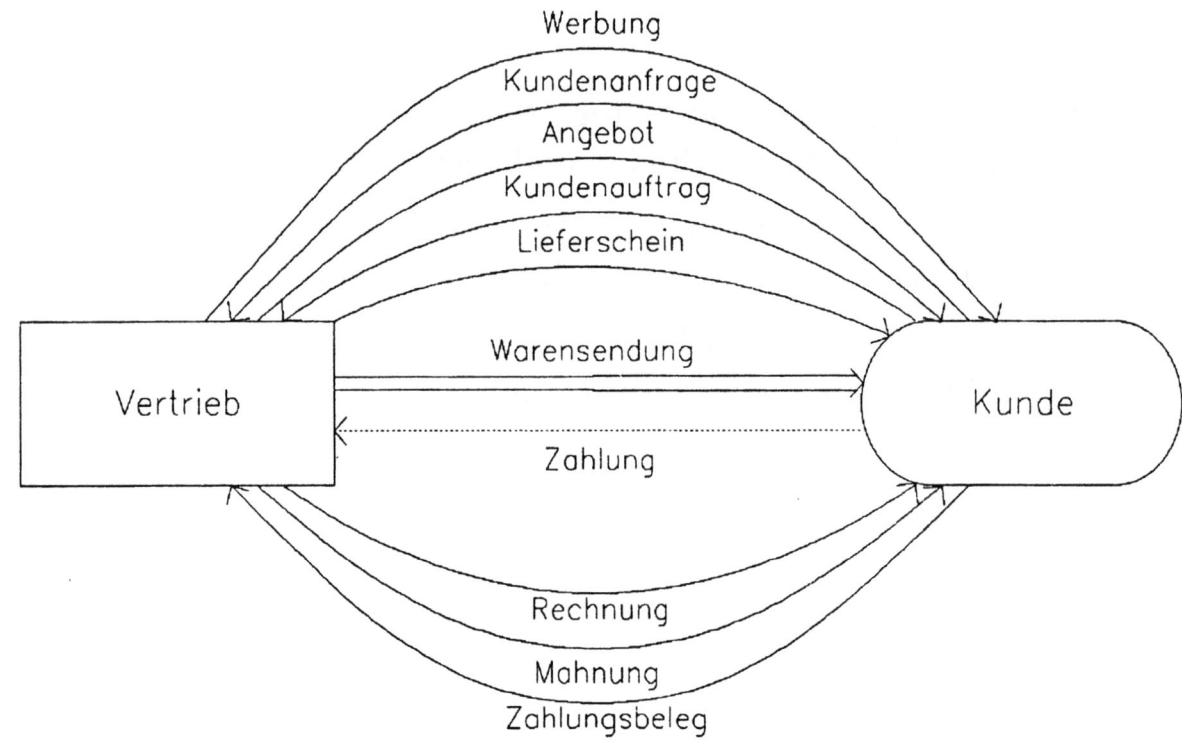

Beispiel: Hotel (nach Hruschka)

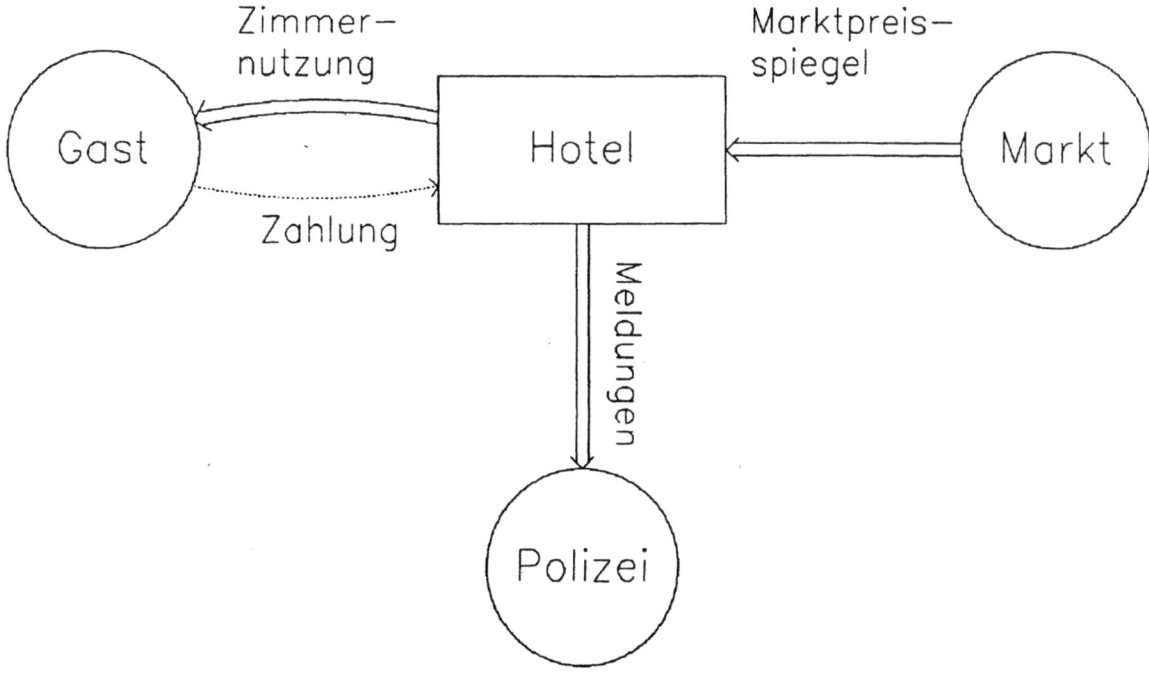

Hotelbeispiel: Flußmodell (Leistungen / Zahlungen)

Hotelbeispiel: Flußmodell (Leistungen/Zahlungen/Informationen)

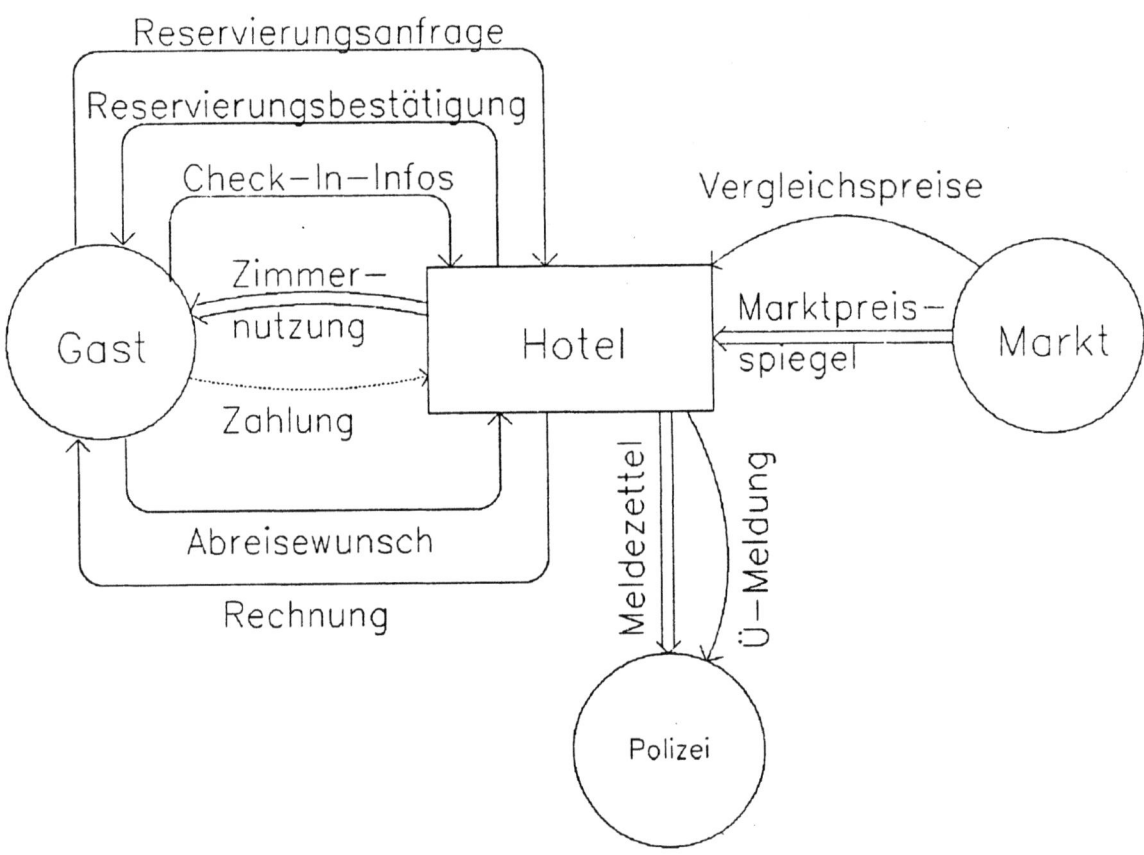

diskurs.txt

Modellierung des Aufgabensystems

○ Hierarchische Aufgabenstruktur (Aufgabenzerlegung)

○ Aufgaben korrespondieren mit Informationsflüssen: Informationsflüsse werden durch Aufgaben realisiert

○ Ereignisse führen zusammen mit Aufgabendefinitionen zu Vorgängen

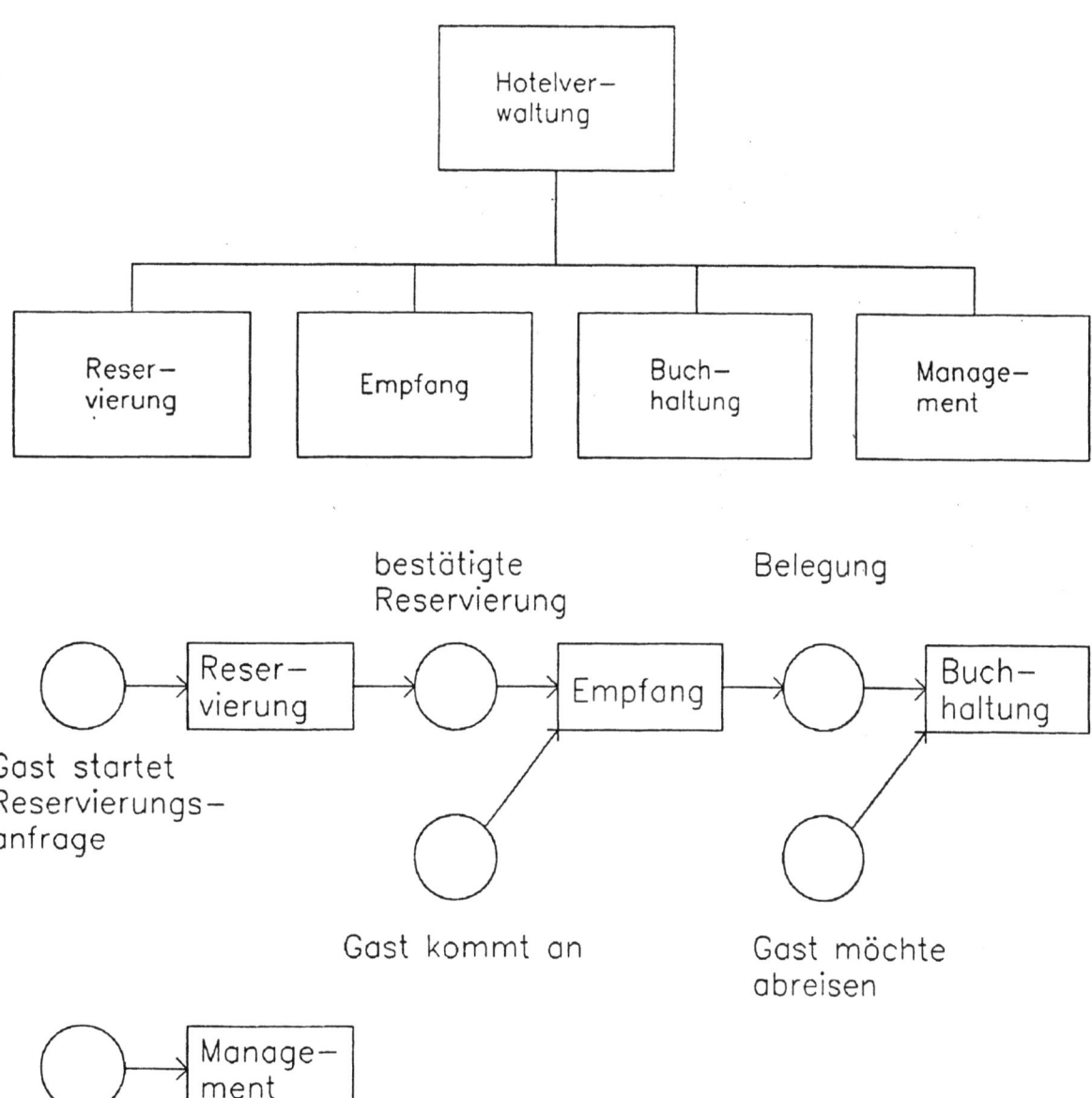

Modellierung des konzeptuellen Objektschemas

- Jeder (zu puffernde) Informationsfluß zwischen Stellen und/oder Umweltschnittstellen wird in Form von *interacts_with*-Beziehungen zwischen Objekttypen (oder deren Zerlegungsprodukten) modelliert

- Die Zerlegung von Stellen und/oder Umweltschnittstellen wird durch *is_part_of*-Beziehungen modelliert

- Generalisierung von Objekttypen wird durch *is_a*-Beziehungen modelliert

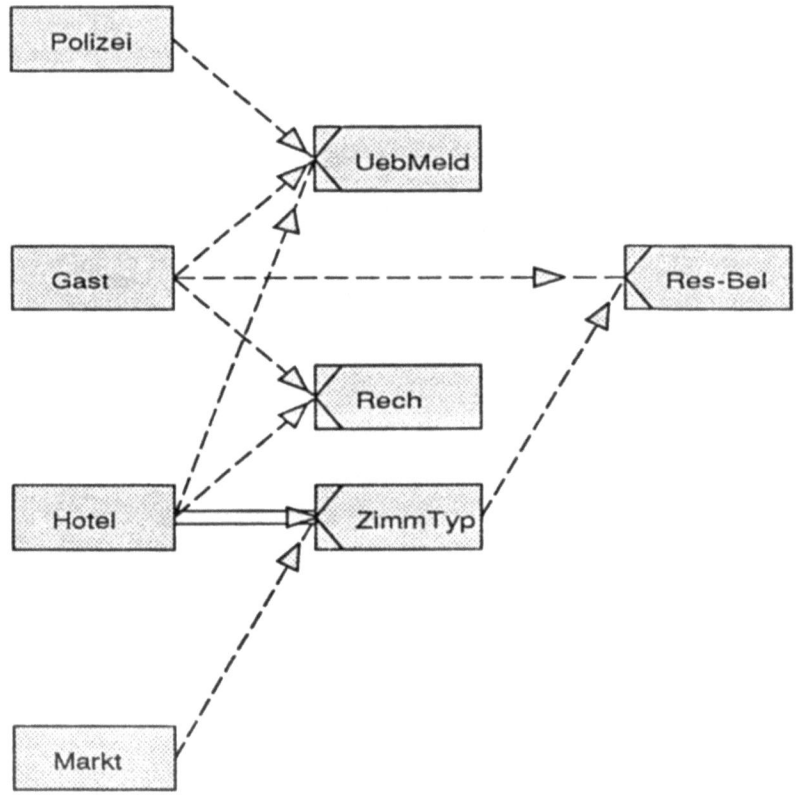

kos.txt

Modellierung des Vorgangsobjektschemas

Ein Vorgangsobjektschema (VOS) besteht aus einer Menge von Vorgangsobjekttypen (VOT)

Ein VOT besteht aus

○ **Attributen:** Definition eines aufgabenspezifischen Objektschemas AOS (Teilgraph des KOS; Überlappung mit anderen AOS ist der Regelfall)

○ **Methoden:** Definition von je einer Navigation innerhalb des AOS zur Realisierung der diesem VOT zugeordneten Aufgaben

○ **Nachrichten:** Definition von Nachrichten an den VOT, die mit den vorgangsauslösenden Ereignissen korrespondieren

Beispiel: Hotel (nach Hruschka)

a) Aufgabenspezifische Objektschemata (AOS)

- **AOS Reservierung:** Gast, Hotel, ZimmTyp, Res-Bel
- **AOS Empfang:** Gast, Hotel, Polizei, ZimmTyp, Res-Bel, UebMeld
- **AOS Buchhaltung:** Gast, Hotel, ZimmTyp, Res-Bel, Rechnung
- **AOS Reservierung:** Hotel, Markt, ZimmTyp

b) Navigation für Reservierung

Sender	Empfänger.Nachricht
EXTERN	Gast.ReserviereZimmer
Gast	RES-BEL.Create(1,1)
Res-Bel	ZimmTyp.Frei?
ZimmTyp	Hotel.OK?

Literatur zu SERM und SOM

Sinz E.J.: Datenmodellierung betrieblicher Probleme und ihre Unterstützung durch ein wissensbasiertes Entwicklungssystem. Habilitationsschrift, Regensburg 1987

(kann gegen Erstattung der Druckkosten zur Verfügung gestellt werden)

Sinz E.J.: Das Strukturierte Entity-Relationship-Modell (SER-Modell). In: Angewandte Informatik 5/88, 191 - 202

Sinz E.J.: Konzeptionelle Datenmodellierung im Strukturierten Entity-Relationship-Modell (SER-Modell). In: Müller-Ettrich G. (Hrsg.): Effektives Datendesign. Verlag Rudolf Müller, Köln 1989, 76 - 108

Mistelbauer H.: Datenstrukturanalyse in der Systementwicklung. In: Müller-Ettrich G. (Hrsg.): Effektives Datendesign. Verlag Rudolf Müller, Köln 1989, 109 - 160

Sinz E.J.: Das Entity-Relationship-Modell und seine Erweiterungen. In: HMD 152 (1990), 17 - 29

Ferstl O.K., Sinz E.J.: Objektmodellierung betrieblicher Informationssysteme im Semantischen Objektmodell (SOM). In: Wirtschaftsinformatik 6/90 (1990)

Ferstl O.K., Sinz E.J.: Grundlagen der Wirtschaftsinformatik - Konzepte, Modelle und Methoden. 2. Auflage, Verlag DeGruyter, Berlin 1991

(erscheint im Sommer 1991 als völlig neu bearbeitete 2. Auflage von *Ferstl O.K., Sinz E.J.: Software-Konzepte der Wirtschaftsinformatik*)

Ferstl O.K., Sinz E.J.: Konzeptuelle Objektmodellierung + Vorgangsmodellierung = ganzheitliche Modellierung betrieblicher Informationssysteme. Erscheint in: Heinrich L.J., Pomberger G. (Hrsg.): Die Informationswirtschaft im Unternehmen. Verlag Trauner, Linz 1991

OBJEKTMODELLIERUNG BETRIEBLICHER INFORMATIONSSYSTEME IM SEMANTISCHEN OBJEKTMODELL (SOM)

Prof. Dr. Otto K. Ferstl
Institut für Wirtschaftsinformatik
Universität Koblenz-Landau
Rheinau 3-4, D-5400 Koblenz

Prof. Dr. Elmar J. Sinz
Lehrstuhl für Wirtschaftsinformatik,
insbesondere Systementwicklung und Datenbankanwendung
Universität Bamberg
Feldkirchenstraße 21, D-8600 Bamberg

Zusammenfassung

Die konzeptionelle Datenmodellierung markiert einen entscheidenden Fortschritt in Richtung einer ganzheitlichen Modellierung betrieblicher Informationssysteme. Ein Indiz hierfür sind die aktuellen Bemühungen bei der Aufstellung "unternehmensweiter Datenmodelle". Keine vergleichbaren Fortschritte konnten dagegen bisher im Bereich der Funktionsmodellierung erzielt werden. Sichtbares Zeichen hierfür sind erhebliche Funktionsredundanzen und die daraus resultierenden Fehler und Wartungsprobleme.

Im vorliegenden Beitrag wird ein methodischer Ansatz für eine ganzheitliche konzeptionelle Modellierung betrieblicher Informationssysteme in objektorientierter Form vorgeschlagen. Der Ansatz besteht aus einer Methode zur konzeptionellen Objektmodellierung sowie einer Methode zur Vorgangsmodellierung. Er integriert die Daten-, Funktions- und Interaktionssicht eines betrieblichen Informationssystems. Das verwendete objektorientierte Systemparadigma harmoniert mit der zunehmenden Dezentralisierung von Systemen.

Den Kern der Arbeit bildet die Vorstellung eines hierfür geeigneten Semantischen Objektmodells (SOM), das auf dem Strukturierten Entity-Relationship-Modell und dem Objektmodell von Smalltalk beruht.

Schlagwörter

Semantisches Objektmodell (SOM), Konzeptionelle Objektmodellierung, Vorgangsmodellierung, Spezifikation betrieblicher Informationssysteme, objektorientierte Spezifikation

Summary

Conceptual data design provides an important step towards conceptual modeling of business information systems. This is indicated by the current efforts on building "enterprise-wide data models". Conceptual modeling still lacks in the field of functional modeling, where functional redundancies and resulting errors and maintainance problems are widespread.

The paper proposes an approach for conceptual modeling of business information systems in an object-oriented way. The approach consists of a method for conceptual object modeling and a method for transaction modeling. It integrates the views of data, functions and interactions within a business information system. This object-oriented system paradigm fits nicely together with the increasing decentralization of computer systems.

This paper presents a Semantic Object Model (SOM), which is based on the Structured Entity-Relationship Model and the Smalltalk Object Model.

Keywords

Semantic Object Model (SOM), conceptual object modeling, transaction modeling, specification of business information systems, object-oriented design

1. Einführung

Der vorliegende Beitrag beschreibt den methodischen Rahmen für eine ganzheitliche Modellierung betrieblicher Informationssysteme in objektorientierter Form. Das dazu notwendige Modellierungskonzept wird durch ein **semantisches Objektmodell (SOM)** bereitgestellt, dessen Vorstellung den Kern der Arbeit bildet. Die Modellierung im SOM wird in zwei Ebenen durchgeführt:

a) Gegenstand der konzeptionellen Objektmodellierung sind die betrieblichen Objekttypen und deren Beziehungsstruktur. Der Aufbau der Objekttypen wird im Objektentwurf, die Beziehungsstruktur im Objektsystementwurf modelliert. Das Ergebnis wird in einem konzeptionellen Objektschema beschrieben.

b) Gegenstand der Vorgangsmodellierung ist die Definition betrieblicher Abläufe in Form von Vorgangsobjekttypen. Dabei werden die an einem Vorgang beteiligten betrieblichen Objekttypen und deren Beziehungsstruktur anhand des konzeptionellen Objektschemas ermittelt und die zulässigen Abläufe festgelegt.

Konzeptionelle Objektmodellierung wird im vorliegenden Zusammenhang als objektorientierte Erweiterung der konzeptionellen Datenmodellierung verstanden. Ziel ist die gemeinsame Modellierung von Daten und Funktionen auf der Grundlage eines objektorientierten Paradigmas. Funktionen werden dabei durch exklusive Zuordnung von Methoden zu (Daten-) Objekttypen sowie durch den Nachrichtenaustausch zwischen Objekten beschrieben.

Die **konzeptionelle Datenmodellierung** hat als integraler Bestandteil der Systementwicklung in den letzten Jahren eine breite Akzeptanz gefunden. Dies wird u.a. deutlich an den Anstrengungen vieler Unternehmen, sogenannte "unternehmensweite Datenmodelle" aufzustellen. Ziel der konzeptionellen Datenmodellierung ist es, im Rahmen einer Informationsanalyse einen gegebenen Ausschnitt der Realität in Form eines **konzeptionellen Datenschemas** zu beschreiben, wobei die Art der Beschreibung durch das verwendete semantische Datenmodell bestimmt wird. Im Bereich betrieblicher Informationssysteme dominieren semantische Datenmodelle auf der Grundlage des Entity-Relationship-Modells (ERM). Ein konzeptionelles Datenschema gemäß ERM besteht aus Datenobjekttypen mit zugeordneten (Daten-) Attributen, Schlüsselreferenzen zwischen Datenobjekttypen und Integritätsbedingungen. Letztere beschreiben in Form von statischen Integritätsbedingungen zulässige Ausprägungen, in Form von dynamischen Integritätsbedingungen zulässige Transformationen der Extensionen (Datenbasen) eines Datenschemas.

Abgesehen von dynamischen Integritätsbedingungen wird mit Hilfe eines Datenmodells ausschließlich die **Datensicht** eines Systems beschrieben (Bild 1). Im Gegensatz dazu beschreibt ein Objektmodell zusätzlich die **Funktionssicht** und die **Interaktionssicht** eines Systems. Ein Objektmodell unterstützt somit eine ganzheitliche, objektorientierte Systembeschreibung.

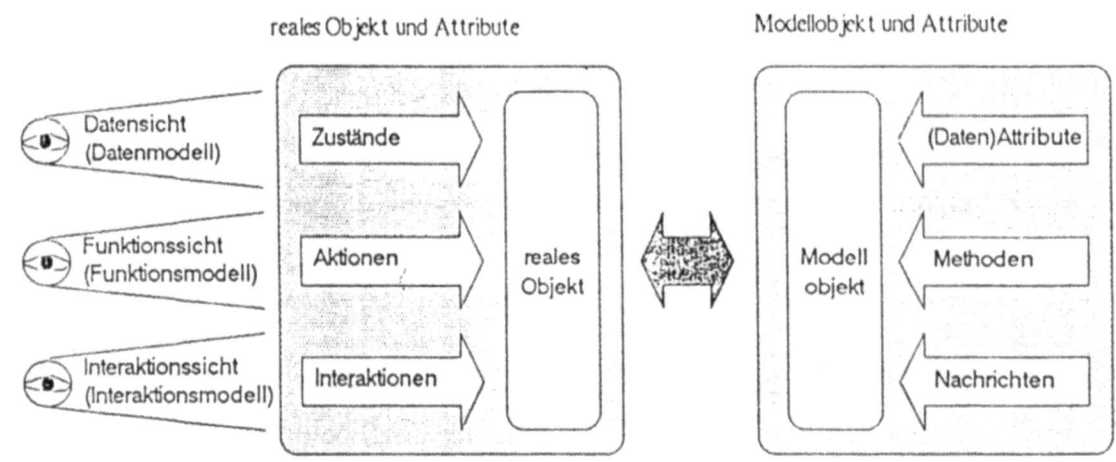

Bild 1: Objekt und Objektsichten

Objektorientierte Ansätze befinden sich seit einigen Jahren in einer stürmischen Entwicklung. Beispiele für einzelne Entwicklungsrichtungen sind objektorientierte Programmiersprachen, objektorientierte Analyse und Spezifikation sowie objektorientierte Datenbanksysteme und Benutzeroberflächen. Den unterschiedlichen Ansätzen liegen Objektmodelle mit einer weitgehend gemeinsamen Objektsicht zugrunde. Dabei wird jedes Objekt als Instanz einer Klasse (Objekttyp) aufgefaßt. Eine Klasse wird als abstrakter Datentyp verstanden, der durch Variablen (Attribute) und Methoden (Operatoren) beschrieben wird. Jede Klasse kann als Spezialisierung (Subklasse) einer oder mehrerer Superklassen vereinbart werden. Dabei vererbt eine Superklasse Variablen und Methoden an ihre Subklassen. Die Instanzen der einzelnen Klassen interagieren mit Hilfe von Nachrichten. Eine Nachricht löst beim Empfängerobjekt die Durchführung einer Methode aus.

Ziel der **konzeptionellen Objektmodellierung** ist, einen gegebenen, als Miniwelt bezeichneten Ausschnitt der Realität in Form eines **konzeptionellen Objektschemas** zu beschreiben. Die Art der Beschreibung wird durch das verwendete semantische Objektmodell bestimmt. Mit dem Adjektiv "semantisch" wird dabei in Analogie zu den semantischen Datenmodellen die "Nähe" des Begriffsystems zur abzubildenden Realität betont. So wie ein semantisches Datenmodell im Vergleich zum relationalen Daten(bank)modell "näher an der Realität" sein soll, gilt dies analog für ein semantisches Objektmodell z.B. im Vergleich zum Objektmodell von Smalltalk.

Die konzeptionelle Objektmodellierung im SOM erfolgt in zwei Stufen, dem Objektsystementwurf und dem Objektentwurf. Der **Objektsystementwurf** grenzt das Objektsystem von seiner Umwelt ab und legt die Klassen des Objektsystems sowie die Beziehungsstruktur der Klassen fest. Die Schlüsselreferenzen zwischen den Objekttypen (Datensicht) bilden gleichzeitig Interaktionskanäle für den Austausch von Nachrichten (Interaktionssicht) und erhalten auf diese Weise eine zusätzliche, funktional auswertbare Semantik (Funktionssicht). Neben dem Austausch von Nachrichten ("*interacts_with*") verwendet SOM die in objektorientierten Ansätzen üblichen Abstraktionen Generalisierung ("*is_a*") und Aggregation ("*is_part_of*").

Neben einer engen Kopplung der einzelnen Sichten wird damit gleichzeitig erreicht, daß die in vielen Unternehmen existierenden konzeptionellen Datenschemata als Grundlage für konzeptionelle Objektschemata verwendbar sind. Diese durch Informationsanalyse gewonnenen Schemata sind nach wie vor gültig, sie beschreiben lediglich einen Teilaspekt, die Datensicht des Systems. Das konzeptionelle Datenschema stellt somit eine Projektion des konzeptionellen Objektschemas dar. Die Beziehung zwischen Objektschema und Datenschema ist durch Konsistenzbedingungen geregelt. Die in die konzeptionelle Datenmodellierung getätigten Investitionen werden damit geschützt.

Der **Objektentwurf** definiert die Struktur und das Verhalten der im Objektsystementwurf festgelegten Klassen. Dabei werden für jede einzelne Klasse die Attribute, die von ihr interpretierbaren Nachrichten sowie die zugehörigen Methoden beschrieben.

Die zweite Modellierungsebene besteht aus dem **Vorgangsentwurf**. Dieser modelliert betriebliche Vorgänge in Form von **Vorgangsobjekttypen**. Die Grundlage hierfür bilden der Objektsystementwurf und der Objektentwurf.

Die drei Entwurfsschritte sind wegen ihrer gegenseitigen Abhängigkeit nicht isoliert und nicht streng sequentiell durchführbar.

2. Die methodische Einbettung des SOM

Entsprechend dem Verständnis der konzeptionellen Objektmodellierung als objektorientierte Erweiterung der konzeptionellen Datenmodellierung sind die methodischen Wurzeln des SOM ein semantisches Datenmodell und ein Objektmodell. Diese beiden Modelle werden im folgenden als Basis-Datenmodell bzw. Basis-Objektmodell von SOM bezeichnet.

Das gewählte Basis-Objektmodell orientiert sich weitgehend an Smalltalk, dessen Objektmodell sich in vielen anderen Ansätzen widerspiegelt. Als Basis-Datenmodell für SOM wird das Strukturierte Entity-Relationship-Modell (SERM) gewählt. Ausschlaggebend für die Wahl des SERM ist dessen Hierarchisierung von Datenobjekttypen auf der Grundlage von Existenzabhängigkeiten. Diese Hierarchisierung ist strukturkompatibel mit der Bildung von Generalisierungs- und Aggregationshierarchien im Objektmodell.

2.1 Das Strukturierte Entity-Relationship-Modell (SERM) als Basis-Datenmodell des SOM

Das Strukturierte Entity-Relationship-Modell (SERM) [Sinz88, Sinz90] ist eine Weiterentwicklung des klassischen Entity-Relationship-Modells (ERM) [Chen76]. Der wesentliche Unterschied zum ERM besteht darin, daß Schlüsselreferenzen zwischen Datenobjekttypen primär unter dem Gesichtspunkt der darin enthaltenen Existenzabhängigkeiten analysiert werden. Dabei werden alle Paare von in Beziehung stehenden Datenobjekttypen nach dem Schema originär/abhängig geordnet. Bei der graphischen Darstellung im SER-Diagramm wird der abhängige Datenobjekttyp rechts vom originären angeordnet. Dadurch entsteht ein **quasi-hierarchischer Graph** (gerichtet und azyklisch), der Existenzabhängigkeiten zwischen Datenobjekttypen sowie Folgen von Existenzabhängigkeiten klar visualisiert. Bild 2 zeigt einen Ausschnitt aus dem konzeptionellen Datenschema eines Handelsbetriebes. Hier sind die Datenobjekttypen *Auftrag* und *Rechnung* von *Kunde* abhängig, *AuftrPos* hängt von *Auftrag* und *Artikel* ab usw.

Im ERM werden Existenzabhängigkeiten zwischen Datenobjekttypen lediglich im Zusammenhang mit schwachen Entity-Typen betrachtet. Sie führen zu keiner speziellen Darstellungsrichtung im ER-Diagramm. Die Grundstruktur eines ER-Diagramms ist somit die eines allgemeinen (nicht-hierarchischen) Graphen.

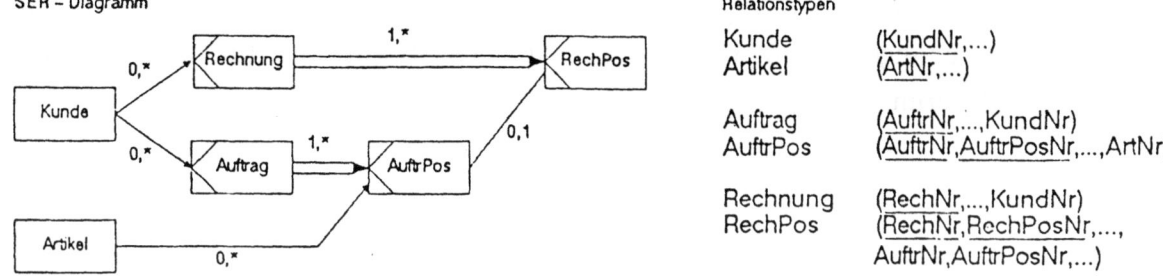

Bild 2: Konzeptionelles Datenschema des Handelsbetriebs (Ausschnitt)

DEFINITION VON EXISTENZABHÄNGIGKEITEN IM SERM

Die Beziehung zwischen einem originären Datenobjekttyp A und einem abhängigen Datenobjekttyp B wird durch einen Komplexitätsgrad comp(A,B) in (min,max)-Notation beschrieben ($0 \leq \min \leq 1 \leq \max \leq *$; "*" bedeutet "beliebig viele"). Dieser gibt an, mit wievielen Datenobjekten des Typs B ein Datenobjekt des Typs A minimal in Beziehung stehen muß und maximal in Beziehung stehen kann. Jeder Komplexitätsgrad drückt damit eine referentielle Integritätsbedingung (Referenzbedingung) zwischen den in Beziehung stehenden Datenobjekttypen aus. Aus den Eckwerten (0,1), (0,*), (1,1) und (1,*) sind zwei Formen von Existenzabhängigkeiten ableitbar:

- **Einseitige Existenzabhängigkeit** (B hängt von A ab): comp(A,B) = (0,1) oder comp(A,B) = (0,*).
- **Wechselseitige Existenzabhängigkeit** (B und A sind wechselseitig abhängig): comp(A,B) = (1,1) oder comp(A,B) = (1,*).

In Bild 2 stellt z.B. die Beziehung zwischen *Kunde* und *Auftrag* eine einseitige Existenzabhängigkeit, die Beziehung zwischen *Auftrag* und *AuftrPos* eine wechselseitige Existenzabhängigkeit dar.

ELEMENTE DES SERM

Wie das ERM unterscheidet auch das SERM zwischen **Gegenstands-Objekttyp** (Entity-Typ, E-Typ) und **Beziehungs-Objekttyp** (Relationship-Typ, R-Typ) (Bild 3a). Als dritter Datenobjekttyp kommt der **Gegenstands-Beziehungs-Objekttyp** (Entity-

Relationship-Typ, ER-Typ) hinzu. Dieser entsteht durch Zusammenfassung eines E-Typs mit denjenigen R-Typen, die mit ihm durch (1,1)-Beziehungen verbunden sind. (1,1)-Beziehungen werden daher in expliziter Form nur für den Spezialfall der Generalisierung benötigt.

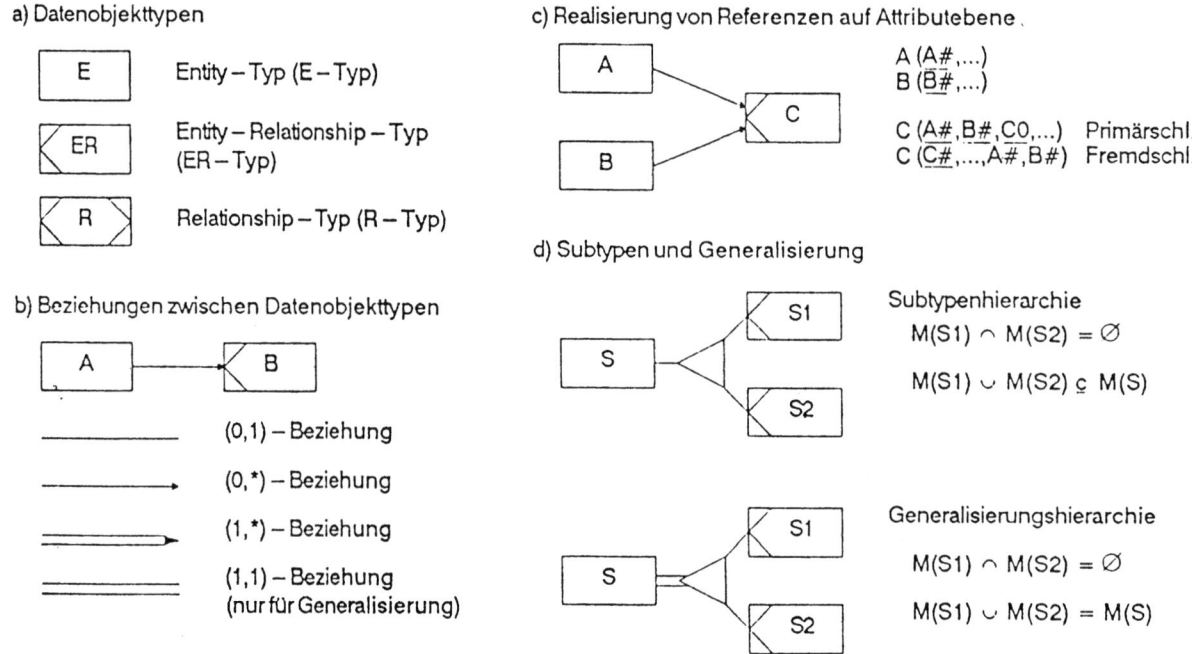

Bild 3: Elemente des Strukturierten Entity – Relationship – Modells (SERM)

Beziehungen zwischen Datenobjekttypen werden im SERM gerichtet interpretiert. Jede Beziehung verläuft von einem Gegenstands-Objekttyp (E-Typ, ER-Typ) zu einem Beziehungs-Objekttyp (ER-Typ, R-Typ) und wird durch einen Komplexitätsgrad beschrieben (Bild 3b). Aus der Beziehungsrichtung folgt, daß im SER-Diagramm ein E-Typ nicht Zielknoten, ein R-Typ nicht Startknoten einer Kante sein kann. Zur Visualisierung der Existenzabhängigkeit wird der Startknoten einer Kante links vom Zielknoten angeordnet. Z.B. bedeutet die (0,*)-Beziehung zwischen *Kunde* und *Auftrag* in Bild 2, daß jeder Kunde null bis beliebig viele Aufträge erteilen kann. Umgekehrt bezieht sich jeder Auftrag auf genau einen Kunden. Zu einem Auftrag gehört wenigstens eine Auftragsposition (*AuftrPos*), die sich umgekehrt auf genau einen Auftrag und genau einen Artikel bezieht.

Die quasi-hierarchische Struktur des SERM bleibt auch auf der Attributebene erhalten (Bild 3c). Zur Realisierung von Schlüsselreferenzen gibt jeder Relationstyp seinen Primärschlüssel als (Teil-) Primärschlüssel oder als Fremdschlüssel an seine Nachfolger weiter. Dabei gilt:
- Der Primärschlüssel eines R-Typs besteht aus den Primärschlüsseln seiner Vorgänger.
- Ein ER-Typ enthält in der Regel die Primärschlüssel seiner Vorgänger als Fremdschlüssel (z.B. *Auftrag*).
- Ein ER-Typ kann auch den Primärschlüssel eines oder mehrerer Vorgänger als (Teil-)Primärschlüssel enthalten (z.B. *AuftrPos*). Dies entspricht einem schwachen Entity-Typ im Sinne des ERM.

Bild 3d zeigt schließlich das **Generalisierungskonzept** von SERM in Form von Subtypen- und Generalisierungshierarchien. Eine Subtypenhierarchie liegt vor, wenn jedes Entity des Typs $S_1, S_2..S_n$ auch Entity des Typs S ist. Eine Generalisierungshierarchie liegt vor, wenn jedes Entity von S auch Entity von genau einem der Entity-Typen $S_1, S_2..S_n$ ist. Das Dreieck-Symbol bedeutet, daß die Datenobjektmengen $M(S_1)$ und $M(S_2)$ disjunkt sind ($M(S_1) \cap M(S_2) = \phi$). Dies stellt eine zusätzliche Integritätsbedingung dar.

2.2 Das Objektmodell von Smalltalk als Basis-Objektmodell des SOM

Das für SOM verwendete Basis-Objektmodell orientiert sich weitgehend am Objektmodell von Smalltalk [Pas86, KaPa86]. Geringfügige Abweichungen sind durch die beabsichtigte Integration mit dem Basis-Datenmodell bedingt.

Im Mittelpunkt eines objektorientierten Ansatzes steht das Konzept der **Klasse** (Objekttyp) (Bild 4). Die Bildung von Klassen dient der Typisierung von Objekten. Jedes **Objekt** ist genau einer Klasse als **Instanz** zugeordnet. Alle Instanzen einer Klasse besitzen den gleichen strukturellen Aufbau, der durch **Instanzvariablen** (Attribute) beschrieben wird. Zu jeder Klasse gehört eine Menge von **Methoden** (Operatoren), die auf den Instanzen ausführbar sind.

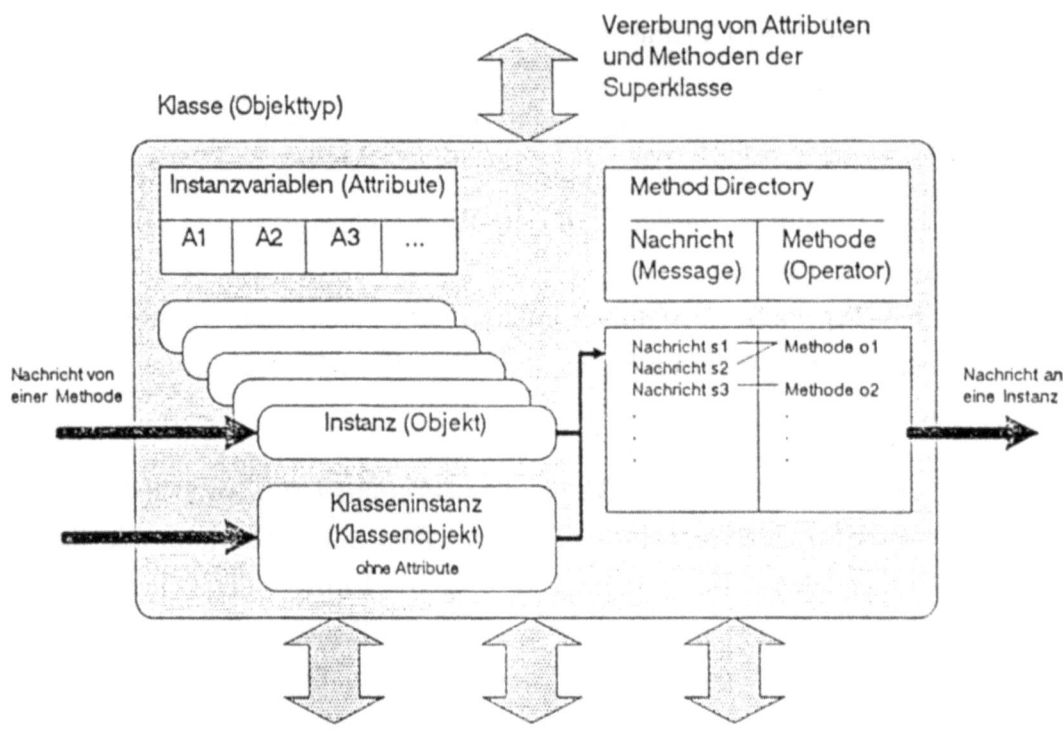

Bild 4: Basis – Objektmodell des SOM

Objekte kommunizieren untereinander mit Hilfe von **Nachrichten** (Messages). Jeder interpretierbaren Nachricht ist über ein **Method Directory** (Index) eine Methode zugeordnet. Empfängt ein Objekt eine Nachricht, so wird anhand des Method Directory eine Methode zur Behandlung der Nachricht ausgewählt und auf dem Objekt ausgeführt. Dadurch wird es möglich, den Inhalt ("was") einer Nachricht von ihrer Behandlung ("wie") zu trennen. Eine Methode kann während ihrer Ausführung Nachrichten an andere Objekte senden. Nachrichten sind mit Argumenten parametrisierbar. Jede Nachricht wird durch eine Antwort quittiert. Dies führt zu dem in Bild 5 dargestellten Stufenkonzept der Methodendurchführung.

Die **Klasseninstanz** repräsentiert die Klasse selbst. Sie dient dazu, Nachrichten an eine Klasse senden zu können, um dort **Klassenmethoden** auszulösen (z.B. *Erzeuge_Instanz*). Klasseninstanzen besitzen keine Instanzvariablen und damit keinen nach außen sichtbaren, permanenten Zustand.

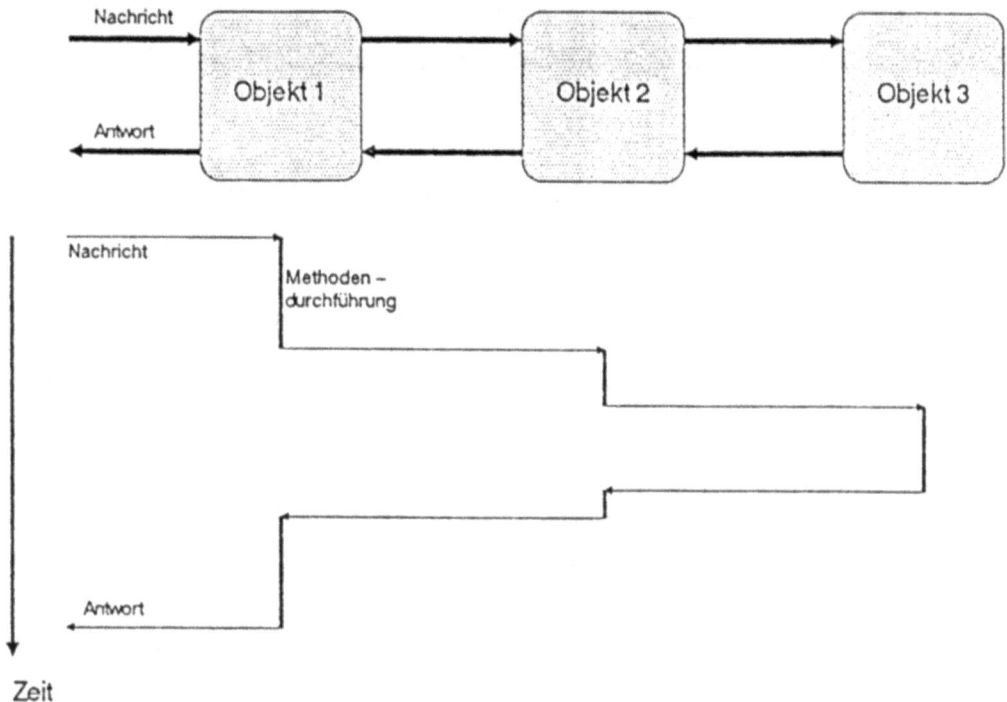

Bild 5: Stufenkonzept der Methodendurchführung

Klassen werden als Spezialisierungen (**Subklassen**) einer allgemeineren Klasse (**Superklasse**) beschrieben. Auf diese Weise entsteht eine **Klassenhierarchie**. Jede Superklasse vererbt alle Attribute und Methoden an ihre Subklassen. Bei einfacher Vererbung übernimmt eine Klasse die Attribute und Methoden von einer Superklasse, bei multipler Vererbung von mehreren Superklassen, ggf. unter Berücksichtigung spezieller Vererbungsregeln.

Durch das Prinzip der **Vererbung** wird es möglich, Methoden für mehrere Klassen gemeinsam zu beschreiben. Eine Subklasse kann die ererbte Attributmenge erweitern und die ererbten Methoden modifizieren. Empfängt ein Objekt eine Nachricht, die im Method Directory seiner Klasse nicht vorkommt, so wird in der Superklasse weitergesucht. Erst wenn die Nachricht auch im Method Directory der obersten Superklasse nicht gefunden wird, wird sie als nicht interpretierbar zurückgemeldet.

Eine bestimmte Nachricht, die an Objekte verschiedener Klassen gesandt wird, kann dort unterschiedliche Wirkungen erzeugen. Diese Eigenschaft wird als **Polymorphie** bezeichnet und ist ein wesentliches Merkmal objektorientierter Systeme.

3. Die konzeptionelle Modellierungsebene des SOM

Die konzeptionelle Modellierungsebene des SOM beruht auf der Integration von Basis-Datenmodell und Basis-Objektmodell. Mit Hilfe des Basis-Datenmodells wird die Datensicht eines Informationssystems in Form eines konzeptionellen Datenschemas beschrieben. Dieses

- legt die Instanzvariablen der Klassen fest,
- bestimmt die Grundstruktur für die Hierarchisierung der Klassen und
- bildet das "Verkehrsnetz" für den Nachrichtenaustausch zwischen den Instanzen.

Mit Hilfe des Basis-Objektmodells wird zusätzlich die Funktionssicht und die Interaktionssicht eines Informationssystems in Form eines konzeptionellen Objektschemas beschrieben.

Das konzeptionelle Datenschema stellt eine Projektion des zugehörigen konzeptionellen Objektschemas in Bezug auf seine Attribute dar. Dadurch wird die Kompatibilität zwischen Objektmodell und Datenmodell erreicht, die durch nachstehende begriffliche Zuordnung beschrieben wird. Die Begriffe *Objekt* und *Objekttyp* werden im folgenden für SOM und SERM gemeinsam verwendet.

Datenmodell	*Objektmodell*
Datenobjekttyp, Objekttyp	Klasse, Objekttyp
Datenobjekt, Objekt	Instanz, Objekt
Attribut	Instanzvariable, Attribut
Beziehung	Kommunikationsweg, Interaktionskanal

3.1 Objekte und Interaktionen im SOM

Bei der Modellierung eines konzeptionellen Objektschemas im SOM wird im Objektsystementwurf die Beziehungsstruktur der Klassen beschrieben. Gegenstand des Objektentwurfs ist dagegen das Verhalten und die Struktur der einzelnen Klassen. Hierbei werden für jede Klasse ihre Attribute, die von ihr interpretierbaren Nachrichten und die zugehörigen Methoden festgelegt. Die Zuordnung der Attribute erfolgt unter Beachtung der dritten bzw. vierten Normalform.

Objektorientierte Ansätze gehen in der Regel davon aus, daß jedes Objekt in beliebiger Weise Nachrichten an andere Objekte bzw. Systemschnittstellen senden und umgekehrt Nachrichten empfangen kann. Diese Möglichkeit der uneingeschränkten Kommunikation führt dazu, daß Abläufe in objektorientierten Systemen nur schwer nachvollziehbar sind (Notwendigkeit eines *System Browser*) und damit ein erhebliches Fehlerpotential darstellen. SOM verwendet dagegen die im konzeptionellen Datenschema festgelegten Schlüsselreferenzen zwischen Datenobjekttypen als "Verkehrsnetz" für die Kommunikation der Objekte mit Hilfe von Nachrichten (Bild 3c). Eine **Interaktion** zwischen einem Sender-Objekt a und einem Empfänger-Objekt b umfaßt
- das Versenden der Nachricht durch a,
- den Empfang der Nachricht durch b und die Methodendurchführung bei b sowie
- das Versenden einer Quittung durch b und den Empfang der Quittung durch a.

Interaktionen finden entweder direkt zwischen Gegenstands-Objekten (des Typs E oder ER) oder indirekt unter Zwischenschaltung von Beziehungs-Objekten (des Typs R) statt. Die zugehörigen Schlüsselreferenzen werden gemäß SERM durch Primär- und Fremdschlüsselwerte hergestellt. Dadurch wird die Adressierbarkeit eines oder mehrerer Empfängerobjekte durch ein Senderobjekt garantiert. Mit anderen Worten, eine Methode des Objekttyps B kann während ihrer Ausführung auf einem Objekt b des Typs B (b:B) nur dann eine Message an ein Objekt a:A senden, wenn zwischen A und B eine SER-Beziehung besteht.

In Bild 6 sind für die beiden Fälle die (statische) SER-Beziehung und die (dynamische) SOM-Interaktion gegenübergestellt.
- a) **Direkte Interaktion** (Bild 6a): Jedem Objekt a:A sind null bis beliebig viele Objekte b:B zugeordnet. Jedem b:B ist genau ein a:A zugeordnet. Sender einer Nachricht können Objekte des Typs A oder B sein. Objekte des Typs B senden stets an das zugehörige a:A. Ein Objekt a:A sendet entweder an ein ausgewähltes b:B oder an alle zugeordneten b:B (broadcast message).
- b) **Indirekte Interaktion** (Bild 6b): Jedem a:A sind mehrere b:B, jedem b:B sind mehrere a:A über Beziehungsobjekte des Typs R zugeordnet. Sender einer Nachricht können Objekte des Typs A oder B sein. Empfänger der Nachricht ist entweder ein ausgewähltes Objekt des Typs B bzw. A oder alle zugeordneten b:B (a:A).

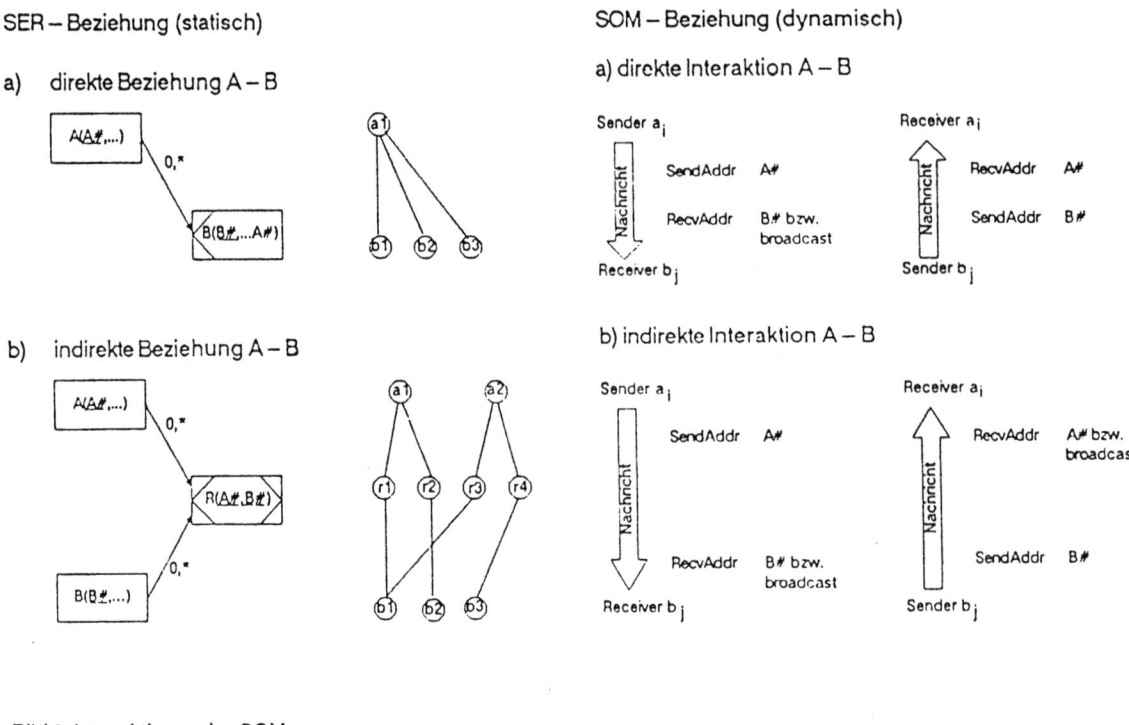

Bild 6: Interaktionen im SOM

Die Fälle (a) und (b) sind für SER-Kanten des Typs (0,1) oder (1,*) in analoger Weise interpretierbar.

3.2 Beziehungsarten im SOM

Im SOM werden die Objekttypen eines konzeptionellen Objektschemas durch Beziehungen des Typs *interacts_with*, *is_a* und *is_part_of* verknüpft. Aus Datensicht stellt jede dieser Beziehungen eine SER-Beziehung dar. Dadurch erhalten die SER-Beziehungen eine zusätzliche Semantik. Graphisch wird dies durch eine Kombination aus Kantensymbol (SER-Beziehung) und Linienart (SOM-Beziehung) dargestellt (Bild 7).

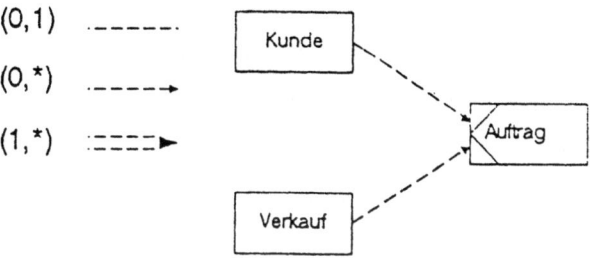

interacts_with – Beziehung im SOM

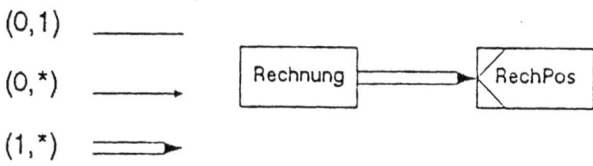

is_part_of – Beziehung im SOM

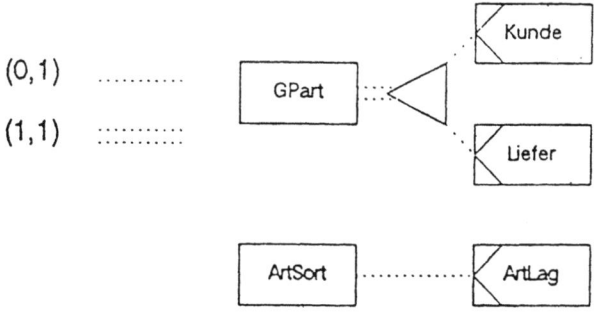

is_a – Beziehung im SOM

Bild 7: SOM – Beziehungsarten

Eine SOM-Beziehung enthält Aussagen sowohl über die Verknüpfung der Objekttypen als auch über die Verknüpfung der zugehörigen Instanzen. So beschreibt z.B. eine *interacts_with*-Beziehung einen Interaktionskanal zwischen zwei Objekttypen sowie den Nachrichtenaustausch zwischen den zugehörigen Instanzen. Aus Datensicht werden diese Beziehungen auf Schlüsselreferenzen zwischen Objekttypen bzw. Schlüsselwertreferenzen zwischen den zugehörigen Objekten projiziert.

Die Beziehungsarten des SOM werden im folgenden näher beschrieben. Die elementare Beziehungsart ist *interacts_with*. Sie dient zur Abbildung von Interaktionsbeziehungen der realen Welt in Form eines Nachrichtenaustausches zwischen Objekten. Zur Generalisierung (bzw. Spezialisierung) von Objekttypen wird die Beziehungsart *is_a* verwendet. Aggregationen von Objekten, bzw. Zerlegungen von Objekten werden mit Hilfe der Beziehungsart *is_part_of* beschrieben.

Die Beziehungsarten *is_a* und *is_part_of* sind in den meisten Objektmodellen verfügbar und stellen Hilfsmittel zur Reduzierung der Komplexität sowie der Funktionsredundanz dar [CoYo90, Mey88]. Die Beziehungsarten *is_a* und *is_part_of* bilden hierarchische bzw. quasi-hierarchische Strukturen. Die dadurch entstehenden Hierarchieebenen sind zueinander orthogonal.

INTERACTS_WITH

Eine *interacts_with*-Beziehung zwischen zwei Objekttypen spezifiziert einen Interaktionskanal für den Nachrichtenaustausch zwischen zugehörigen Objekten. Objekte sind dabei die Instanzen bzw. die Klasseninstanzen der zugehörigen Objekttypen. Gemäß Abschnitt 3.1 ist eine direkte oder eine indirekte Interaktion möglich.

IS_A

Die *is_a*-Beziehung des SOM dient der Modellierung von Generalisierungen. Sie wird üblicherweise bei Objektmodellen und Datenmodellen unterschiedlich interpretiert:

a) Bei der *is_a*-Beziehung von Objektmodellen vererbt eine Superklasse S alle Attribute und Methoden an ihre Subklassen $S_1..S_n$. Die Spezialisierung einer Subklasse gegenüber den zugehörigen Superklasse(n) drückt sich in einer Erweiterung der Attributmenge und/oder in einer Ergänzung bzw. Abänderung der Methoden aus. Jede Instanz ist genau einer Klasse zugeordnet und besitzt Attribute und Methoden dieser Klasse und der zugehörigen Superklassen.

b) Bei Datenmodellen dient die Generalisierung der Zerlegung der Attributmenge eines Objekttyps E in einen Supertyp S und ggf. mehrere Subtypen $S_1..S_n$. S umfaßt die Attribute, die alle Objekte von E besitzen. $S_1..S_n$ enthalten Attribute, die nur zu bestimmten Spezialisierungen von E gehören. Eine Instanz von E wird daher durch eine Instanz von S und ggf. zusätzlich durch eine Instanz von einem der Subtypen $S_1..S_n$ repräsentiert. Ein Beispiel hierfür ist die Spezialisierung des Supertyps Geschäftspartner (*GPart*) in die Subtypen *Kunde* und *Liefer*. Dabei ist jeder Geschäftspartner exklusiv Kunde oder Lieferant. Kann ein Geschäftspartner sowohl Kunde als auch Lieferant sein, wird dies unter Weglassung des Dreiecksymbols durch (0,1)-Beziehungen zwischen *GPart* und *Kunde* sowie *GPart* und *Liefer* beschrieben.

Im SOM wird eine Synthese der Interpretationen (a) und (b) verwendet. Unter dem Blickwinkel der Nachrichtenbehandlung durch Objekte gilt Interpretation (a). Dagegen wird unter dem Blickwinkel der Vermeidung von Datenredundanz Interpretation (b) verwendet. Aus dieser Interpretation folgt, daß mehrere Objekte unterschiedlicher SOM-Objekttypen eine gemeinsame Objektidentität [Dit90] besitzen. Z.B. besitzen das einen bestimmten Kunden repräsentierende Objekt von *GPart* und das zugehörige Objekt von *Kunde* eine gemeinsame Objektidentität. Für den Fall, daß ein *GPart* gleichzeitig *Kunde* und *Liefer* ist, erstreckt sich die Objektidentität auf drei Objekte. Dieser Fall wird allerdings in herkömmlichen Objektmodellen nicht berücksichtigt.

Die *is_a*-Beziehung bildet im Fall von einfacher Vererbung hierarchische, im Fall von multipler Vererbung quasi-hierarchische Strukturen.

IS_PART_OF

Die *is_part_of*-Beziehung des SOM dient der Modellierung komplexer Objekttypen (**complex objects**) in Form von Aggregationen. Sie beschreibt die Beziehung zwischen einem Objekt und seinen (mehrfach auftretenden) Teilobjekten.

Aus Datensicht entsteht die *is_part_of*-Beziehung durch Normalisierung (3NF bzw. 4NF) der Attributmenge eines Objekttyps. Für die Beziehung zwischen einem Objekt und seinen Teilobjekten gilt in der Regel eine semantische Integritätsbedingung. Z.B. muß der Gesamtbetrag einer Rechnung (Attribut des Objekttyps *Rechnung*) gleich der Summe der Beträge der zugehörigen Rechnungspositionen (Attribut des Objekttyps *RechPos*) sein.

Ein Objekt und seine Teilobjekte interagieren durch Austausch von Nachrichten. Durch diese Interaktion wird u.a. die Erfüllung der jeweiligen semantischen Integritätsbedingung ermöglicht. Wird z.B. eine Rechnungsposition mit Wert x storniert, so muß eine Nachricht *VeränderRechnungsbetrag(-x)* an die zugehörige Rechnung gesandt werden.

Bei einem physischen Objektverständnis bildet die *is_part_of*-Beziehung hierarchische Strukturen (z.B. kann ein konkreter Motor nur in ein konkretes Fahrzeug eingebaut werden). Objektbeschreibungen können dagegen auch quasi-hierarchische Strukturen bilden (z.B. kann ein bestimmter Motortyp in mehreren Fahrzeugtypen Verwendung finden). Quasi-hierarchische *is_part_of*-Strukturen führen zu **shared subobjects** [Dit90].

3.3 Konsistenzbedingungen zwischen SERM und SOM

Für die Beziehung zwischen SERM und SOM gelten die in Bild 8 dargestellten Konsistenzbedingungen. Diese werden im folgenden näher erläutert:
- Der R-Typ des SERM dient aus der Sicht von SOM ausschließlich der Realisierung von indirekten Interaktionen. Alle zu einem R-Typ führenden SER-Beziehungen werden daher im SOM als *interacts_with*-Beziehungen modelliert.
- Subtypen- und Generalisierungshierarchien des SERM korrespondieren stets mit *is_a*-Beziehungen im SOM. Daneben korrespondieren auch (0,1)-Beziehungen im SERM mit *is_a*-Beziehungen im SOM, liefern aber im Gegensatz zu Subtypen- und Generalisierungshierarchien keine zusätzlichen Integritätsbedingungen. Aus Datensicht wäre die im Zusammenhang mit der Generalisierung auftretende Objektzerlegung auch mit Hilfe der *is_part_of*-Beziehung beschreibbar. Dies widerspricht jedoch dem Objektverständnis von SOM.
- (1,*)-Beziehungen des SERM korrespondieren in der Regel mit *is_part_of*-Beziehungen im SOM. Sie beschreiben eine wechselseitige Existenzabhängigkeit zwischen einem Objekt und seinen Teilobjekten. Dagegen stellen *interacts_with*-Beziehungen zwischen wechselseitig abhängigen Objekten die Ausnahme dar.
- (0,*)-Beziehungen des SERM korrespondieren sowohl mit *is_part_of*-Beziehungen als auch mit *interacts_with*-Beziehungen des SOM.
- (0,1)-Beziehungen des SERM korrespondieren, wie bereits erwähnt, in der Regel mit *is_a*-Beziehungen des SOM. Objekte mit maximal einem Teilobjekt bzw. Interaktionspartner sind dagegen selten.

Bei der Zuordnung von SER- zu SOM-Beziehungen besteht eine Reihe von Freiheitsgraden (Bild 8). Die jeweils sinnvolle Zuordnung ist im Rahmen der Objektanalyse zu entscheiden. Zu Modellierungshinweisen siehe Kapitel 3.5.

SOM – Beziehung	SER – Beziehung					
	(0,1)	(0,*)	(1,*)	Generalisierung	Subtypen	Kanten zu einem R – Typ
interacts_with	selten	häufig	selten	nie	nie	stets
is_a	häufig	nie	nie	stets	stets	nie
is_part_of	selten	häufig	häufig	nie	nie	nie

Bild 8: Konsistenzbedingungen zwischen SOM – und SER – Beziehungen

3.4 Modellierung konzeptioneller Objektschemata im SOM

Die Modellierung im SOM wird nun anhand eines größeren Beispiels erläutert. Ausgangspunkt ist das Interaktionsmodell eines Handelsbetriebes (Bild 9) mit den betrieblichen Funktionsstellen *Lager*, *Verkauf*, *Einkauf* und Finanzbuchhaltung (*FiBu*) [FeSi84]. Kunden und Lieferanten bilden die Schnittstellen zur Umwelt; sie werden zu einer Kundenverwaltung (*KundVerw*) und einer Lieferantenverwaltung (*LiefVerw*) zusammengefaßt. Die Interaktionen zwischen den Funktionsstellen und/oder der Umwelt bestehen aus Zahlungs-, Güter- und Informationsflüssen.

Dieser Handelsbetrieb wird als konzeptionelles Objektschema im SOM modelliert (Bild 10), das die Grundlage für das objektorientierte Informationssystems dieses Handelsbetriebs bildet. Die Modellierung wird in zwei Schritten, dem Objektsystementwurf und dem Objektentwurf durchgeführt.

OBJEKTSYSTEMENTWURF

Beim Objektsystementwurf wird wie folgt vorgegangen:
- Funktionsstellen und Umweltschnittstellen des Interaktionsmodells werden auf E-Typen des konzeptionellen Objektschemas abgebildet und stellen dort die originären Klassen dar. Der Detaillierungsgrad des Interaktionsmodells determiniert somit den initialen Detaillierungsgrad des konzeptionellen Objektschemas. Die E-Typen sind unter Verwendung der *is_part_of*-Beziehung weiter verfeinerbar.

- Die Informationsflüsse des Interaktionsmodells werden im konzeptionellen Objektschema mit Hilfe der *interacts_with*-Beziehung in Verbindung mit ER- bzw. R-Typen modelliert. Informationsflüsse sind ebenfalls mit Hilfe der *is_part_of*-Beziehung weiter verfeinerbar.
- Jeder Gegenstands-Objekttyp (E- oder ER-Typ) kann unter Verwendung der *is_a*-Beziehung spezialisiert werden. Umgekehrt kann er bei Erkennen von Gemeinsamkeiten mit anderen Gegenstands-Objekttypen generalisiert werden.

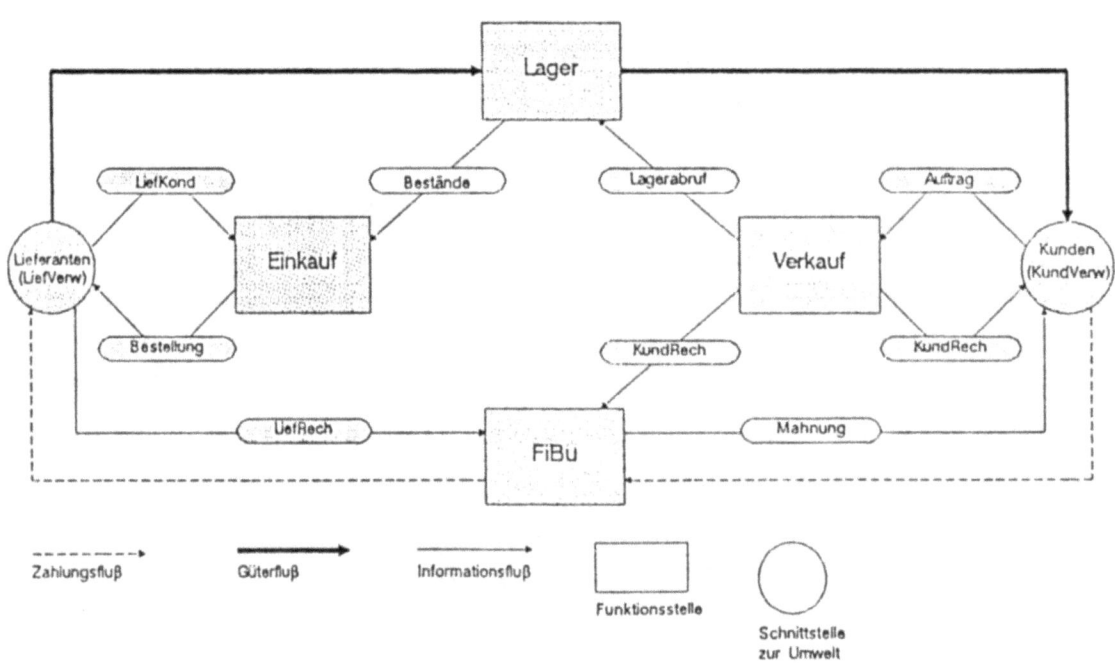

Bild 9: Interaktionsmodell des Handelsbetriebs

Die Modellierung von Informationsflüssen wird nun anhand von *Auftrag* erläutert. Ein Auftrag ist ein Informationsfluß zwischen einem individuellen Kunden und der Funktionsstelle *Verkauf*. *KundVerw* wird daher unter Verwendung der *is_part_of*-Beziehung verfeinert. Dabei wird *Kunde* als Teilobjekttyp von *KundVerw* herausgelöst. Aus Datensicht ist diese Beziehung vom Typ (0,*). Der Informationsfluß selbst wird durch den Objekttyp *Auftrag* und die beiden *interacts_with*-Beziehungen zu *Kunde* und *Verkauf* modelliert. Aus Datensicht ist *Auftrag* ein ER-Typ, die beiden Beziehungen sind vom Typ (0,*).

Um den Objekttyp *Auftrag* vollständig beschreiben zu können, wird dieser mit Hilfe der *is_part_of*-Beziehung in *Auftrag* und *AuftrPos* zerlegt. Aus Datensicht entspricht dies einem Normalisierungsschritt. Da jeder Auftrag wenigstens eine Auftragsposition haben muß, ist die Beziehung vom Typ (1,*). Jede Auftragsposition bezieht sich außerdem auf genau einen Lagerartikel (*LagArt*). Diese Abhängigkeit wird durch eine weitere *interacts_with*-Beziehung modelliert, die im Interaktionsmodell (Bild 9) aufgrund des dort gewählten Detaillierungsgrades nicht sichtbar ist.

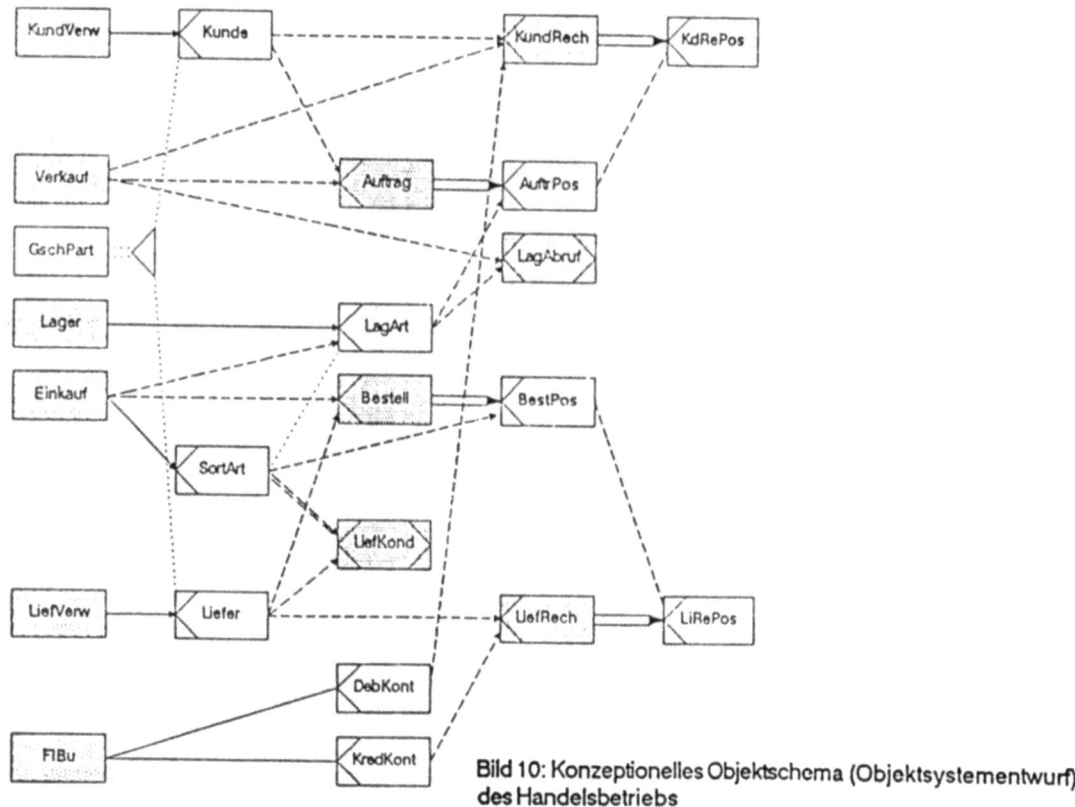

Bild 10: Konzeptionelles Objektschema (Objektsystementwurf) des Handelsbetriebs

In den Bildern 9 und 10 sind korrespondierende Funktionsstellen bzw. Informationsflüsse entsprechend gekennzeichnet. Der Informationsfluß *Bestände* umfaßt Bestandsmeldungen an den Einkauf. Dazu hat *Einkauf* über eine *interacts_with*-Beziehung Zugang zu *LagArt*. Der Informationsfluß *Mahnung* führt zu keinem weiteren Objekttyp, sondern wird durch die *interacts_with*-Beziehung zwischen *DebKont*, *KundRech* und und *Kunde* modelliert.

is_a-Beziehungsstrukturen finden sich in Form der Generalisierung von *Kunde* und *Liefer* zu Geschäftspartner (*GschPart*) sowie der Spezialisierung von Sortimentsartikel (*SortArt*) in Lagerartikel (*LagArt*).

OBJEKTENTWURF

Im Objektentwurf wird die Struktur und das Verhalten eines jeden Objekttyps des konzeptionellen Objektschemas beschrieben. Gemäß dem gewählten Objektmodell (Abschnitt 2.2) werden dabei Attribute, Nachrichten und zugehörige Methoden festgelegt.

Die Zuordnung der Attribute erfolgt nach den Grundsätzen der konzeptionellen Datenmodellierung im SERM und wird daher nicht weiter erläutert. Bei den Methoden wird zwischen Konstruktoren und objektspezifischen (anwendungsspezifischen) Methoden unterschieden. Konstruktoren sind Klassenmethoden und dienen zur Instantiierung (*Create*) und Deinstantiierung (*Destroy*) von Objekten und werden für alle Objekttypen benötigt. Objektspezifische Methoden werden zum Teil erst während der Vorgangsmodellierung erkannt (Abschnitt 4).

Nachrichten enthalten in der Regel Argumente zur Parametrisierung der zugehörigen Methoden. Nachrichten an Konstruktoren enthalten als zusätzliches Argument die Anzahl der zu instantiierenden bzw. zu deinstantiierenden Objekte in Form eines Komplexitätsgrades in (min,max)-Notation (Abschnitt 2.1).

Nachrichten werden entlang von *is_part_of*- und *interacts_with*-Beziehungen ausgetauscht. *is_part_of*-Beziehungen beschreiben in Form von Aggregationen die Beziehung zwischen einem Objekt und seinen (mehrfach auftretenden) Teilobjekten. Beim Nachrichtenaustausch entlang einer *is_part_of*-Beziehung ist daher der Adressat der Nachricht bekannt und kann bei der Spezifikation einer Nachricht in der Methodendefinition explizit mitangegeben werden.

Beim Nachrichtenaustausch über *interacts_with*-Beziehungen wird dagegen das Konzept des **Software-IC** [Cox86] konsequent verfolgt. Danach werden die Methoden eines Objekttyps unabhängig von dessen Einbettung in ein konzeptionelles Objektschema definiert. Innerhalb einer Methode werden nur Nachrichten, nicht aber die zugehörigen Adressaten spezifiziert. Diese werden erst beim "Schaltungsentwurf der Leiterplatte", d.h. beim Vorgangsentwurf festgelegt.

In Bild 11 ist ein Teil des Objektentwurfs für den Objekttyp *Auftrag* des Handelsbetriebs dargestellt. Es werden die Konstruktoren *Create* und *Destroy* sowie die Methode *Terminiere* spezifiziert. Aus Gründen der Vereinfachung wird nicht zwischen Nachrichten- und Methodenname unterschieden.

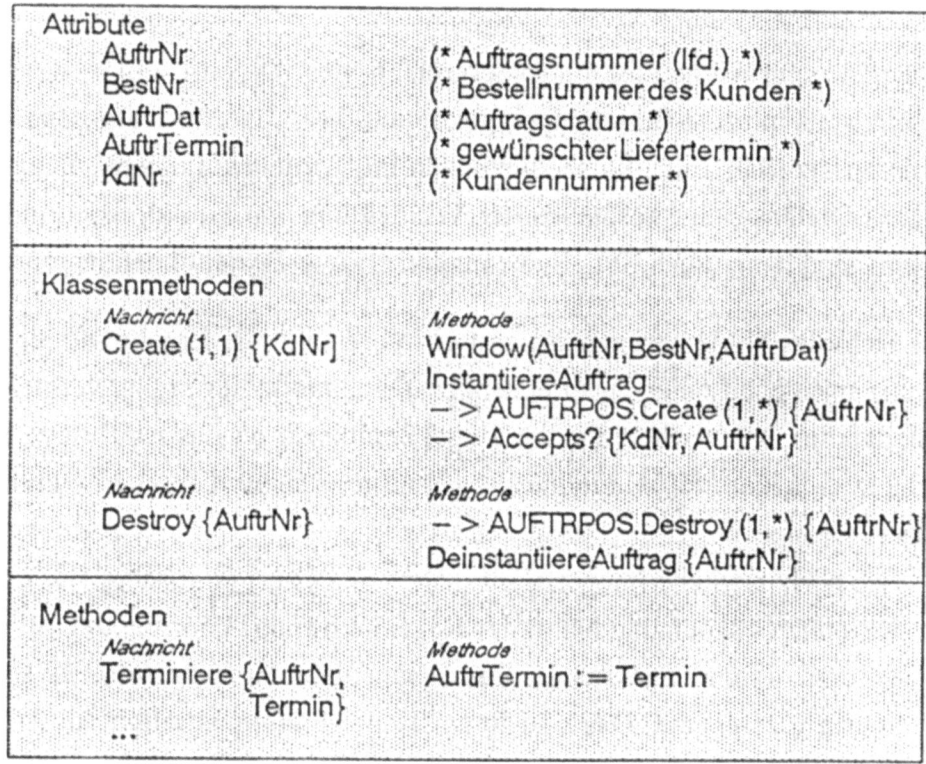

Bild 11: Objektentwurf für den konzeptionellen Objekttyp Auftrag des Handelsbetriebs

3.5 Die Beziehung zwischen konzeptionellem Datenschema und konzeptionellem Objektschema

Unter syntaktischen Gesichtspunkten stellt ein konzeptionelles Datenschema eine Projektion des zugehörigen konzeptionellen Objektschemas in Bezug auf die Attribute dar. Aus diesem Grund gelten die Normalformen für Datenschemata unverändert als Kriterien für die Zerlegung von Objekttypen in Objektschemata.

Weitere Aussagen sind bezüglich der Semantik der Schemata möglich. Aus dem Datenschema ist eine funktionale (oder operationale) Semantik nur insoweit ableitbar, wie sie sich aus der (Wieder-) Erfüllung (verletzter) referentieller Integritätsbedingungen ergibt. In einem Objektschema erhalten die Schlüsselreferenzen eine zusätzliche Interpretation als *interacts_with*-, *is_a*- oder *is_part_of*-Beziehung. Diese zusätzliche Interpretation liegt dem Nachrichtenaustausch und der Methodendurchführung der Objekte zugrunde.

Subtypen- und Generalisierungshierarchien des Datenschemas werden im Objektschema stets mit *is_a*-Beziehungen gekoppelt. Während im Datenschema der Gesichtspunkt zusätzlicher Integritätsbedingungen im Vordergrund steht, dient die is_a-Hierarchie im Objektschema zusätzlich der Vermeidung von Funktionsredundanz. Im Objektschema sind daher auch (0,1)-Beziehungen als *is_a*-Beziehungen interpretierbar.

Aus Sicht der Modellierungspraxis ist es interessant, die Ergebnisse einer Objektmodellierung mit denen einer entsprechenden Datenmodellierung zu vergleichen. Hier zeigt sich, daß das Objektschema in der Regel komplexer als das zugehörige Datenschema ist und letzteres, korrekte Modellierung vorausgesetzt, als Teilschema enthält. Hierfür gibt es zwei Gründe:

1. Die herkömmliche Informationsanalyse analysiert (statische) Beziehungen zwischen Datenobjekttypen und hat in der Regel kein Interaktionsmodell als Grundlage.
2. In dem durch Objektmodellierung gewonnenen Datenschema treten "Single Instance Classes" auf. Das sind in der Regel Funktionsstellen und Umweltschnittstellen, zu denen nur eine einzige Instanz existiert. Da in der Informationsanalyse ein Datenobjekttyp in der Regel durch Abstraktion einer Menge als gleichartig klassifizierter Objekte gefunden wird, werden Datenobjekttypen mit nur einer Instanz möglicherweise nicht entdeckt. Hier besitzt die Informationsanalyse einen "**blinden Fleck**".

Insgesamt zeigen die bisherigen Erfahrungen, daß die Objektmodellierung im SOM zu einer Stabilisierung und Erweiterung der Datenmodellierung im SERM führt.

4. Die Vorgangsebene des SOM

Wie in Abschnitt 3.4 behandelt, beschreibt das konzeptionelle Objektschema betriebliche Funktionsstellen und Informationsflüsse zwischen diesen. Auf der Vorgangsebene wird nun der betriebliche Ablauf untersucht, der aus dem Zusammenwirken betrieblicher Vorgänge resultiert.

4.1 Die Durchführung betrieblicher Aufgaben in Form von Vorgängen

Die Durchführung betrieblicher Aufgaben geschieht in Vorgängen und Vorgangsketten. Aus Sicht des Betriebsablaufes stellen **Vorgänge** die Elementarbausteine dar, aus denen **Vorgangsketten**, bzw. der gesamte Betriebsablauf gebildet werden. Vorgänge steuern und kontrollieren unteilbare betriebliche Geschäftsvorfälle und werden aus dieser Sicht nicht weiter zerlegt.

Aus der Sicht der Vorgangsmodellierung ist aber eine sukzessive weitere Zerlegung betrieblicher Vorgänge erforderlich, bis jeder erzeugte Teilvorgang der Durchführung einer Methode eines konzeptionellen Objekts entspricht. Kriterium für die notwendige Zerlegungstiefe ist daher die Granularität des konzeptionellen Objektschemas.

Zur Klassifikation betrieblicher Vorgänge werden Ähnlichkeiten im Aufgabentyp und der Aufgabendurchführung herangezogen:
a) Beispiele für ähnliche Aufgabentypen sind *ErfasseAuftrag* und *StorniereAuftrag*, die beide dem Aufgabenkomplex *Auftragsverwaltung* zuzuordnen sind.
b) Beispiele für ähnliche Aufgabendurchführungen sind Varianten von *ErfasseAuftrag* in Abhängigkeit vom Kundentyp, von der Auftragsart, vom Beauftragungsweg und von den bestellten Artikeln.

Gemeinsame Grundlage von (a) und (b) ist ein bestimmter Teilgraph des konzeptionellen Objektschemas. Dieser grenzt eine Menge konzeptioneller Objekttypen sowie die zugehörigen Interaktionskanäle ab. Die unter (a) und (b) genannten Varianten können jedoch in unterschiedlichen Folgen von Methodendurchführungen resultieren. Bild 12 zeigt den Teilgraphen für den Aufgabenkomplex *Auftragsverwaltung* des Handelsbetriebs.

4.2 Modellierung von Vorgängen durch Vorgangsobjekttypen

Alle zu einem Aufgabenkomplex gehörigen Vorgänge werden im SOM durch einen **Vorgangsobjekttyp** modelliert. Ein Vorgangsobjekttyp steuert das Zusammenwirken mehrerer konzeptioneller Objekttypen zur Durchführung betrieblicher Aufgaben in Form von Vorgängen. Ein Vorgang stellt somit eine Instanz eines Vorgangsobjekttyps dar.

In Analogie zu den konzeptionellen Objekttypen werden auch Vorgangsobjekttypen durch Attribute, Nachrichten und Methoden definiert:
- Wesentliche Attribute eines Vorgangsobjekttyps sind der Teilgraph des konzeptionellen Objektschemas sowie Variablen zur Erfassung des Vorgangszustands.
- Nachrichten eines Vorgangsobjekttyps repräsentieren die einzelnen Aufgaben eines Aufgabenkomplexes. Im Beispiel der *Auftragsverwaltung* sind dies u.a. *ErfasseAuftrag*, *StorniereAuftrag* sowie deren Varianten.
- Jede Methode eines Vorgangsobjekttyps beschreibt eine bestimmte Navigation durch den Teilgraph sowie die zugehörigen Operatoren und Prädikate. Die Navigation besteht in der Generierung von Nachrichten an konzeptionelle Objekte und in der Festlegung der Empfänger für die von konzeptionellen Objekten ausgehenden Nachrichten. Unter dem Blickwinkel "Software-IC-Konzepts" (Abschnitt 3.4) verbindet ein Vorgangsobjekttyp mehrere unabhängige konzeptionelle Objekttypen (Software-ICs) und realisiert somit die Schaltung der zugehörigen Leiterplatte. Bild 12 zeigt die Navigation für die Nachricht *ErfasseAuftrag* des Vorgangsobjekttyps *Auftragsverwaltung*.

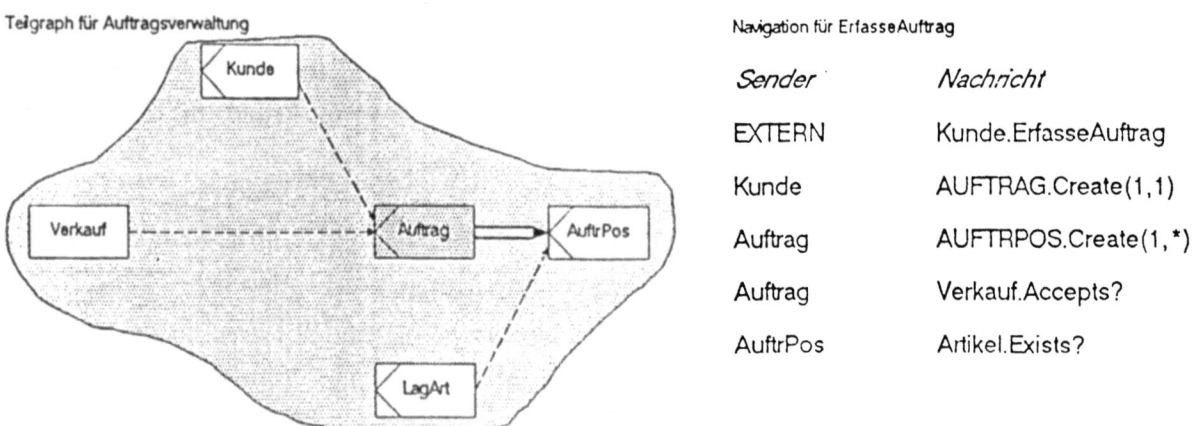

Bild 12: Vorgangsobjekttyp Auftragsverwaltung des Handelsbetriebs

Die Bildung von Vorgangsobjekttypen kann mehrstufig durchgeführt werden. Auf diese Weise können hierarchische Strukturen von Vorgangsketten modelliert werden. Für die Attribute, Nachrichten und Methoden des Vorgangsobjekttyps einer Vorgangskette gelten die gleichen Regeln wie für einzelne Vorgänge.

4.3 Realisierung von Vorgangsobjekttypen

Die Aufgabe eines Vorgangsobjekttyps besteht in der Generierung von Nachrichten an konzeptionelle Objekte und in der Festlegung der Empfänger für die von konzeptionellen Objekten ausgehenden Nachrichten. Für die Realisierung eines Vorgangsobjekttyps bestehen grundsätzlich die folgenden Möglichkeiten.

FESTE VERDRAHTUNG KONZEPTIONELLER OBJEKTE

Der Vorgangsobjekttyp ist bereits im konzeptionellen Objektschema realisiert. Nachrichten an den Vorgangsobjekttyp entsprechen Nachrichten an einen Einstiegspunkt im Teilgraph des konzeptionellen Objektschemas. Alle Empfänger von Nachrichten sind in den Methoden der konzeptionellen Objekttypen festgelegt. Die Methodendurchführung erfolgt nach dem in Abschnitt 2.2 dargestellten Stufenkonzept.

FLEXIBLE ZUORDNUNG KONZEPTIONELLER OBJEKTE

Der Vorgangsobjekttyp wird getrennt vom konzeptionellen Objektschema realisiert. Jeder Vorgang wird durch eine Instanz des Vorgangsobjekttyps (Vorgangsobjekt) gesteuert. Diese Instanz empfängt die vorgangsauslösende Nachricht und wickelt den gesamten Nachrichtenaustausch zwischen den unabhängigen konzeptionellen Objekten (Software-ICs) ab. Eine Nachricht zwischen zwei konzeptionellen Objekten läuft dabei stets über das Vorgangsobjekt. Dadurch eröffnet sich die Möglichkeit einer flexiblen Bestimmung des Nachrichtenweges durch das Vorgangsobjekt.

5. Implementierungskonzept für konzeptionelle Objektschemata

Im Gegensatz zu herkömmlichen Modellen der Systementwicklung ermöglichen objektorientierte Ansätze strukturgleiche Systemkonzepte über alle Phasen des Software-Life-Cycle. Ein in der Definitionsphase erstelltes konzeptionelles Objektschema ist ohne Strukturbruch in einen Systementwurf und eine programmtechnische Realisierung umsetzbar. Im folgenden werden einige Aspekte eines solchen Implementierungskonzepts für konzeptionelle Objektschemata skizziert. Dabei sind vor allem Fragen
- der Software-Architektur objektorientierter Systeme,
- der dafür geeigneten Hardware- und Betriebssystem-Plattformen und

- der zugehörigen Software-Entwicklungsumgebungen

von Interesse. Diese Fragen werden derzeit parallel zur Erprobung der SOM-Methodik untersucht.

5.1 Struktur eines SOM-Software-Systems, Objektaußensicht

Entsprechend der Struktur konzeptioneller Objektschemata bildet ein gemäß SOM erstelltes Software-System eine quasi-hierarchische Struktur von Objekttypen. Die Nachrichten, mit denen die zugehörigen Objekte kommunizieren, werden entlang der *interacts_with*- und *is_part_of*-Kanten des Objektschemas transportiert. In der Objektaußensicht wird daher von einem Objekt nur gefordert, vereinbarte Nachrichtenformate empfangen, bearbeiten und versenden zu können.

Zur Reduzierung der Komplexität eines Software-Systems können unter Implementierungsgesichtspunkten Cluster von Objekttypen gebildet werden. Ein derartiger Cluster deckt einen zusammenhängenden Teilgraphen des Objektschemas ab. Natürliche Kriterien zur Clusterbildung sind Teilhierarchien von *is_a*- bzw. *is_part_of*-Beziehungen oder die Häufigkeit des Nachrichtenaustausches.

5.2 Struktur eines SOM-Objektes, Objektinnensicht

Im SOM sind die Objekte eines Software-Systems ausschließlich über ihren Nachrichtenaustausch gekoppelt. Dies erlaubt hohe Freiheitsgrade bei der Gestaltung der Objektinnensicht, d.h. der Implementierung der einzelnen Objektklassen. Zur Realisierung des geforderten Objektverhaltens kommen prinzipiell folgende Software-Paradigmen in Frage:
- Herkömmliche prozedurale Programmiersprachen, die Datenkapselung zur Bildung abstrakter Datentypen unterstützen. Beispiele sind Modula-2, mehrere Pascal-Dialekte sowie Ada. Sie sind hierfür wegen ihrer mangelnden Objektorientierung nur bedingt geeignet.
- Objektorientierte Erweiterungen herkömmlicher prozeduraler Programmiersprachen wie C++ oder objektorientierte Pascal-Dialekte. Sie bieten zusätzlich den Vorteil der Kompatibilität mit bestehenden Software-Bibliotheken und Systemschnittstellen.

- Objektorientierte Systeme wie Smalltalk und Eiffel. Von Nachteil ist derzeit die begrenzte Verfügbarkeit dieser Systeme für gängige Hardware-Plattformen sowie der Mangel an kommerziellen Software-Entwicklungsumgebungen.
- Objektorientierte Datenbanksysteme (ooDBS), die im Gegensatz zu herkömmlichen DBS Datenobjekte zusammen mit ihren Methoden verwalten. Diese Systeme befinden sich derzeit noch im Forschungs- und Prototypenstand [IEEE90, Dit90, KiLo89].
- Wissensbasierte Systeme. Dabei unterstützt die Trennung von Wissensbasis und Inferenzmaschine eine deklarative und damit äußerst flexible Beschreibung von Methoden.

5.3 Hardware- und Betriebssystem-Plattformen

Aus Durchführungssicht bildet ein Software-System gemäß SOM eine Menge gekoppelter, asynchron ablaufender Objekte. Die Objekte sind grundsätzlich parallel ausführbar; die zugehörigen Synchronisationsbedingungen ergeben sich aus dem Nachrichtenaustausch.

Wegen dieser Architektureigenschaften ist ein Software-System gemäß SOM auf unterschiedliche Hardware-Plattformen abbildbar. Neben einer Einrechnerlösung mit streng sequentieller Objektausführung sind eng gekoppelte Mehrprozessorlösungen oder lose gekoppelte Rechnerverbundlösungen geeignet.

5.4 Geplante Werkzeugunterstützung der Modellierung

Der Objektsystementwurf, der Objektentwurf und der Vorgangsentwurf ist ohne Werkzeugunterstützung nicht sinnvoll durchführbar. Parallel zur Erprobung der SOM-Methodik werden derzeit prototypische Werkzeuge entwickelt. Basis hierfür ist ein existierendes, wissensbasiertes Werkzeug zur Unterstützung der konzeptionellen und externen Datenmodellierung [Sinz87].

6. Literatur

[Chen76] Chen P.P.-S.: The Entity-Relationship Model - Toward a Unified View of Data. In: ACM Transactions on Database Systems, Vol. 1, No. 1, March 1976, 9 - 36

[CoYo90] Coad P., Yourdon E.: Object-Oriented Analysis. Prentice Hall, New Jersey 1990

[Cox86] Cox B.: Object-Oriented Programming. An Evolutionary Approach. Addison-Wesley, Reading, Massachusetts 1986

[Dit90] Dittrich K.R.: Object-Oriented Database Systems: The next Miles of the Marathon. In: Information Systems, Vol. 15, No. 1, 161 - 167, 1990

[FeSi84] Ferstl O.K., Sinz E.J.: Software-Konzepte der Wirtschaftsinformtik. DeGruyter, Berlin 1984

[IEEE90] IEEE Transactions on Knowledge and Data Engineering. Special Issue on Database Prototype Systems. March 1990

[KaPa86] Kaehler T., Patterson D.: A Small Taste of Smalltalk. In: Byte, August 1986, 145 - 159

[KiLo89] Kim W., Lochovsky F.H. (ed.): Object-Oriented Concepts, Databases, and Applications. Addison-Wesley, Reading, Massachusetts 1989

[Mey88] Meyer B.: Object-Oriented Software Construction. Prentice Hall, New Jersey 1988

[Pas86] Pascoe G.A.: Elements of Object-Oriented Programming. In: Byte, August 1986, 139 - 144

[Sinz87] Sinz E.J.: Datenmodellierung betrieblicher Probleme und ihre Unterstützung durch ein wissensbasiertes Entwicklungssystem. Habilitationsschrift, Regensburg 1987

[Sinz88] Sinz E.J.: Das Strukturierte Entity-Relationship-Modell (SER-Modell). In: Angewandte Informatik 5/1988, 191 - 202

[Sinz90] Sinz E.J.: Das Entity-Relationship-Modell (ERM) und seine Erweiterungen. In: Handbuch der modernen Datenverarbeitung (HMD) 152, Verlag Forkel, Wiesbaden 1990

IAO-Forum
**Objektorientierte
Informationssysteme**

**Objekt-orientierte
Datenbanksysteme
– Eine Marktübersicht**

D. Koch

Objektorientierte Datenbank-Systeme - Eine Marktübersicht

Dipl.-Math. Dorothee Koch, M.S. Computer Sc.[1]
Electronic Mail: koch@iao.fhg.de

Dipl.-Ing. Dietmar Fischer [2]

Fraunhofer-Institut für Arbeitswirtschaft und Organisation

Stuttgart, im April 1991

Zusammenfassung

Mit der wachsenden Popularität objektorientierten Programmierens wird Objektorientiertheit zunehmend auch für Datenbanktechnologie betrachtet. Eine Vielzahl objektorientierter Datenbank-Systeme wird zur Zeit von Firmen und Universitäten im Rahmen von Forschungsprojekten entwickelt; manche sind bereits als Produkte auf dem Markt erhältlich. Dieser Artikel vergleicht einige heute verfügbare objektorientierte Datenbanksysteme und gibt eine kurze Übersicht über ihre wichtigsten Eigenschaften und Unterschiede.

Stichworte: Objektorientiert, Datenbanken

---

[1] Wissenschaftliche Mitarbeiterin der Fachgruppe Technische Informationssysteme
[2] Stv. Leiter der Abteilung F&E-Management

1 Einführung

Mit der wachsenden Popularität objektorientierten Programmierens wird Objektorientiertheit zunehmend auch für Datenbanktechnologie betrachtet. Eine Vielzahl objektorientierter Datenbank-Systeme wird zur Zeit von Firmen und Universitäten im Rahmen von Forschungsprojekten entwickelt; manche sind bereits als Produkte auf dem Markt erhältlich. Dieser Artikel vergleicht einige heute verfügbare objektorientierte Datenbanksysteme und gibt eine kurze Übersicht über ihre wichtigsten Eigenschaften und Unterschiede.

Das Ziel dieses Artikels ist es, den Leser bei der Auswahl eines Produktes zu unterstützen. Eine detaillierte Einführung in das Gebiet der objektorientierten Datenbanken ist z.B. in [Zdo90] zu finden.

2 Objektorientierte Datenbanken

Ein objektorientiertes Datenbank-Management-System (OODBMS) ist ein DBMS mit den üblichen Datenbankeigenschaften, das sich in seinem Datenmodell an objektorientierten Konzepten orientiert. Die Definition eines allgemeingültigen objektorientierten Datenmodells steht noch aus (vgl. [Mai89]), da die Entwicklung objektorientierter Systeme von verschiedenen Ansätzen aus der Praxis kam, ohne daß ein formales Modell vorgelegen hätte (wie es z.B. bei relationalen Datenbanken der Fall ist). Daher betonen verschiedene Systeme verschiedene Eigenschaften.

Atkinson et. al. geben in [Atk89] 13 "goldene Regeln" an, die ein OODBMS mindestens erfüllen muß, um als solches zu gelten, und auf die wir uns hier beziehen. Zusätzlich sind noch weitere optionale Eigenschaften wünschenswert. Andere Meinungen werden z.B. in [Sto90] vertreten.

2.1 Mindest-Anforderungen

Anforderungen für Objektorientiertheit:

- **Objekt-Identität**
  Objekte behalten ihre Identität, solange sie existieren, unabhängig von ihren Werten. Ihre Identitätskennung wird niemals für ein anderes Objekt verwendet.

- **Komplexe Objekte**
  Objekte können beliebig durch "Konstruktoren" (wie Menge, Array, Liste, etc.) aus anderen Objekten zusammengesetzt werden (z.B. eine Menge von Listen von Mengen).

- **Kapselung**
  Der interne Zustand eines Objekts ist nur durch die für seine Klasse definierten Methoden veränderbar. Die Implementationsdetails sind nicht nach außen sichtbar.

- **Klassen oder Typen**
  Objekte werden nach gemeinsamen Eigenschaften klassifiziert.

- **Vererbung**
  Klassen können in einer Baumhierarchie oder als gerichteter (azyklischer) Graph angeordnet werden. Teilklassen ererben die Eigenschaften und Methoden ihrer Oberklassen.

- **Überladen und Spätes Binden**
  Methodennamen können für verschiedene Implementationen (in verschiedenen Klassen) verwendet werden. Erst zur Laufzeit wird die für die aktuelle Instanz erforderliche Implementation der Prozedur an den Methodennamen "gebunden".

- **Sprachvollständigkeit (Computational Completeness)**
  Die Anfragesprache hat die Mächtigkeit einer Programmiersprache (was z.B. bei SQL nicht der Fall ist).

- **Erweiterbarkeit**
  Der Benutzer kann in der Datenbank noch nicht enthaltene Typen und Methoden nach seinen Vorstellungen definieren.

Datenbank-Anforderungen:

- **Persistente Datenhaltung**
  Datenobjekte sind nach Beenden einer Sitzung nicht verloren sondern gespeichert und wieder zugriffsbereit. Änderungen während einer Transaktion werden persistent, wenn sie mit "Commit" beendet werden.

- **Sekundärspeicher-Verwaltung**
  DBMS ermöglichen effizienten Zugriff (z.B. durch Indexe, Clustering, Buffering, Anfrageoptimierung) auf Daten, die im Sekundärspeicher (z.B. Festplatte) abgelegt sind.

- **Steuerung des Parallel-Zugriffs (Concurrency Control)**
  Das DBMS stellt die Konsistenz der Daten bei parallelem Zugriff mehrerer Benutzer auf die gleichen Daten sicher.

- **Wiederaufsetzen (Recovery)**
  Bei vielen Arten von Hardware- und Software-Versagen ist das System in der Lage, wieder einen konsistenten Zustand zu erreichen.

- **Ad Hoc Anfragen**
  Die Benutzer möchten auf die Daten der Datenbank in *einfacher* Weise zugreifen können. Dies wird meist von einer Anfragesprache ermöglicht, mit Hilfe derer ohne weitere Umstände am Terminal Anfragen formuliert werden können.

2.2 Optionale Eigenschaften

Zusätzlich zu den oben genannten Anforderungen definiert [Atk89] Eigenschaften, die bei einem OODBMS wünschenswert sind, aber nicht zwingend vorhanden sein müssen.

- **Mehrfach-Vererbung (Multiple Inheritance)**
  Klassen können von mehreren Klassen Eigenschaften ererben.

- **Typüberprüfung (Type Checking)**
  Das System überprüft automatisch in vielen Fällen, ob die in den Prozeduren verwendeten Objekte dem an der jeweiligen Stelle geforderten Typ entsprechen.

- **Verteiltheit**
  Die über ein Rechnernetz verteilten Daten sind logisch korreliert und werden den Benutzern als eine einzige Datenbank präsentiert.

- **Lange Transaktionen**
  In vielen technischen Anwendungen (wie z.B. Konstruktion) haben Transaktionen eine wesentlich längere Lebensdauer (z.T. über mehrere Sitzungen hinweg) als bei vielen klassischen Anwendungen. Hier sind spezielle Mechanismen nötig, um die Konsistenz der Daten sicherzustellen.

- **Versionen-Verwaltung**
  Besonders im Bereich technischen Entwurfs ist es häufig erforderlich, parallel mit mehreren Versionen eines Objekts zu arbeiten. Zu gegebener Zeit werden diese verschiedenen Versionen dann wieder aufeinander abgestimmt.

Nicht alle der hier besprochenen Produkte erfüllen alle diese Regeln.

2.3 Nutzen objektorientierter Datenbanken

Noch stecken die Erfahrungen mit dem Einsatz objektorientierter Datenbanken in den Kinderschuhen. Erste Eindrücke aus Pilotprojekten liegen jedoch schon vor. Auf einige Aspekte soll hier kurz eingegangen werden.

Dem objektorientierten Entwurf einer Datenbank geht die Analyse der Gegenstandswelt voraus, um genau festzustellen, um welche Objekte es sich handelt, wie sie sich verhalten und in welchen Beziehungen sie zueinander stehen. Je genauer die Gegenstandswelt der Applikation analysiert wird, desto leichter läßt sie sich in der Datenbank abbilden.

Das Konzept der Klasseneinteilung von Gegenständen kommt dabei den Vorstellungen der Benutzer sehr entgegen. Normalerweise wird eine Auswahl von Klassen schon von einer objektorientierten Datenbank zur Verfügung gestellt, die dann den Benutzerwünschen gemäß erweitert werden kann. Die im Vergleich zu relationalen Datenbanksystemen wesentlich größere Typenvielfalt vereinfacht die Abbildung der Gegenstandswelt in besonderem Maße. Zudem lassen sich Feinheiten der Semantik der Daten besser modellieren. Der Benutzer kann also im wesentlichen seine Gegenstandswelt 1:1 in der Datenbank abbilden, was - ein genaues Verständnis der abzubildenden Umwelt für den Entwurf vorausgesetzt - zu besonderer konzeptueller Klarheit führt.

Es ist leicht einzusehen, daß Erweiterungen und Modifikationen des Datenmodells der Benutzergegenstände umso einfacher durchzuführen sind je genauer das Modell die bereits bestehenden Beziehungen abbildet, da Veränderungen typischerweise an diese anknüpfen. Dadurch wird die langfristige Wartung der Datenbank vereinfacht. Doch auch das intuitive Verständnis des Datenbankmodells wird erleichtert. Nach unserer Erfahrung ist es z.B. einfacher, einem neuen Benutzer, der möglichst schnell in der Lage sein soll, sinnvolle Anfragen an das System zu stellen, die Bedeutung der Daten in einer objektorientierten Datenbank zu erläutern als in einer relationalen.

Die Wiederverwendbarkeit der für eine Applikation neu erzeugten Klassen für eine andere Anwendung ist nur dann wahrscheinlich, wenn die andere Anwendung dem gleichen Themenkomplex entstammt, sich also mit gleichen bzw. ähnlichen Objekte beschäftigt. In diesem Falle allerdings sind starke Wiederverwendungsvorteile zu erwarten. Der Grund dafür ist die applikationsabhängige Spezialisierung der Daten, die in einer Datenbank abgelegt werden. Bei objektorientierten Programmiersprachen im allgemeinen ist zu erwarten, daß Wiederverwendungsvorteile häufiger auftreten, da Objekte wie z.B. Stacks, Queues oder Windows weniger von einer speziellen Anwendung abhängig sind.

Vergleiche mit relationalen Datenbanken zeigen, daß für bestimmte Arten von Anfragen objektorientierte Datenbanksysteme - selbst auf dem heutigen, jungen Stand der Technik an Schnelligkeit überlegen sein können. Dies trifft vor allem auf Situationen zu, in denen bei der relationalen Datenbank durch die Anfrage Join-Operationen ausgelöst werden, die eine große Anzahl verschiedener Relationen bzw. Relationen mit sehr großen Tupelzahlen involvieren. Join-Operationen sind zeitaufwendig, weil dazu jeweils alle Tupel einer Relation mit allen Tupeln einer anderen verglichen werden, das Ergebnis wiederum mit den Tupeln der nächsten betroffenen Relation und so fort. Je mehr Tupel in den Relationen enthalten sind und je mehr Relationen beteiligt sind, umso mehr Vergleichs-Operationen sind nötig. Hinzu kommt, daß unter den betrachteten Tupeln der Anteil der wirklich gesuchten Daten oft recht gering ist. Joins treten häufig auf, weil aufgrund der Normalisierung in relationalen Datenbanken Daten, die semantisch zusammengehören (wie etwa Fahrzeuge zu ihren Einzelteilen), oft voneinander getrennt abgelegt werden.

Objektorientierte Datenbanken haben dieses Problem i.a. nicht, da semantische Zusammenhänge auch (meist durch Verpointerung) zusammenhängend abgelegt werden. So kann ein Fahrzeug-Objekt beispielsweise mit seinen zugehörigen Einzelteilen durch einen Satz von Pointern direkt verbunden sein. Bei einer entsprechenden Anfrage müssen keine Einzelteile anderer Fahrzeuge berührt werden. Auf ein bestimmtes Einzelteil-Objekt können andererseits mehrere Fahrzeuge zeigen, ohne daß das Objekt deswegen repliziert werden muß.

Zwischen Redundanzfreiheit und Performance besteht hier also kein Trade-off.

Verteilte Datenbanksysteme sind typischerweise im Antwortzeitverhalten langsamer als zentralisierte, was natürlich auch für objektorientierte Systeme zutrifft. Auch der Mehrbenutzerbetrieb bedeutet eine zeitliche Belastung. Die meisten objektorientierten Datenbanksysteme erlauben es allerdings, im Falle der Benutzung durch nur jeweils eine Applikation, den durch die Mehrbenutzerverwaltung verursachten Zusatzaufwand zu eliminieren und so eine wesentliche Performancesteigerung zu erzielen.

3 Produkt-Übersicht

Da der Markt sich auf diesem neuen Gebiet rasch verändert und die Meinungen darüber, welche Systeme dazuzuzählen sind, auseinandergehen, haben wir für den Vergleich eine Auswahl getroffen. Die hier beschriebenen Systeme sind bereits jetzt oder in Kürze kommerziell erhältlich. Eine Ausnahme stellt der Forschungsprototyp *Postgres* dar, der als einziges kostenlos verfügbares System in die Übersicht aufgenommen wurde.

3.1 Vergleichskriterien

Zu jedem Produkt sind *Hersteller* und *Kontaktadresse(n)* angegeben.

Der angegebene *Entwicklungsstand* bezieht sich auf Ende 1990.

Für die Auswahl eines Datenbanksystems sind oft die *Hardware* und das *Betriebssystem*, für die es verfügbar ist, entscheidend. Bei diesen Angaben wurden die uns vorliegenden aktuellsten Daten angegeben. Da jedoch alle Firmen bestrebt sind, die Verfügbarkeit auf weitere Plattformen zu erweitern, kann hier nur jeweils eine Momentaufnahme gegeben werden.

Als *Schnittstellen* sind sowohl Anbindungsmöglichkeiten an Programmiersprachen als auch an andere kommerzielle Softwarepakete aufgelistet.

Die Angabe der jeweiligen *Anfragesprache* ermöglicht es zu erkennen, ob Zeit investiert werden muß, um eine neue Sprache zu erlernen oder ob auf Bekanntes zurückgegriffen werden kann.

Die angegebenen *Preise* beziehen sich auf Ende 1990, können nur ungefähr angegeben werden und hängen i.a. von der vom Benutzer gewünschten Hardware ab; manche schließen technische Beratung (Support) ein. Die meisten Anbieter gewähren einen Preisnachlaß bis zu etwa 80% für Universitäten und Forschungsinstitute.

Die *Kurzbeschreibung* hebt jeweils einige Eigenschaften hervor, die die Hersteller bei ihrem Produkt besonders betonen oder die von speziellem Interesse erscheinen. Sie stellt keine vollständige Auflistung der Produktcharakteristika dar. Weitere Details sind jeweils in der angegeben Literatur zu finden.

Die Auflistung erfolgt in alphabetischer Reihenfolge der Produktnamen.

3.2 Objektorientierte Datenbankmanagement-Systeme:

Folgende Datenbanksysteme werden betrachtet:

- **GemStone (Servio Corporation)**
- **Iris (Hewlett Packard)**
- **ITASCA (ITASCA Systems, Inc.)**
- **G-Base (Graphael, Inc.)**
- **O_2 (GIP ALTAÏR)**
- **Objectivity/DB (Objectivity, Inc.)**
- **ObjectStore (Object Design, Inc.)**
- **Ontos (Ontologic, Inc.)**
- **POSTGRES (University of California, Berkeley)**
- **Statice (Symbolics, Inc.)**
- **Versant (Versant Object Technologies Corporation)**

Name: **GemStone**
Hersteller: Servio Corporation
Kontakt: H. Mark. Boyd
Servio Corporation
1420 Harbor Parkway, Suite 100, Alameda, CA 94501, USA
Tel.: (415) 748-6200, Fax: (415) 748-6227
(*oder*)
Richard J. Cahill
Servio Europe Plc.
Park Mount, Newtonpark Ave.
Blackrock, Dublin, Irland
Tel.: (1) 766088, Fax: (1) 767-945

Entwicklungsstand:	Produkt seit Nov. 1987
Hardware:	Datenbankserver auf Sun 3, 4, SPARCstation, IBM RS/6000, VAXstation, DECstation, IBM Servers und Workstations, SONY NEWS Workstation. Clients außerdem auch auf Apple Macintosh II und IBM PC.
Betriebssysteme:	SunOS, AIX, VMS, Ultrix
Schnittstellen:	X-Windows, OSF/Motif. Smalltalk-80, Smalltalk V, C++, C, Ada, FORTRAN, Cobol, Lisp. Nexpert/Object, SYBASE. DECNet, TCP/IP.
Anfragesprache:	Opal
Preis:	etwa $12,000 - $30,000

Kurzbeschreibung:

Es handelt sich um ein verteiltes System (Multiple Clients/Single Server).

Beim Einsatz des Systems in einer Smalltalk-Umgebung wird eine graphische Benutzeroberfläche mit verschiedenen Tools (z.B. Editor, Browser und Debugger) bereitgestellt. Ansonsten steht nur eine zeilenorientierte Schnittstelle (*Topaz*) zur Verfügung.

Die Anfragesprache Opal ist Smalltalk-ähnlich.

Klassen werden beschrieben durch Klassenvariablen, Instanzvariablen und Methoden. Klassenvariablen können dynamisch verändert werden, Instanzvariablen dagegen nicht. Bei Veränderung der Ober-/Unterklassen-Verhältnisse muß die Klassenhierarchie komplett neu aufgebaut werden. Eine Klassenbibliothek ist im System enthalten. Objekte können durch Verschachtelung der betreffenden Klassendefinitionen komplex zusammengesetzt werden. Einfach-Vererbung wird unterstützt. Mehrfach-Vererbung und die Möglichkeit zirkulärer Referenzen von Klassen aufeinander sind für eine zukünftige Version geplant.

Objekte können nicht explizit gelöscht werden; wenn keine Referenzen mehr auf ein Objekt bestehen, wird es automatisch durch Garbage Collection gelöscht.

Versionenverwaltung wird nicht unterstützt.

Der Zugriff auf Objekte kann durch Indexe und physikalisches Clustering verbessert werden.

Das System ist in C implementiert.

Name:	**Iris**
Hersteller:	Hewlett Packard

Kontakt:	Becky Garlock
	Hewlett Packard
	19447 Pruneridge Avenue
	Cupertino, CA 95014-9974
	Tel. (408) 725-8900
Entwicklungsstand:	Forschungsprototyp seit 1983,
	Produkt in Vorbereitung
Hardware:	HP-9000/300 und HP-9000/800
Betriebssysteme:	HP-UX
Schnittstellen:	C, Persistent CLOS, Objective-C, Lisp, C++.
	Allbase/SQL.
Anfragesprache:	ObjectSQL (OSQL)
Preis:	N.N.

Kurzbeschreibung:

Der Storage-Manager von Iris ist ein relationales DBMS, und das System benutzt eine erweiterte Relationenalgebra.

Durch einen Object-Manager ist das Objektmodell von Iris definiert. Er verarbeitet Anfragen, die von den verschiedenen Schnittstellen gestellt werden (z.B. von ALLBASE/SQL) und leitet sie an den Storage Manager weiter.

Die Anfragesprache OSQL ist eine Erweiterung von SQL.

Die Attribute und das Verhalten der Iris-Objekte werden durch Funktionen modelliert. Input und Output-Parameter der Funktionen sind Typen, d.h. eine Funktion wird auf die Instanzen ihrer Input-Typen angewendet und produziert Instanzen der Output-Typen. Da Funktionen auf mehrere Argumente gleichzeitig wirken können, sind sie nicht immer nur zu einem bestimmten Typ gehörig.

Das System enthält bereits eine Bibliothek von Typen, die erweitert werden kann. Objekte können während ihres Lebenszyklus neuen Typen zugeordnet werden und auch gleichzeitig mehreren Typen angehören. Die Möglichkeit dynamischer Veränderungen der Ober-/Unterklassen-Verhältnisse ist für die Zukunft geplant. Einfach- und Mehrfach-Vererbung werden unterstützt. Wenn ein Objekt gelöscht wird, werden alle Referenzen darauf ebenfalls gelöscht.

Bestimmte Arten von Regeln sind in Iris möglich (nicht-rekursive konjunktive und disjunktive).

Ein graphischer Editor erleichtert Browsing und Updating.

Versionenverwaltung wird unterstützt. Objekte werden als versionierte oder unversionierte Objekte erzeugt. Unversionierte Objekte können in versionierte umgewandelt werden. Die Versionen werden durch checkin/checkout-Mechanismen kontrolliert.

Durch Indexe und Clustering kann der Zugriff auf Objekte beschleunigt werden.

Das System ist in C implementiert (der Graphische Editor in Objective-C).

Name:	**ITASCA**
Hersteller:	ITASCA Systems, Inc.
Kontakt:	John Dolejsi
	ITASCA Systems Inc.
	2850 Metro Drive, Suite 300, Minneapolis, MN 55425
	Tel.: (612) 851-3155, Fax: (612) 851-3157
Entwicklungsstand:	Produkt seit 1989/90
Hardware:	Sun, Apollo, DECstation, Data General, Silicon Graphics
Betriebssysteme:	Unix-Varianten der aufgeführten Rechner
Schnittstellen:	FORTRAN, C, Common Lisp
	TCP/IP
Anfragesprache:	Common Lisp
Preis:	ab etwa $4,000

Kurzbeschreibung:

ITASCA gehört zur Microelectronics and Computer Technology Corporation (MCC) und vermarktet eine Erweiterung des von MCC unter dem Namen *Orion* entwickelten Prototyps.

Es handelt sich um eine verteilte Datenbank (Multiple Servers/Multiple Clients). Die Knoten des verteilten Systems können dynamisch umkonfiguriert werden.

Die graphische Oberfläche beruht auf OSF/Motif und erlaubt z.B. graphische Schemadefinition. Verschiedene Windows können zur Arbeit an der gleichen Transaktion benutzt werden.

Klassen werden durch Klassen- und Instanzattribute sowie Methoden beschrieben. Eine Instanz gehört jeweils genau zu einer Klasse. Sowohl Einfach- als auch Mehrfach-Vererbung werden unterstützt. Eine Klassenbibliothek (ObjectShare) ist kostenlos zum System erhältlich und soll von ITASCA und den Benutzern erweitert werden. Insbesondere sind spezielle Klassen für Multi-Media-Datenmanagement vorgesehen (z.B. *Audio* und *Image*).

Es stehen flexible Möglichkeiten zur Verfügung, das Datenbankschema dynamisch zu verändern, z.B. Attribute sowie Ober-/Unterklassen-Verhältnisse können dynamisch modifiziert und hinzugefügt werden.

Versionenverwaltung wird unterstützt.

Lange Transaktionen werden durch checkin/checkout-Mechanismen unterstützt.

Indexe und Clustering können die Performance erhöhen.

Name:	**G-Base**
Hersteller:	Graphael, Inc.
Kontakt:	
Entwicklungsstand:	Produkt
Hardware:	Sun-3, Sun-4
Betriebssysteme:	SunOS
Schnittstellen:	
Anfragesprache:	G-Logis
Preis:	etwa DM 50,000

Kurzbeschreibung:

Es konnten keine Kontaktadressen gefunden werden. Die deutsche Vertriebsfirma EAI Electronic Associates GmbH vertreibt es nicht mehr. Die amerikanische Telefonnummer von Graphael wurde abgeschaltet, ohne weitere Informationen zu hinterlassen. Der einzige Hinweis auf die Firma ist im Catalyst der Firma Sun zu finden. Es ist zu vermuten, daß die Firma nicht mehr existiert.

Name:	**O_2**
Hersteller:	GIP ALTAÏR (=INRIA + IN2 + LRI)
Kontakt:	Sophie Gamerman
	GIP ALTAÏR
	Domaine de Voluceau BP 105
	78153 Le Chesnay Cedex, Frankreich
	Tel.: (1) 39 63 54 17, Fax: (1) 39 63 58 88
	email: sophie@bdblues.altair.fr
	oder: altair@bdblues.altair.fr
Entwicklungsstand:	Prototyp, Produkt geplant für September 1991
Hardware:	Sun 3
Betriebssysteme:	SunOS
Schnittstellen:	CO_2, BasicO_2, LispO_2(geplant). X-Windows.
Anfragesprache:	in der Syntax an SQL angelehnt
Preis:	Testinstallation etwa FF 15,000

Kurzbeschreibung:

Es handelt sich um ein verteiltes System (Single Server/Multiple Clients).

Es besitzt eine graphische Oberfläche, ist aber auch für alphanumerische Terminals verfügbar. Ein graphischer Browser unterstützt das Editieren des Datenbankschemas. *LOOKS* ist ein graphischer Benutzerschnittstellen-Generator.

Der Benutzer kann in zwei verschiedenen *Modes* arbeiten: *Development Mode* (für Programmentwicklung, Debugging, Testen) und *Execution Mode* (für Ausführung der Applikationen, optimiert zur Effizienzsteigerung).

Weitere Tools sind ein Debugger sowie das *Journal*, das eine Entwicklungs-Session aufzeichnet und erlaubt, die gemachten Änderungen nachträglich zu modifizieren. In einem *Workspace* kann der Entwickler seine persönliche Umgebung von Tools und Objekten definieren.

Eine vordefinierte Klassenbibliothek, die erweitert werden kann, ist im System enthalten. Einfach- und Mehrfach-Vererbung werden unterstützt. Zirkuläre Referenzen der Klassen aufeinander sind möglich. Objekte werden durch die Attribute und die Methoden ihrer betreffenden Klasse beschrieben. Methoden werden in einer der O_2-Sprachen formuliert, die objektorientierte Erweiterungen der jeweiligen Originalsprachen sind. Objekte können explizit gelöscht werden. Schemamodifikationen sind auch nach Implementierung der Anwendung möglich.

Die Performance kann durch Indexe und Clustering gesteigert werden.

Name:	**Objectivity/DB**
Hersteller:	Objectivity
Kontakt:	Objectivity, Inc.
	800 El Camino Real, 4th Floor
	Menlo Park, CA 94025
	Tel.: (415) 688-8000, Fax: (415) 325-0939
	email: ginny@objy.com oder davide@objy.com
Entwicklungsstand:	Produkt seit April 90
Hardware:	DECstation, Sun 3, Sparcstation
Betriebssysteme:	Ultrix, SunOS,
Schnittstellen:	C++, C.
	X-Windows, OSF/Motif, DECWindows.
	NFS/RPC.
Anfragesprache:	C++
Preis:	etwa $30.000

Kurzbeschreibung:

Objectivity/DB wird seit August 1990 von der Digital Equipment Corporation (DEC) vertrieben.

Es handelt sich um ein verteiltes System. Die Datenbank kann partitioniert und über verschiedene heterogene Systeme verteilt werden.

Eine OSF/Motif-basierte graphische Oberfläche erlaubt eine Hypertext-Sicht des Datenbankinhalts durch mehrere Windows und stellt On-line Help zur Verfügung.

Eine erweiterbare Klassenbibliothek ist im System enthalten.

Lange Transaktionen (durch checkin/checkout-Mechanismen) sowie Versionenverwaltung werden unterstützt.

Durch Clustering kann die Zugriffsgeschwindigkeit verbessert werden.

Name:	**ObjectStore**
Hersteller:	Object Design, Inc.
Kontakt:	Eugene A. Bonte
	Object Design
	1 New England Executive Park, Burlington, MA 01803
	Tel.: (617) 270-9797, Fax: (617) 270-3509
	email: gene@odi.com
Entwicklungsstand:	Beta-Version
Hardware:	N.N.
Betriebssysteme:	Unix, OS/2
Schnittstellen:	C, C++, SQL.
	X-Windows.
Anfragesprache:	C++
Preis:	etwa $25,000 - $250,000

Kurzbeschreibung:

Die Preis variiert mit der Anzahl der gewünschten Betalizenzen sowie der Art der Beratung und Schulung.

ObjectStore ist ein verteiltes System (Multiple Clients/Multiple Servers).

Der erklärte Zweck dieses Systems ist es, C++-Applikationen bzw. die Konversion von C-Applikationen nach C++ zu unterstützen.

Eine graphische Oberfläche steht zur Verfügung, um die Klassenhierarchie zu entwerfen und zu verändern sowie um Anfragen zu formulieren.

Einfach- und Mehrfach-Vererbung werden unterstützt. Objekte können explizit gelöscht werden.

Versionsverwaltung und lange Transaktionen werden unterstützt.

Durch Indexe und Clustering kann die Zugriffsgeschwindigkeit verbessert werden.

Name:	**Ontos**
Hersteller:	Ontologic, Inc.
Kontakt:	Ontologic, Inc.
	47 Manning Rd., Billerica, MA 01821, USA
	Tel.: (508) 667-2383 ext. 247, Fax: (508) 667-9519
	(*oder*)
	GOPAS Software GmbH
	Frau Klenk
	Gollierstr. 70, 8000 München 2
	Tel.: (089) 5199-965, Fax: (089) 5199-931
Entwicklungsstand:	Produkt seit 1989
Hardware:	Sun 3, VAX, Apollo, AT/386/486 PC
Betriebssysteme:	SunOS, Ultrix, VMS, OS/2
Schnittstellen:	C++, SQL, Nexpert Object
Anfragesprache:	ObjectSQL
Preis:	etwa 50,000 DM

Kurzbeschreibung:

Ontos ist das Nachfolgesystem von VBase, das nicht mehr auf dem Markt erhältlich ist.

Es handelt sich um ein verteiltes System (Multiple Clients/Multiple Servers). Ein Server kann verteilt sein.

Eine graphische Oberfläche mit Browser steht zur Verfügung.

Versionenverwaltung wird unterstützt.

Da Ontos auf C++ basiert, stehen die objektorientierten Eigenschaften von C++ direkt zur Verfügung. Eine Klassenbibliothek, die erweitert werden kann, ist im System enthalten. Um Veränderungen der Klassendefinitionen vorzunehmen, nachdem Instanzen erzeugt wurden, müssen die Klassen und Instanzen noch einmal neu erzeugt werden.

Objekte können explizit gelöscht werden. Jedes Objekt hat einen eindeutigen Identifier; Objekte können außerdem auch unter einem Namen in Verzeichnissen abgelegt werden. Die Struktur der Verzeichnisse ist hierarchisch, so daß der vollständige Name eines Objekts ein Verzeichnis-Pfad plus der eigentliche Name ist.

Transaktionen können geschachtelt und von Prozessen geteilt werden.

Ein besonderer Mechanismus ist für Exception Handling (Ausnahme-Behandlung) vorgesehen.

Durch Clustering kann die Zugriffsgeschwindigkeit erhöht werden. Eine andere Möglichkeit der Performanceverbesserung ist Aktivieren/Deaktivieren: der Entwickler kann einzelne Objekte, ganze Cluster oder eine Objekt mit allen von ihm referenzierten Objekten zwecks schnelleren Zugriffs in den Hauptspeicher laden.

Name:	**POSTGRES**
Hersteller:	University of California, Berkely
Kontakt:	Michael Stonebraker
	University of California
	Electrical Engineering and Computer Sciences
	Computer Science Division, Berkeley, CA 94720, USA
	Tel.: (415) 642 5799
	email: mike@postgres.berkeley.edu
	Greg Kemnitz
	email: kemnitz@postgres.berkeley.edu
Entwicklungsstand:	Forschungsprototyp
Hardware:	Sun 3, Sparcstation, DECstation 3100, Sequent Symmetry
Betriebssysteme:	SunOS, Ultrix
Schnittstellen:	C, persistent CLOS
Anfragesprache:	POSTQUEL
Preis:	kostenlos

Kurzbeschreibung:

POSTGRES (= POST inGRES) ist keine Erweiterung von Ingres, beruht aber auf einem erweiterten relationalen Modell. Die Anfragesprache *Postquel* ist eine Erweiterung von *Quel* (Anfragesprache von Ingres).

Das System kann durch *anonymous ftp* von dem Rechner postgres.berkeley.edu kopiert werden.

Support ist nicht unbedingt erhältlich, da es sich um einen Forschungsprototyp handelt.

Das System ist nicht verteilt, und eine Erweiterung in dieser Richtung ist auch nicht geplant.

Die Relationen des Systems besitzen eine erweiterte Funktionalität, um objektorientierte Eigenschaften zu gewährleisten. Sechs eingebaute Datentypen sind im System vorhanden, u.a. die speziellen Typen *Postquel* und *Procedure*. Die Benutzer können weitere Datentypen erzeugen. Die Modellierung komplex zusammengesetzter Objekte und wird dadurch erreicht, daß in einem Relationen-Attribut vom Typ *Postquel* Datenmanipulationsanweisungen stehen können, die Information aus anderen Relationen ausgeben können. Das Verhalten der Datenobjekte wird durch ein Attribut vom Typ *Procedure* modelliert, in dem Prozeduren in einer Programmiersprache (z.B. C) mit eingebetteten Datenmanipulations-Anweisungen stehen, die auf die Objekte der betroffenen Relation Anwendung finden können. Einfach- und Mehrfach-Vererbung werden unterstützt.

Die Datenbank speichert automatisch alle Änderungsstände der Objekte, und es kann wieder auf sie zurückgegriffen werden. Der Benutzer kann die Speicherung der historischen Daten nach Wunsch beschränken. Auch Versionenmanagement wird unterstützt.

POSTGRES besitzt Eigenschaften einer aktiven Datenbank (active database). Durch Definition von *Alerters* und *Triggers* kann der Benutzer auf Vorgänge aufmerksam gemacht werden, oder es können bestimmte Vorgänge automatisch eingeleitet werden. Dies ist z.B. nützlich zur Wahrung der referentiellen Integrität.

Es ist möglich, Regeln für die Daten einzugeben.

Durch die Verwendung von Indexen kann die Performance gesteigert werden. Weiteres Tuning ist möglich durch Änderung von Systemparametern.

Das System ist in C implementiert.

Name:	Statice
Hersteller:	Symbolics, Inc.
Kontakt:	Symbolics, Inc.
	8 New England Executive Park, East
	Burlington, MA 01803, USA
	Tel.: 1-800- 237-2401
	(oder)
	Symbolics GmbH
	Mergenthalerallee 77-81
	Postfach 5865, 6236 Eschborn/Ts.
	Tel.: (06196) 47220, Fax: (06196) 481116
Entwicklungsstand:	Produkt seit 1988
Hardware:	alle Symbolics Rechner. Per Einschubprozessor auch Apple-Macintosh und Sun Rechner.
Betriebssysteme:	Genera
Schnittstellen:	CLOS, Common Lisp.
	X-Windows.
	Joshua, Concordia.
	DECNet, TCP/IP, SNA
Anfragesprache:	nicht-prozedural, kein besonderer Name

Preis: etwa DM 30.000

Kurzbeschreibung:

Es handelt sich um ein verteiltes System (Multipe Clients/Single Server).

Die Anfragesprache ist nicht-prozedural und lehnt sich an das Relationenkalkül an. Sie trägt keinen besonderen Namen.

Ein (zum Teil graphisches) Browsing Tool steht zur Verfügung.

Typen in Statice haben dieselben Namen und Bedeutungen wie in Common Lisp. Durch Methoden wird das Verhalten der Typen definiert. Eine Typenbibliothek ist im System enthalten und kann erweitert werden. Einfach- und Mehrfach-Vererbung werden unterstützt. Auch nach Generierung der konkreten Datenbank können neue Attribute erzeugt oder bestehende gelöscht werden.

Objekte können explizit gelöscht werden; dann werden automatisch alle Referenzen auf das entsprechende Objekt mitgelöscht. Solange ein Objekt existiert, ist es immer referenzierbar.

Versionenverwaltung wird unterstützt.

Durch Verwendung von Indexen und Clustering kann die Zugriffsgeschwindigkeit verbessert werden.

Das System ist in Common Lisp implementiert.

Name: **Versant**
Hersteller: Versant Object Technologies Corporation
Kontakt: John Hughes
Versant Object Technology
4500 Bohannon Drive, Menlo Park, CA 94025, USA
Tel.: (415) 325-2300, Fax: (415) 325-2380
email: jhughes@osc.com
Entwicklungsstand: Produkt seit Juli 90
Hardware: Sun, IBM RS/6000
Betriebssysteme: SunOS, AIX
Schnittstellen: C++, C, Smalltalk (in Entwicklung).
X-Windows, OSF/Motif.
TCP/IP.
Anfragesprache: C, C++
Preis: etwa $48,000

Kurzbeschreibung:

Die Firma war früher unter dem Namen Object Sciences bekannt.

Die Preisangabe bezieht sich auf das "Versant Introductory Package" und schließt Support und Schulung ein.

Es handelt sich um ein verteiltes System (Multiple Clients/Multiple Servers).

Eine graphische Oberfläche mit einem Browser ("Object Navigator") gehört zum System.

Einfach- und Mehrfach-Vererbung werden unterstützt. Eine Klassenbibliothek und eine Methodenbibliothek in C und C++ werden mitgeliefert. Objekte können ihre Klassenzugehörigkeit verändern. Schemaveränderungen sind an Klassen (auch mit schon bestehenden Instanzen) möglich, die keine weiteren Unterklassen besitzen. Persistenz von Objekten wird erreicht, indem Klassen von der (schon existierenden) Klasse "Persistent" erben. Instanzen einer Klasse, die "Persistent" in ihrem Oberklassenpfad hat, werden explizit als permanente oder als transiente Objekt erzeugt. Objekte, die nicht von "Persistent" erben, sind automatisch transient. Objekte könne explizit gelöscht werden.

Lange Transaktionen (durch checkin/checkout-Mechanismen) und Versionen-Management werden unterstützt.

Durch Indexe und Clustering kann die Schnelligkeit des Zugriffs verbessert werden.

4 Zusammenfassung und Ausblick

Es wurde eine kurze Übersicht über ausgewählte, jetzt (bzw. in Kürze) auf dem Markt verfügbare objektorientierte Datenbanksysteme gegeben. Dieser Markt ist noch recht jung, wie aus den obigen Daten ersichtlich ist. Es ist zu erwarten, daß in naher Zukunft weitere Produkte kommerziell erhältlich werden und daß die bereits am Markt verfügbaren im Design und der Performance verbessert werden. Relationale Datenbanktechnologie kann auf fast 20jährige Entwicklungserfahrung zurückblicken. Objektorientierte Datenbanken müssen diesen technologischen Vorsprung zunächst aufholen, wenn auch in manchen Fällen auf relationale Erfahrungen zurückgegriffen werden kann.

Verwandte Ansätze sind z.B. persistente Programmiersprachen oder relationale Datenbanken mit objektorientierter Benutzeroberfläche.

5 Literatur

[And] Andrews, T., Harris, C., Sinkel, K.:
"The Ontos Object Database", Internal Report, Ontologic, Inc.
ohne Datum

[Atk89] Atkinson, Bançilhon, DeWitt, Dittrich, Maier, Zdonik:
"The Object-Oriented Database System Manifesto",
Proceedings DOOD, Kyoto, Dec. '89

[Ban88] Bançilhon, F., Barbedette, G., Benzaken, V., Delobel, C.,
Gamerman, S., Lecluse, C., Pfeffer, P., Richard, P., Velez, F.:
"The Design and Implementation of O_2, an Object-Oriented Database System"
in: Dittrich, K.R. (Ed.):"Advances in Object-Oriented Database Systems"
Lecture Notes in Computer Science, Springer Verlag, 1988

[Banj86] Banerjee, J., Chou, H.-T., Garza, J.F., Kim, W., Woelk, D., Ballou, N.
Kim, H.-J.:
"Data Modell Issues For Object-Oriented Applications"
MCC Technical Report Number: DB-099-86, Rev.1
12.Nov. 1986

[Fish89] Fishman, D.H., Annevelink, J., Chow, E., Connors, T., Davis, J.W.,
Hasan, W., Hoch, C.G., Kent, W., Leichner, S., Lyngbaek, P., Mahbod, B.
Neimat, M.A., Risch, T., Shan, M.C., Wilkinson, W.K.:
"Overview of the Iris DBMS"
Technical Report HPL-SAL-89-15, Jan.10, 1989, Hewlett Packard Company

[Lec88] Lecluse, C., Richard, P., Velez, F.:
"O_2, an Object-Oriented Data Model"
in: Proc. ACM SIGMOD, Chicago, USA, 1988

[Mai89] Maier, D.:
"Why Isn't There an Object-Oriented Data Model?"
Bericht GIP Altair, OGC Computer Science & Engineering TR 89-002, 24.April 1989

[Sto] Stonebraker, M., Rowe, L.A., Hirohama, M.:
"The Implementation of Postgres"
Report ohne Datum
Electronics Research Laboratory, College of Engineering,
University of California, Berkeley, CA 94720

[Sto87] Stonebraker, M., Rowe, L.A. (Hrsg.):
"The Postgres Papers"
Memorandum No. UCB/ERL M86/85, 25 June 1987
Electronics Research Laboratory, College of Engineering,
University of California, Berkeley, CA 94720

[Sto90] Stonebraker, M., Rowe, L., Lindsay, B., Gray, J., Carey, M.,
Beech, D.:
"Third Generation Database System Manifesto",
Proceedings of the Object-Oriented Database Task Group Workshop,

May 1990, Atlantic City, NJ.
Hrsg.: Elisabeth N. Fong
[Wei88] Weinreb, D., Feinberg, N., Gerson, D., Lamb, C.:
"An Object-Oriented Database System to support an Integrated Programming Environment"
Data Engineering, June 1988 Vol.11, No.2
[Wil89] Wilkinson, K., Lyngbaek, P., Hasan, W.:
"The Iris Architecture and Implementation"
Report STL-89-31, 20.Nov.1989, Software Technology Laboratory, Hewlett-Packard Laboratories
[Zdo90] Zdonik, S., Maier, D.:
"Readings in Object-Oriented Database Systems"
Morgan Kaufman, 1990

Produktinformation von:
GIP ALTAÏR
ITASCA Systems, Inc.
Object Design, Inc.
Objectivity, Inc.
Ontologic, Inc.
Servio Corporation
Symbolics, Inc.
Versant Object Technologies

IAO-Forum
Objektorientierte Informationssysteme

Technische Produktdokumentation am Beispiel von Nutzfahrzeugen

J. Matthes

Technische Produktdokumentation am Beispiel von Nutzfahrzeugen

Jürgen Matthes
Dorothee Koch

Wissenschaftliche Mitarbeiter
der Fachgruppe
Technische Informationssysteme
am
Fraunhofer-Institut für
Arbeitswirtschaft und Organisation (IAO)
Stuttgart

im April 1991

1 Einleitung

Viele Unternehmen agieren heutzutage in Märkten, in denen sie gezwungen sind, den Kundenansprüchen durch Verkürzung der Produktinnovationszeit sowie Erhöhung der Produktkomplexität und Produktvielfalt bei gleichzeitig kleiner Stückzahl mit zunehmenden Aufwänden an Kapazität und Kapital zu genügen. Zur Ausnutzung der Rationalisierungspotentiale wurden bisher immense Anstrengungen vor allem in den "shop floor" Bereichen wie Fertigung oder Montage unternommen.

Auf dem Gebiet der Datenverarbeitung, die die Produktentstehung begleitet, manifestieren sich die Anstrengungen oftmals in der Entwicklung und Optimierung von bereichsspezifischen Informations- und Dokumentationssystemen. Diese genügen zwar vollauf den Anforderungen und Interessen der einzelnen Unternehmensbereiche, sie stehen aber dem Wunsch nach durchgängiger Rechnerunterstützung bei der Archivierung und Verwaltung von Daten während des Produktentstehungsprozesses entgegen. Die Folgen hiervon sind neben einer inkonsistenten Datenhaltung in den Einzelsystemen redundante Ablaufstrukturen bei der Bearbeitung ähnlicher Tätigkeiten.

Gerade die Komplexität des Produktentstehungsprozesses schlägt voll auf die Ablauflogik in und zwischen den Unternehmensbereichen durch. Dies bedeutet, daß operationale Änderungen in einem Teilbereich automatisch Änderungen in anderen Teilbereichen nach sich ziehen. Erfolgt z.B. eine Konstruktionsänderung, so beeinflußt dieser Vorgang Bereiche wie Materialwirtschaft (Disposition von Neuteilen), Arbeitsvorbereitung (Neuerstellung eines Montageplans) oder Kalkulation (Kostenänderung).

Die oben beschriebene Situation war ausschlaggebend für die Initiierung eines Projektes mit einem deutschen Nutzfahrzeughersteller. Die Aufgabe war, einen Prototypen zu entwickeln, der als Informations- und Dokumentationssystem einem Querschnitt von Unternehmensbereichen auszugsweise bereichsrelevante Daten zur Bearbeitung freigibt.

Der gesamte Prozeß der Produktentstehung mit seinen verschiedenen Sichten auf Geometrie, Produktstruktur, Fertigung oder Kosten war als einheitlicher Prozeß zu organisieren. Als Grundlage dienen hierzu Daten, die zu Anfang des Produktentstehungsprozesses, also in der Konstruktion und Entwicklung, entstehen und einer einheitlichen Datenstruktur unterliegen. Diese Daten werden im Laufe der Produktentstehung in der Datenbank zur Produktbeschreibung um bereichsspezifische Aspekte ergänzt.

Zur Abbildung der Gegenstandswelt in einer Datenbasis wurde die Technologie der Objektorientierung verwendet, die im Bereich der Datenbanken eine junge Disziplin darstellt und die zahlreiche Vorteile bei der datentechnischen Verarbeitung komplexer Produkte bietet.

2   Ausgangssituation

Analysiert man die Organisationsstruktur von Unternehmen, so ist zu erkennen, daß diese aus der Tradition heraus - mehr oder weniger stark - funktional gegliedert sind. Betrachten wir zum Beispiel die Auftragsbearbeitung, die von der Auftragsannahme bis zum Versand des fertigen Produkts reicht. Dieser Vorgang wird entsprechend dem Verrichtungsprinzip in elementare Vorgänge zerlegt (Bild 1). Eine ganzheitliche Betrachtungsweise der operativen Vorgänge eines Unternehmens ist jedoch wünschenswert.

Diese Tatsache wirkt sich auf den Einsatz der DV-Technologie wie folgt aus. Es kommen rechnergestützte Informations- und Dokumentationssysteme zum Einsatz, die zwar hochspezialisiert sind und den bereichsspezifischen Anforderungen genügen, aber voneinander isoliert im Unternehmen ihre Dienste erbringen. Da, wie bereits erwähnt, die Organisation von Unternehmen weitgehend durch Disziplinen und weniger durch Arbeitsabläufe geprägt ist, entstehen oftmals Informations- und Dokumentationssysteme, die in Teilbereichen starke Überschneidungen aufweisen. Damit wurde schon zu Beginn des Einsatzes der Elektronischen Datenverarbeitung (EDV) zur Unterstützung und zur Abwicklung der operativen Aufgaben des Unternehmens der Grundstein gelegt für Entwicklungen, die heute zu einem Handlungsbedarf bei der Realisierung von Informationssystemen führen. Vor diesem Hintergrund ergeben sich folgende Schwachstellen.

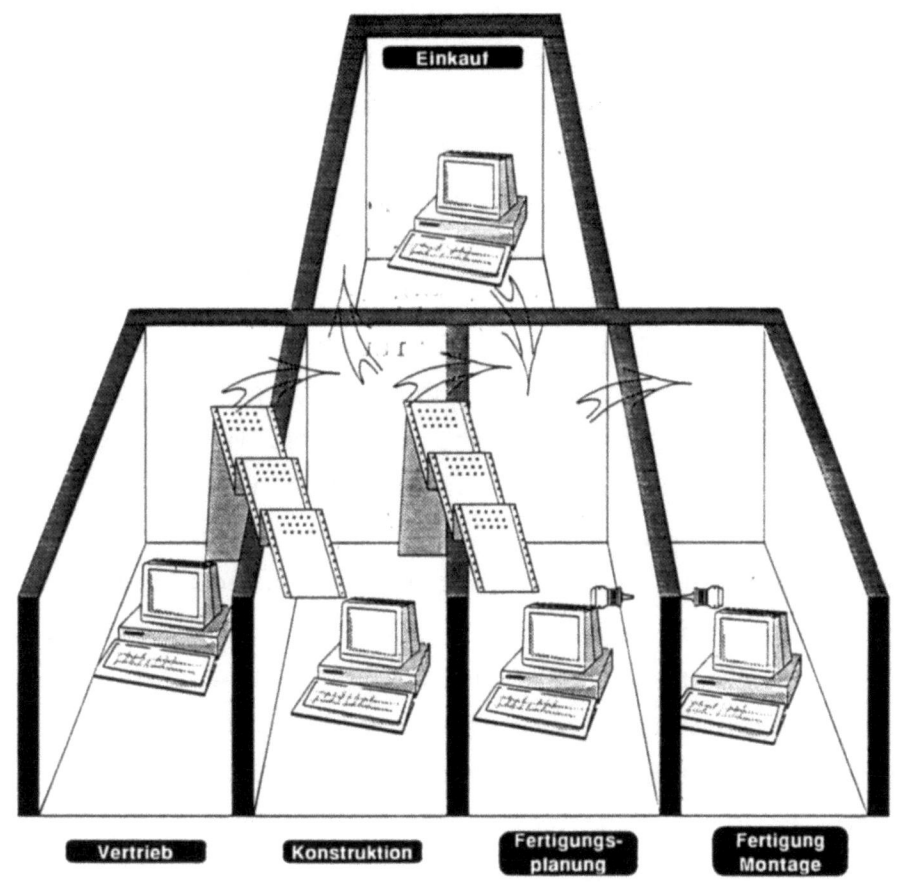

Bild 1: Aufteilen der Arbeit nach dem Verrichtungsprinzip

Es existieren bereichsspezifische und bereichsoptimierte sowie unzusammenhängende Dokumentationssysteme. Jeder Unternehmensbereich versucht die in der Konstruktion entstandene oder "geborene" Ursprungsdokumentation so zu modifizieren , daß die manipulierte Dokumentation zur Ausführung seiner operativen Aufgaben genügt.

Damit verbunden ist eine Mehrfach-Transformation der Ursprungsdokumentation in die jeweiligen bereichsspezifischen Dokumentationsformen und -systeme. Daraus resultiert, daß häufig die Zusammenhänge zwischen einzelnen Daten verloren gehen und falsche Sachbezüge erzeugt werden. Die Vielfachdokumentation entlang der Produktentstehungskette verursacht einen hohen manuellen Aufwand in Form von Vielfach-Erstellung und Vielfach-Änderung sowie eine heterogene Dokumentationswelt.

Um nun der Forderung der Rechnerintegration nachzukommen, sind Unternehmen mit der zuvor beschriebenen Dokumentationswelt gezwungen, dem fehlenden Datenverbund zwischen den Teilsystemen sowie der fehlenden system- und prozeßübergreifenden Kommunikation mit Hilfe einer Vielzahl von anwendungsspezifischen Schnittstellen zu begegnen. Die Summe der Schnittstellen und Teilsysteme verursachen aber hohe Systemerstellungs- und Systemunterhaltungsaufwände, die sich in Form von Datenpflege und Systembetreuung offenbaren.

Eine weitere gewichtige Schwachstelle wird in der Datenredundanz konstatiert, die durch gleiche Datenhaltung in unterschiedlichen und voneinander isolierten Dokumentationssysteme verursacht wird. Eine Datenredundanz liegt dann vor, wenn ein inhaltlich gleiches Datum mehrfach gespeichert ist. Hierbei ist zwischen "beabsichtigter" und "unbeabsichtigter" Datenredundanz zu unterscheiden, wobei letztere zwingend aus der Vielzahl unterschiedlicher Dokumentationssysteme resultiert. Eng mit dem Begriff Datenredundanz ist die Datenkonsistenz verknüpft. Das bedeutet, daß die Inhalte redundanter Datenelemente nicht widersprüchlich, sondern identisch sind. Eine Inkonsistenz entsteht zum Beispiel durch eine zeitliche Verzögerung bei der Aktualisierung des Dateninhalts. Zwangsläufig operieren unterschiedliche Unternehmensbereiche auf unterschiedlichen Aktualitätsständen von Daten und verursachen kostenträchtige Fehlplanungen während des Produktentstehungsprozesses.

3 Einsatzgründe für die objektorientierte Datenbanktechnologie

Zur Realisierung der Datenintegration für die prototypische Entwicklung eines Informations- und Dokumentationssystems wurde die objektorientierte Datenbanktechnologie eingesetzt. Diese neue Art der Sicht auf die Datenwelt ist ein vielversprechender Ansatz, der in der Datenverwaltung von technisch komplexen Erzeugnissen gegenüber herkömmlichen Datenbankmodellen (relational, hierarchisch) wesentliche Vorteile bietet.

Für technische Applikationen wie die computergestützte Konstruktion oder DV-Systeme in der Fertigung, bei denen verstärkt technisch komplexe Objekte Gegenstand der Betrachtung sind, bieten traditionelle Datenbanktechnologien oft nicht die erforderliche Mächtigkeit für Modellierung und Flexibilität, um diese hochstrukturierten Daten effizient verwalten zu können.

Für die datentechnische Repräsentation zum Beispiel eines Fahrzeugs in Abhängigkeit seiner funktionalen Parameter, wie die logische Verknüpfung der Fahrzeugteile untereinander, oder in Abhängigkeit der Datenmenge, muß dessen Dateninhalt in eine große Anzahl von Relationen aufgeteilt werden, um Datenredundanzen zu vermeiden. Die Gesamtinformation über einen Gegenstand ist über mehrere Tupel in mehreren Relationen verstreut. Der Zusammenhang zwischen diesen Einzelinformationen wird lediglich dadurch gewahrt, daß dieser über Schlüssel wieder hergestellt werden kann. Die Folge hiervon ist, daß in einer relationalen Datenbank aus den Relationen die Art und Weise der Ineinanderverschachtelung von Objekten und die Abhängigkeiten zwischen ihnen nur zeitlich aufwendig wieder hergeleitet werden können. Denn die semantisch zusammenhängenden, aber in mehreren Relationen verteilten Daten eines Objekts können nur durch mehrfache, zeitintensive Join-Operationen wieder zusammengeführt werden. Das Antwortzeitverhalten der Datenbank wird umso ungünstiger je mehr Relationen (unter Umständen zwischen 20 und 50) und je mehr Tupel an der Operation beteiligt sind.

Die Schwächen bisheriger Datenbankkonzepte dokumentieren sich zusätzlich darin, daß bei der Abbildung der Umweltsachverhalte auf das entsprechende Datenbankkonzept ein Informationsverlust auftritt. Dieser ist nicht ausschließlich darauf zurückzuführen, daß alle für die gestellte Aufgabe unwichtigen Details unberücksichtigt bleiben. Vielmehr gehen beim Versuch, Informationen in applikationsfremden und unflexiblen Strukturen darzustellen, wichtige Teilsachverhalte verloren.

So stehen zum Beispiel in einem relationalen Datenbanksystem wenige Basistypen (wie Integer, Character, Tupel oder Relationen) zur Verfügung, um den vorliegenden Sachverhalt angemessen im Datenmodell abbilden zu können. Ferner wird die Reihenfolge der Tupel in einer Relation durch Einfüge- und Löschoperationen verändert. Bei manchen Anwendungen (zum Beispiel bei derSpeicherung einer Stücklistenstruktur) ist die Reihenfolge der Daten von großem Interesse. Für Anforderungen dieser Art stellen objektorientierte Datenbanken geeignete Datentypen zur Verfügung. Vorhandene Datentypen können den Anforderungen der Anwendung entsprechend erweitert werden, um so die Gegenstandswelt möglichst realitätsgetreu in der Datenbank modellieren zu können.

Zusammenfassend läßt sich feststellen, daß die heute sich im Einsatz befindlichen Datenmodelle für viele Anwendungen nicht in der Lage sind, den jeweils betrachteten technischen Gegenstand ausreichend wiederzugeben. Diese Tatsache resultiert daraus, daß lediglich einfache, sprich flache Datenstrukturen zur Verfügung stehen.

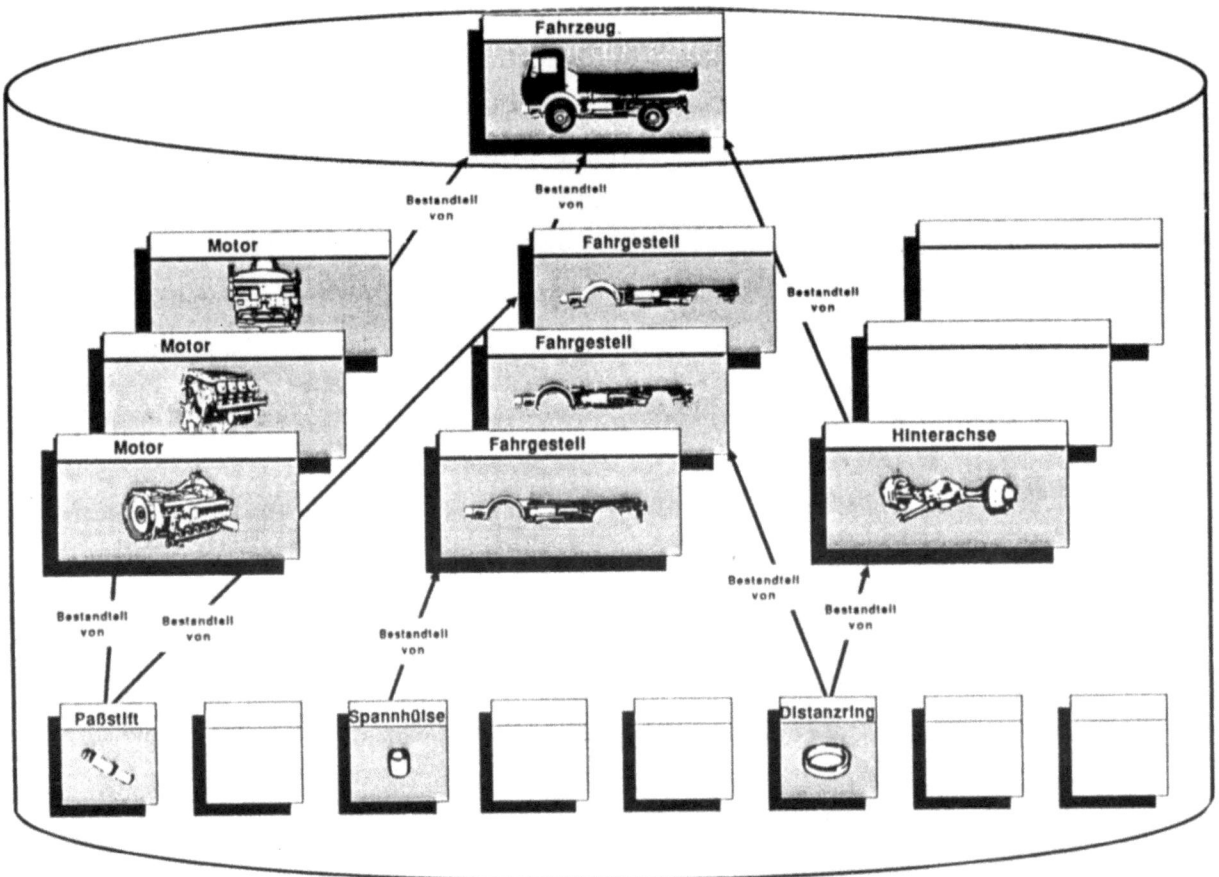

Bild 2: 1:1 Abbildung der Gegenstandswelt in der Datenbank

Die Möglichkeit, die Gegenstandswelt 1:1 (und nicht 1:n wie in
anderen Datenmodellen) in der Datenbank abbilden zu können sowie
die Vorteile bezüglich der Effizienz bei Applikationen mit großen
Datenmengen, machen die objektorientierte Datenbanktechnologie
besonders geeignet für die Speicherung und Verarbeitung von komplexen Datenstrukturen
(Bild 2).

Wie in der Realität (zum Beispiel bei der Artenklassifizierung in
der Biologie) lassen sich Objekte mit gleichen Charakteristika in
sogenannten Objektklassen zusammenfassen. Die einzelnen Objekte
einer Klasse unterscheiden sich in der Belegung der lokalen Daten
beziehungsweise der Instanziierung. Aufgrund dieser objektorientierten Klasseneinteilung werden bei der Betrachtung des Datenmodells die Beziehungen zwischen den einzelnen Objekten sofort verständlich. Durch die Tatsache, daß in einer objektorientierten
Datenbank mehr von der Semantik der Daten abgelegt werden kann,
wird die bessere Abbildung der Benutzerwelt erreicht. Alle Daten,
die zusammen zur Erzeugung eines Objektinhalts notwendig sind,
sind bereits miteinander verknüpft in der Datenbank abgelegt.
Dies ermöglicht eine effiziente Abarbeitung von Datenbankanfragen.
Zusätzliche zeitintensive Join-Operationen sind nicht notwendig.

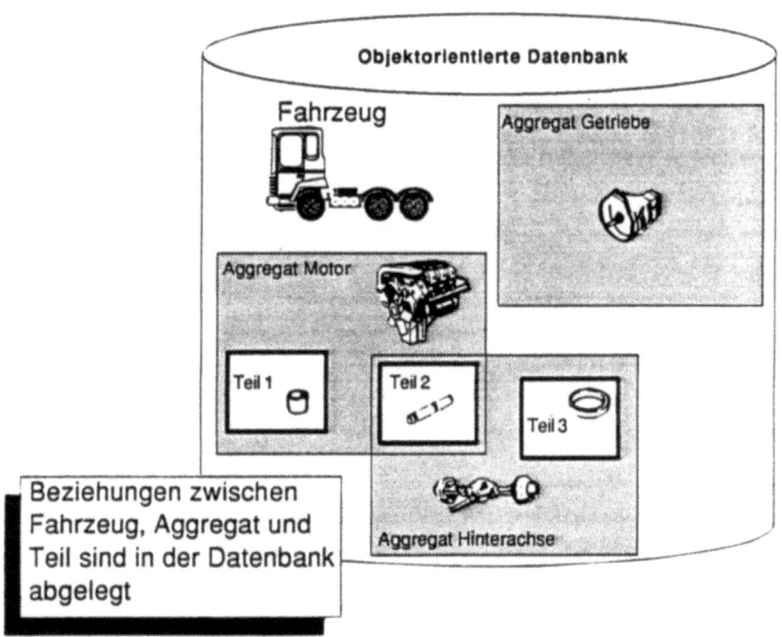

Bild 3: Komplexe Objekte

Ferner bietet das objektorientierte Datenmodell die Möglichkeit, die Objekte in beliebiger Weise mehrfach miteinander zu verknüpfen und somit komplexe Datenstrukturen für die Abbildung technischer Strukturen zur Verfügung zu stellen (Bild 3).

Datenobjekte können außer den üblichen Attributen wie Text und Zahlen auch ihrerseits Objekte enthalten. Es ist durchaus möglich, daß ein Objekt Bestandteil mehrerer verschiedener Objekte ist. Die Mehrfachverknüpfung von Objekten, zum Beispiel die Zuordnung eines Objekts zu anderen Objekten, hilft Datenredundanzen auf einfache Weise zu vermeiden. Jedes Objekt wird nur einmal in der Datenbank abgelegt. Die Redundanzfreiheit zieht eine erhöhte Flexibilität bei Änderungen des Datenmodells nach sich.

4 Implementierung der Benutzerwelt in der objektorientierten Datenbank am Beispiel von Nutzfahrzeugen

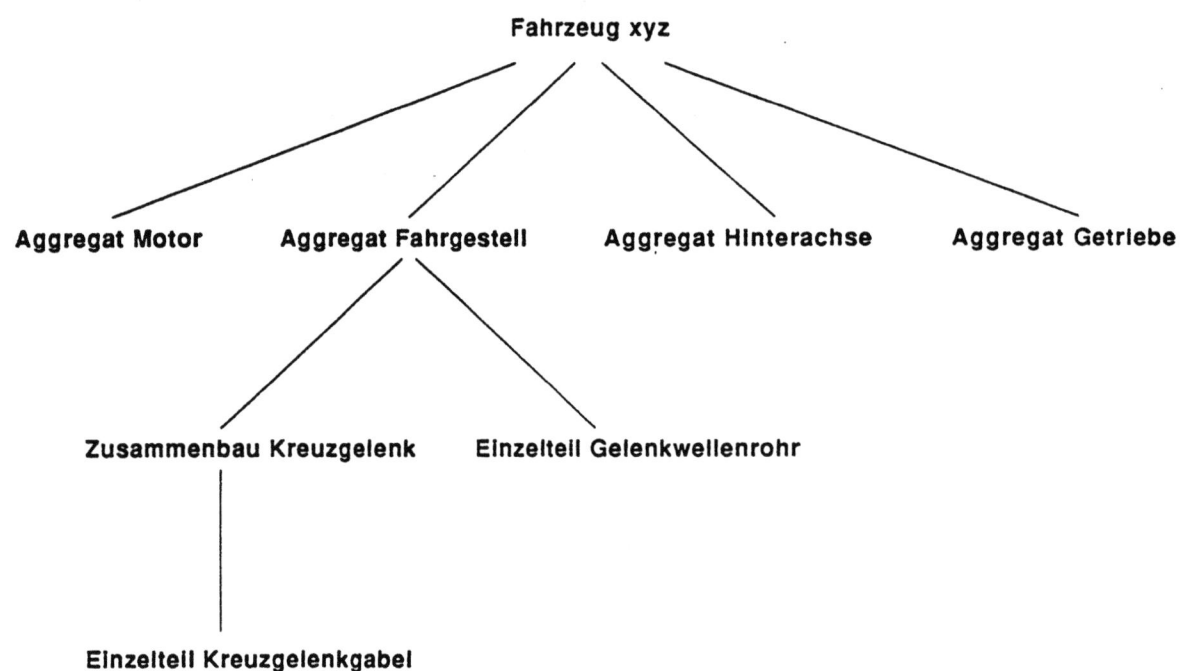

Bild 4: Gegenstand der Betrachtung "Nutzfahrzeuge"

Wie bereits beschrieben, lassen sich technisch komplexe Sachverhalte durch die objektorientierten Eigenschaften wie Objekt,

Klasse und Vererbung sehr gut in der objektorientierten Datenbank abbilden. Der Gegenstandsbereich, der hier zugrunde lag, weist eine ausgesprochen verschachtelte Struktur auf (Bild 4), die eine Modellierung durch komplexe Datentypen nahelegt.

Jeder Sachverhalt der betrachteten Umwelt, sei es ein Fahrzeug, ein Aggregat oder ein Teil, wird in der Datenbank als Objekt behandelt.

Das Objekt "Fahrzeug xyz" aus der Klasse der Fahrzeuge beinhaltet eine Liste von Aggregaten, deren einzelne Komponenten auf das entsprechende Objekt der Klasse Aggregat zeigen. Hier wird deutlich, daß die in der Datenbank befindlichen Objekte bereits ihren Beziehungen und Abhängigkeiten entsprechend abgelegt sind. Das betrachtete Fahrzeug besteht also aus einer Menge von bestimmten Aggregaten.

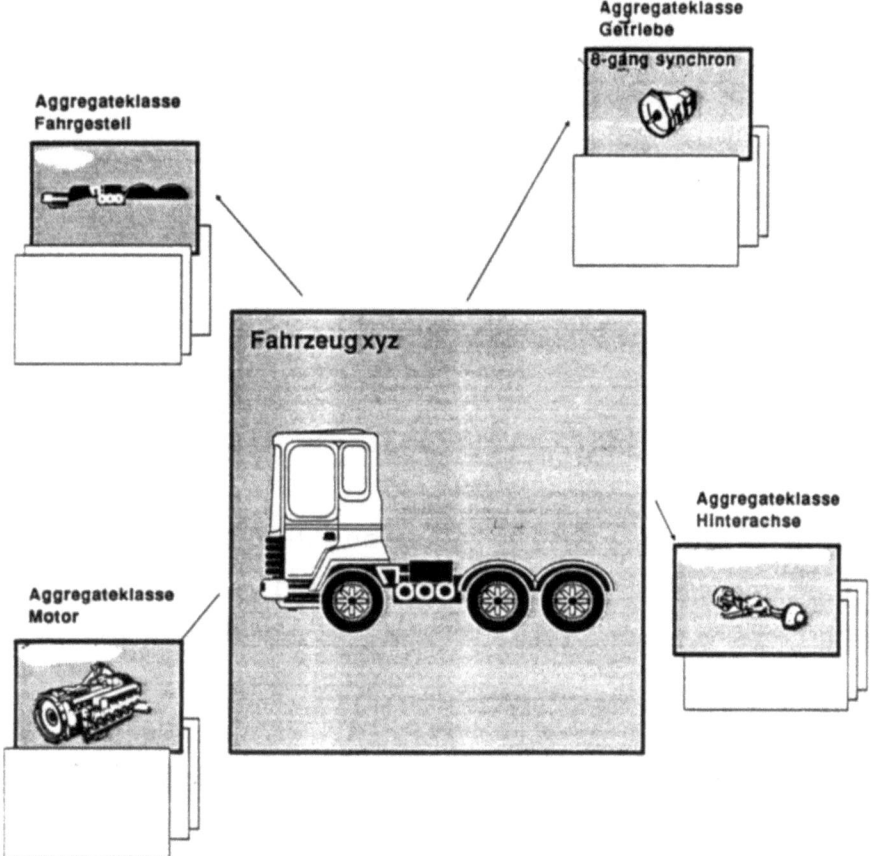

Bild 5: Abbildung des Objektes "Fahrzeug xyz" in der Datenbank

Diese Aggregate weisen ihrerseits wieder bestimmte Attribute auf (Bild 6). Der Informationsgehalt aller Objekte der Klasse "Aggregate" umfaßt Eigenschaften wie Benennung, der zum Aggregat gehörigen Stückliste, Stammdaten, Verwendung des Aggregates in diversen Fahrzeugen sowie einer Teileliste, bestehend aus Zusammenbauten und Einzelteilen. Auch die Beziehungen der Aggregate zu den jeweils dazugehörigen Teilen sind direkt in der Datenbank abgelegt. Im Gegensatz zu der Klasse "Fahrzeuge" existieren hier Beziehungen zu Klassen, die in der Hierarchie über und unter der Klasse der Aggregate angeordnet sind.

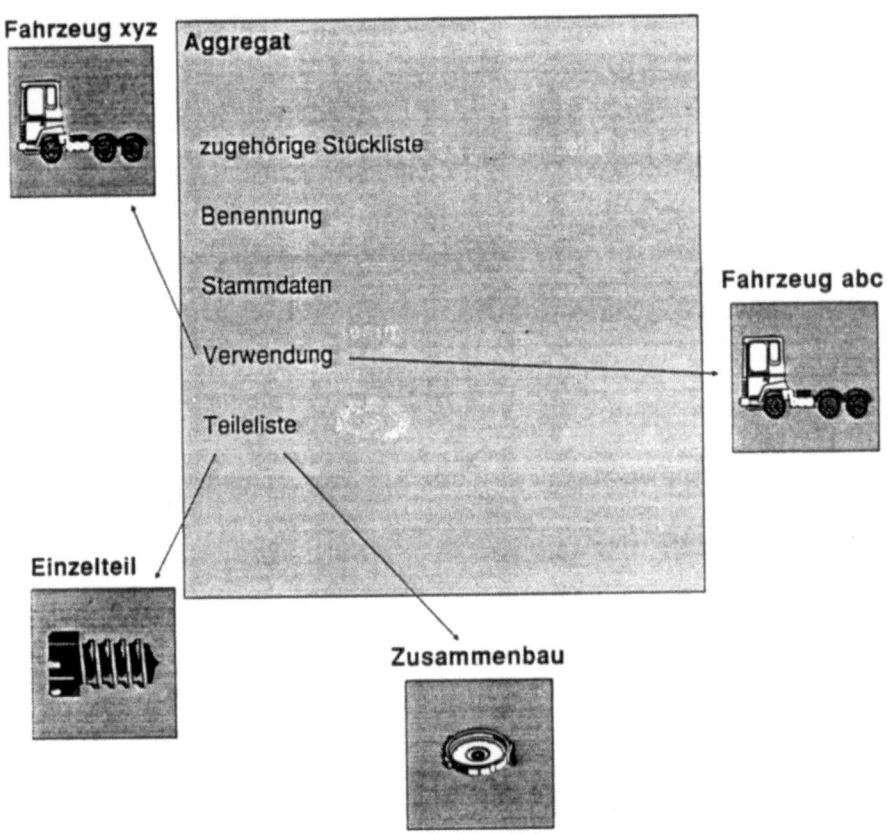

Bild 6: Abbildung des Objekts "Aggregat" in der Datenbank

Ein Objekt aus der Klasse "Teil" wird durch Instanziierung der Eigenschaften Stammdaten, Verwendung des Teils in hierarchisch übergeordneten Aggregaten und einer weiteren Teileliste näher spezifiziert (Bild 7).

Anhand der Klasse "Aggregate" läßt sich eine weitere Eigenschaft des objektorientierten Konzepts beschreiben. Eng mit dem Begriff "Klasse" ist die Eigenschaft "Vererbung" verbunden, die das Konzept der Objektorientiertheit entscheidend mitbestimmt. Vererbung bedeutet, daß Eigenschaften, die für eine übergeordnete Klasse definiert wurden, automatisch für die der Oberklasse untergeordneten Klassen und deren Objekte gelten (Bild 8).

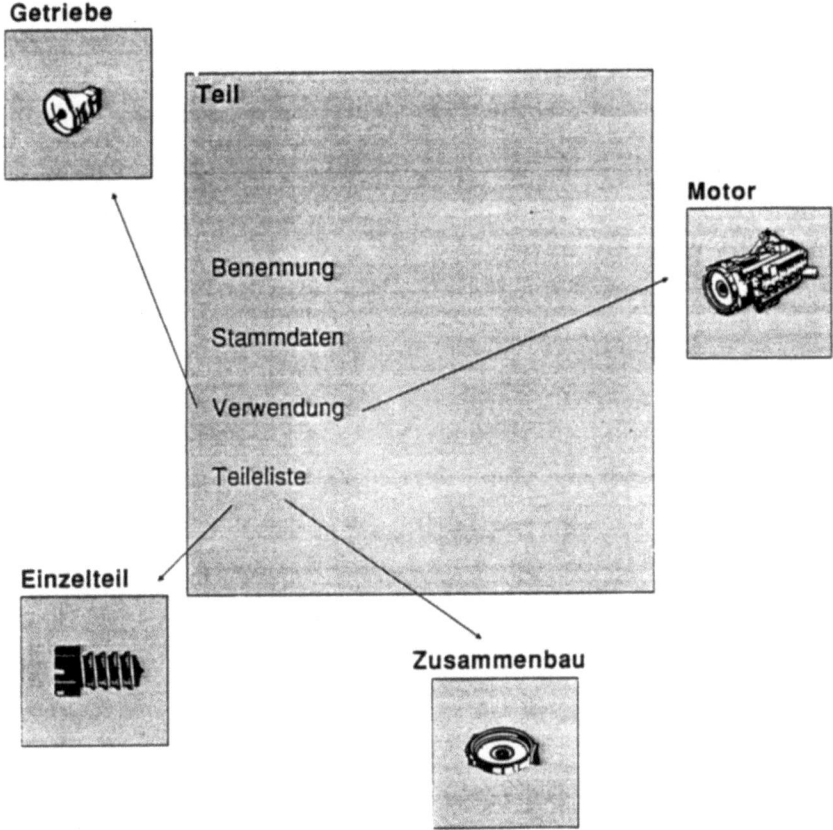

Bild 7: Abbildung des Objekts "Teil" in der Datenbank

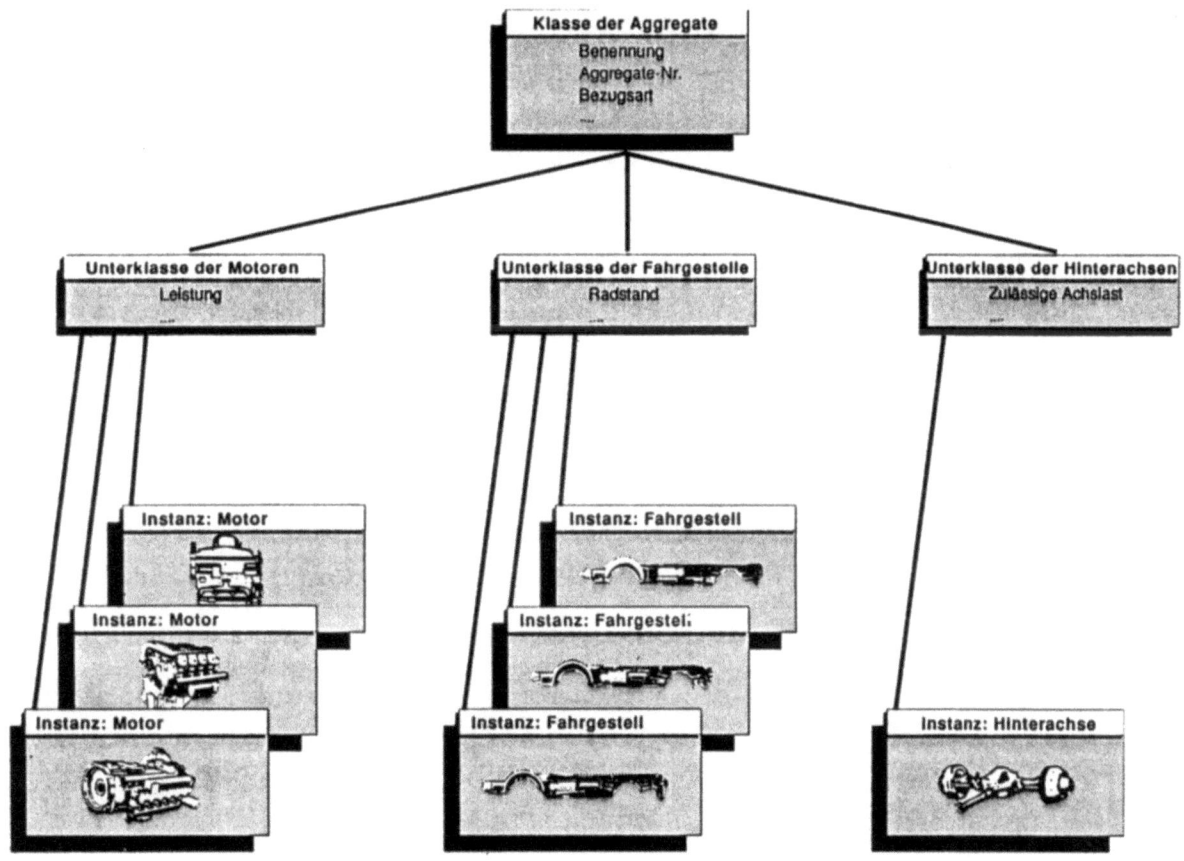

Bild 8: Vorgang der Vererbung

Das Vererbungsprinzip verhindert, daß eine Vielzahl von Strukturen immer wieder neu in der Datenbank implementiert werden müssen. Durch die Nutzung und Erweiterung bereits existierender Objektklassen wird die Wartungsfreundlichkeit von Datenbanken wesentlich erhöht. Notwendige Erweiterungen sind häufig ohne große Änderungen in der Datenbankstruktur realisierbar.

5 Schlußbemerkungen

Aktuelle Daten und Informationen sind für Unternehmen gleich welcher Spielart von unschätzbarem Wert. Es beginnt sich die Erkenntnis durchzusetzen, daß nur ein bereichsübergreifendes Informations- und Dokumentationssystem die Konsistenz der Daten gewährleisten kann. Die einzelnen Unternehmensbereiche setzen ihre Arbeit in Form von Geschäftsprozessen auf diesem System auf, dessen Kern die Datenbank ist.

Herkömmliche Datenmodelle weisen Schwächen auf bezüglich der Abbildung von komplexen Sachverhalten. Die Technologie der Objektorientierung, die sich momentan den Weg im Bereich der Datenbanktechnik bahnt, verspricht diese Nachteile zu beseitigen.

In dem im vorliegenden Beitrag beschriebenen Prototyp wurde eine objektorientierte Datenbank eingesetzt. In dieser wurde ein komplettes Nutzfahrzeug mit allen Einzelteilen, sprich Objekten, abgebildet. Auf der Grundlage dieser Datenbasis wurden für das Informations- und Dokumentationssystem sogenannte bereichsspezifisch Geschäftsprozesse definiert, mit denen diese ihre operativen Tätigkeiten ausführen können.

Die Konzeption der Datenbank war weit einfacher zu gestalten als mit herkömmlichen Datenbankmodellen. Trotz der Vorteile der Objektorientierung sei jedoch davor gewarnt, in dieser Datenbanktechnologie die "eierlegende Wollmilchsau" zu sehen. Denn der Einsatz einer objektorientierten Datenbank löst nicht automatisch alle Probleme. Ein konzeptioneller Datenbankentwurf ist auch weiterhin durch den Datenbankanwender zu spezifizieren.

IAO-Forum
Objektorientierte Informationssysteme

Objektorientierte Modellierung von Anwendungsprozessen

L. Heuser

Objektorientierte Modellierung von Anwendungsprozessen

Fünf zentrale Thesen

Lutz Heuser

CEC Karlsruhe
Digital Equipment GmbH
Vincenz-Prießnitz-Str.1

21. März 1991

1 Einführung

In den letzten Jahren verbreitete sich der *objektorientierte* Ansatz sehr stark. Hierbei kann man zwei Gruppen unterscheiden: Die *Anbieter* entwickeln Modelle für Betriebssystem, Datenbanken, Programmiersprachen oder Entwurf. Die *Benutzer* verwenden die Ansätze, um objektorientierte Anwendungen zu erstellen. Idealerweise sollten die angebotenen Modelle den Anforderungen der Benutzer gerecht werden. Im Fall des objektorientierten Ansatzes trifft dieses Grundprinzip nur bedingt zu. Da es sich um ein relativ neues Forschungsgebiet handelt, werden die entwickelten Modelle zudem mit einer gewissen Skepsis betrachtet. Es ist daher sinnvoll, die wichtigsten Vor- und Nachteile anhand einiger zentraler Thesen zu diskutieren.

(1) Der objektorientierte Ansatz bietet einen idealen *Grundbaustein* zur Entwicklung komplexer Anwendungen an.

(2) Das Objekt ist die beste Einheit der *Verteilung*.

(3) Der klassische objektorientierte Ansatz ist nicht ausreichend, um die wachsende *Komplexität* der Anwendungen umfassend zu behandeln.

(4) Die Operation als einziges funktionales Element ist zur Beschreibung komplexer *Anwendungsprozesse* unzureichend.

(5) Die algorithmische Verflechtung *orthogonaler Entwurfsaspekte* wird durch den objektorientierten Ansatz nicht aufgelöst.

Im folgenden werden die Thesen jeweils in einem Kapitel näher erläutert. Falls die Eigenschaften des objektorientierten Ansatzes nicht weitreichend genug sind, werden Erweiterungen vorgestellt. Das Ziel ist die Beseitigung der in den Thesen genannten Nachteile, um die Entwicklung verteilter objektorientierter Anwendungsprozesse zu unterstützen.

2 Grundbaustein

Die Grundprinzipien des objektorientierten Ansatzes führen zu einem Grundbaustein für die Softwareentwicklung, der ideale Eigenschaften hinsichtlich *Erweiterbarkeit*, *Wartbarkeit* und *Wiederverwendbarkeit* mit sich bringt. Daher sollen die Prinzipien und die damit verbunden Vorteile im folgenden kurz erläutert werden.

2.1 Datenabstraktion

Die bereits von abstrakten Datentypen bekannte Datenabstraktion erlaubt den Zugriff auf die Datenstruktur des Objektes, auch Objektstruktur genannt, nur über definierte Operationen. Die Objektstruktur besteht aus *Objektreferenzen*, die auf andere Objekte verweisen.

Ein anderes Objekt kann nur die angebotenen Operationen verwenden. Direkte Zugriffe auf Objektreferenzen sind nicht möglich. Vertreter objektorientierter Programmiersprachen, die dieses Prinzip erfüllen, sind *Smalltalk* [Goldberg+ 83] und *Trellis* [Schaffert+ 86]. Aus entwurfstechnischer Sicht ist die Datenabstraktion ein wichtiges Prinzip, das von den meisten objektorientierten Entwurfsmethoden erfüllt wird. Bekannte Vertreter sind *Booch* [Booch 89] und *HOOD* [HOOD 89].

2.2 Einkapselung

Ein Objekt kapselt die ihm zugehörige Objektstruktur ein. Zugriff auf seine Objektreferenzen hat nur das Objekt durch die definierten Zugriffsoperationen. Diese kann es zwar anderen Objekten zur Verfügung stellen, regelt aber durch den Algorithmus die Form des externen Zugriffs.

Das Prinzip der Einkapselung regelt auch die Sichtbarkeit der Implementierung. Das sogenannte *Geheimnisprinzip* (information hiding) sorgt dafür, daß dem Aufrufer nur die Schnittstelle zugänglich ist. Veränderungen der Algorithmen oder der Objektstruktur bleiben aufrufenden Objekten verborgen, solange die Schnittstelle sich nicht ändert. Die bereits genannten Entwurfsmethoden und Programmiersprachen erfüllen das Prinzip der Einkapselung.

Beide Prinzipien, Datenabstraktion und Einkapselung, zusammen erlauben die integrale Beschreibung von Operation und Datenstruktur innerhalb eines Objektes. Gegenüber traditionellen Ansätzen sowohl des an Datenstrukturen orientierten Entwurfs [Jackson 83] als auch des prozeduralen Entwurfs [Dijkstra 76] werden im objektorientierten Ansatz beide Aspekte, Funktionalität und Daten, gleichermaßen modular behandelt. Das Objekt ist daher der ideale Grundbaustein.

2.3 Typisierung

Die Bildung von Typen bringt eine Reihe von Vorteilen mit sich. Erstens können Objekte zusammengfaßt werden, die sowohl den gleichen Aufbau ihrer Struktur als auch die gleichen Operationen besitzen. Die Objekte werden *Instanzen* eines Typs genannt. Eine Instanz besitzt einen Namen, durch den sie systemweit eindeutig identifiziert wird. Die Objektreferenzen verweisen über diese Namen auf Objekte. Aus Gründen der Effizienz werden in den oben genannten Systemen Adressen des virtuellen Hauptspeichers als Namen verwendet.

Des weiteren können die Objektreferenzen typisiert werden, um fehlerhafte Operationsaufrufe an die durch sie referenzierten Objekte bereits zur Übersetzungszeit zu erkennen. Schließlich kann der Entwurf spezialisierter Objekte durch Bildung von Subtypen erleichtert werden. Die letzte Eigenschaft steht in engem Zusammenhang mit dem Vererbungskonzept und führt zur sogenannten Typhierarchie.

2.4 Vererbung

Die Wiederverwendung existierender Eigenschaften führt zu einem kürzeren Entwicklungszyklus. Aus diesem Grund ist die Bildung von Subtypen gekoppelt mit einem Vererbungsmechanismus. Hierbei erbt der Subtyp die Objektstruktur und alle Operationen des Ausgangstyps, *der auch Supertyp* genannt wird. Der neue Typ wird um die für ihn spezifischen Objektreferenzen und Operationen ergänzt. Kann ein Typ nur von einem Supertyp erben, so spricht man von *einfacher Vererbung* ansonsten von *Mehrfachvererbung*.

2.5 Polymorphismus

Polymorphismus ist ein Prinzip, das in unterschiedlicher Form im objektorientierten Ansatz verwendet wird. Bei der Vererbung der Schnittstelle, kann die Implementierung der Operationen im Subtyp *überschrieben* werden. Diese Form wird *Spezifikationsvererbung* genannt und ist in Trellis realisiert worden. Eine weitere Form des Polymorphismus ist das Überladen von Operatoren. Abhängig vom Typ der Objekte wird der Operator auf die entsprechende Operation abgebildet. So führt der '+'-Operator auf zwei Zahlen angewandt zur Addition derselben, während er im Fall zweier Mengen zur Bildung der Vereinigungsmenge führt. Beide Formen des Polymorphismus benötigen als unterliegendes Konzept die *dynamische Bindung*. Zur Laufzeit wird diejenige Operation ausgewählt, die entweder im Typ direkt implementiert wurde oder sich auf dem Vererbungspfad befindet. Schließlich ermöglicht die dynamische Bindung die Referenzierung von Instanzen eines Subtyps des deklarierten Typs. In diesem Fall wird beim Aufruf einer Operation nicht die Implementierung des deklarierten Typs ausgeführt sondern die des Subtyps.

Typisierung, Vererbung und Polymorphismus erleichtern die Wiederverwendung von Objekteigenschaften und die Erweiterung der Anwendung durch Hinzufügen neuer Typen in die Typhierarchie.

3 Verteilung

Die Einführung komplexer Informationssysteme erlaubt, viele Arbeitsvorgänge rechnergestützt durchzuführen. Nachdem lange Zeit diese Systeme ausschließlich auf Zentralrechnern eingesetzt wurden, begann Anfang der achtziger Jahre durch den Einzug von Rechnernetzen die Dezentralisierung der Informationsverarbeitung. Neuere Entwicklungen erleichtern nun auch die dezentrale Datenhaltung durch netzwerktransparente Dateisysteme oder verteilte Datenbanken. Die existierenden Entwurfsmethoden und Programmiersprachen konnten mit dieser Entwicklung nur bedingt Schritt halten, so daß die Entwicklung *verteilter Anwendungen* noch am Anfang steht.

Verteilte objektorienierte Programmiersprachen [Heuser+ 89, Black+ 87, Decouchant 86] sind erfolgversprechende Entwicklungen, um die Implementierungsphase zu unterstützen. Die Vorteile des objektorientierten Ansatzes leiten sich aus seinen Grundprinzipien ab:

(1) Bedingt durch die Datenabstraktion existiert nur der Operationsaufruf als einzige Interaktionsform. Durch transparente Erweiterungen des Laufzeitsystems wird er zum *lokationsunabhängigen Operationsaufruf*, d.h. ein Objekt ruft eine Operation eines anderen auf unabhängig vom aktuellen Ort der Objekte.

(2) Die Einkapselung führt zu abgeschlossenen Einheiten feiner Granularität. Objekte sind daher ideale Einheiten der Verteilung.

(3) Objekte besitzen einen eindeutigen Namen. Lediglich die gängige Realisierung mittels virtueller Hauptspeicheradresse muß im Fall der Verteilung erweitert werden, um globale Objektnamen im verteilten System zu erhalten.

Die aufgezählten Eigenschaften ermöglichen bereits die Entwicklung verteilter objektorientierter Programme. Die Objekte interagieren transparent miteinander. Um eine effiziente Ausführung der Programme zu ermöglichen, fehlen jedoch noch Mechanismen. Untersuchungen [Mühlhäuser 89, Mühlhäuser+ 89] zeigen, daß die *vollständige Verteilungstransparenz* weder wünschenswert noch erreichbar ist. Trotzdem müssen die angebotenen Mechanismen ein gewisses Maß an Abstraktion besitzen. Sie werden der besseren Übersicht wegen in *systemorientierte* und *problemorientierte* Konzepte eingeteilt.

Die systemorientierten Konzepte sind in den bekannten verteilten objektorientierten Programmiersprachen enthalten. Die folgende Liste faßt sie zusammen:

(1) Der Aufenthaltsort von Objekten wird durch *Knoten* beschrieben. Jeder Knoten im System wird durch ein Objekt repräsentiert.

(2) Jedes Objekt besitzt eine Objektreferenz in der sein aktueller Aufenthaltsort gespeichert ist. Die Referenz verweist auf das entsprechende Knotenobjekt.

(3) Ein Objekt kann explizit migrieren. Eine Migrationsanweisung kann durch Zuweisung eines neuen Knotenobjektes an die Ortsreferenz erfolgen. Das Objekt befindet sich anschließend auf dem Knoten, der durch das Knotenobjekt repräsentiert wird. Es gibt aber auch Objekte, die aufgrund ihrer Semantik gar nicht oder zumindestens temporär nicht migrieren können. Sie sind somit an einem Knoten *fixiert*.

(4) Zur Reduzierung der Kommunikationskosten und zur Erhöhung der Effizienz kann es notwendig sein, vor der Ausführung einer Operation die durch die Parameter referenzierten Objekte zum Ausführungsort zu migrieren. Die Operationsaufrufe an die Parameterobjekte werden dann zur Ausführungszeit lokal abgehan-

delt. Nur der Implementierer der Operation kann angeben, ob eine vorherige Migration sinnvoll ist, da er den Algorithmus kennt. Zu diesem Zweck wird das Parameterübergabeverfahren erweitert. Mit Hilfe von Attributen kann festgelegt werden, ob das durch den Parameter referenzierte Objekt migriert oder nicht.

(5) Bei der Migration eines Objektes kann es sinnvoll sein, die durch die Objektstruktur referenzierten Objekte mitzunehmen. Diese Bindung wird durch ein Attribut der Objektreferenz ausgedrückt werden; in Trellis/DOWL heißt das Attribut *attached*.

In Abbildung 1 sind die statischen systemorientierten Konzepte an einem Beispiel dargestellt. Die Darstellung entspricht der Realisierung in Trellis/DOWL. Global bekannte Objekte haben auf allen Knoten, von denen aus sie von anderen Objekten referenziert werden, einen *Stellvertreter*. Er kennt den *globalen Namen* und besitzt eine *entfernte Referenz* auf den letzten ihm bekannten Aufenthaltsort. In Abbildung 2 ist die Situation nach der Migration des markierten Objektes von Knoten B nach Knoten C dargestellt. Dabei ist das lokale bewegbare Objekt aufgrund der Art der Referenz ebenfalls migriert. Die von Knoten A kommende entfernte Referenz wird nicht automatisch aktualisiert sondern erst beim nächsten Aufruf, der über den auf Knoten A liegenden Stellvertreter erfolgt. Stellvertreterobjekte sind aus Sicht der Anwendung unsichtbar. Die Referenzierung entfernter globaler Objekte ist transparent.

Die vorgestellten Konzepte sind die Grundlage für effiziente verteilte objektorientierte Anwendungen. Ihr Nachteil ist die Verflechtung von Anwendungsprogramm und verteilungsrelevanten Informationen. Sowohl die Wartbarkeit als auch die Wiederverwendbarkeit verschlechtern sich. Da die Implementierungsphase systemnahe Konzepte zur effizienten Umsetzung in ein ausführbares Programm benötigt, müssen problemorientierte Konzepte zur Trennung der Verteilungsaspekte von Operationen und Objektstrukturen bereits zur Entwurfsphase angeboten werden. Im DOCASE Projekt [Mühlhäuser+ 89] sind drei zentrale Aspekte identifiziert und problemorientierte Konzepte entwickelt worden:

(1) Das temporäre Zusammenführen von Objekten durch Kolokationsdefinitionen [Schill 90] ist eine Erweiterung des oben erwähnten Parameterübergabeverfahrens. Der Entwickler beschreibt getrennt vom Anwendungscode, welche Objekte aufgrund welches Ereignisses auf welchen Knoten migrieren sollen. Tritt das Ereignis ein, so wertet das Laufzeitsystem die Definition aus und führt die Objekte zusammen.

(2) Objekte benötigen sehr häufig andere Objekte, um eine Operation auszuführen. Dabei kann es zu einem komplexen Interaktionsprotokoll kommen, das über alle Objekte verstreut ist. Eine Trennung des Protokolls vom Anwendungsverhalten ist aus

zwei Gründen wünschenswert. Zum einen werden implizite Abhängigkeiten zwischen Objekten beseitigt und zum anderen kann die Wiederverwendbarkeit der Protokolle erhöht werden, falls sie als eigenständige Objekte realisiert werden. In Anlehnung an das Konzept der *Multi-Partner-Interaktion* [Evangelist+ 89] wurden Interaktionsobjekte in DOCASE aufgenommen. Anwendungsobjekte können sich als Interaktionspartner anmelden, ohne das Protokoll zu kennen. Falls genügend viele Partner vorhanden sind, wird das Protokoll aktiviert und die Interaktion durchgeführt. Anschließend arbeiten die Objekte selbständig weiter.

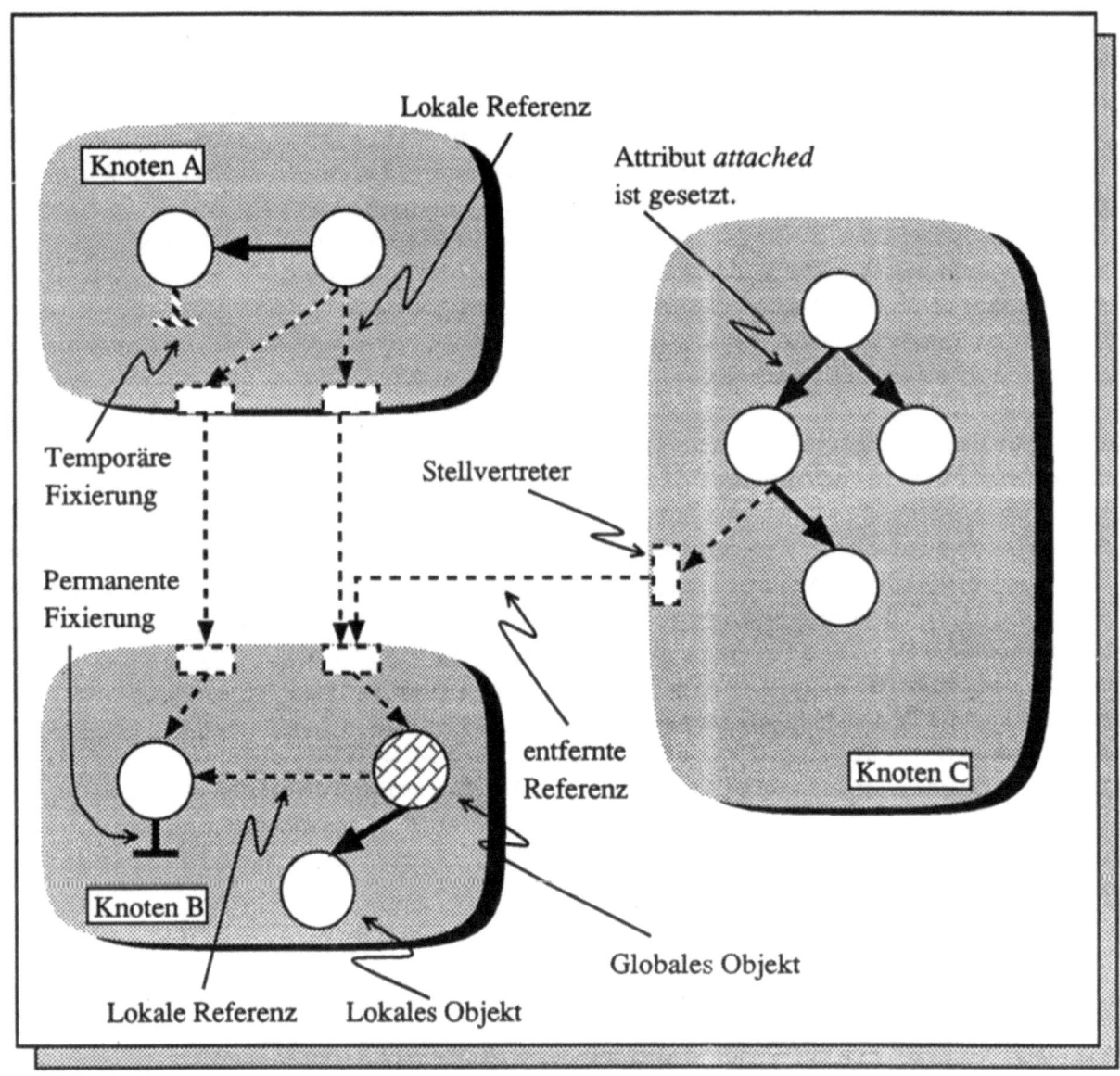

Abbildung 1 Statische systemorientierte Konzepte des verteilten objektorientierten Ansatzes.

(3) In einem verteilten Informationssystem gibt es komplexe Prozesse, an denen viele Objekte beteiligt sind. Da die Objekte im System verteilt sind, erstreckt sich ein Prozeß im allge-

meinen über mehrere Knoten des Systems. Die systemorientierten Konzepte führen lediglich zu einer impliziten Beschreibung des Prozesses, dessen Visiblität durch das Geheimnisprinzip extrem eingeschränkt ist. In vielen Anwendungen sind Prozesse jedoch zentrale Entwurfsartefakte. Aus diesem Grund muß ein Modell angeboten werden, das die Beschreibung eines Anwendungsprozesses ermöglicht. Interaktionsobjekte sind für diesen Zweck ungeeignet, da sie nur eine punktuelle Koordination der Anwendungsobjekte in einem eng begrenzten Zeitraum anbieten. *Kooperationsobjekte* [Heuser 90] hingegen helfen, den globalen Kontrollfluß zwischen Objekten zu definieren. Das Kooperationsobjekt koordiniert den Einsatz der Objekte während des gesamten Ablaufs und aktiviert sie unabhängig von ihrem Aufenthaltsort. Kooperationen werden unabhängig von den beteiligten Anwendungsobjekten definiert. Des weiteren speichert die Kooperation alle für den Prozeß notwendigen Laufzeitinformationen und kapselt die verteilungsrelevanten Informationen und Aktionen bezüglich der kooperierenden Objekte ein. Die Kooperation ist das geeignete Konzept zur Lösung der in These (4) beschriebenen Probleme (siehe Kapitel 5).

Zusammenfassend kann man sagen, daß das Objekt eine ideale Einheit der Verteilung ist. Weiterhin wurde aufgezeigt, daß die systemnahen Konzepte die Entwicklung effizienter verteilter Anwendungen ermöglichen. Die Verflechtung von anwendungsorientierten Programmteilen mit jenen, die zur Implementierung der systemnahen Konzepte benötigt werden, führt jedoch zu einer Verschlechterung der Wartbarkeit und Wiederverwendbarkeit der Anwendungsobjekte. Daher sind problemorientierte Konzepte zur Trennung der Aspekte notwendig. Die hierzu notwendige Integration in eine objektorientierte Entwurfsmethode wurde in DOCASE erstmalig vorgenommen. Von den bisher bekannten Methoden besitzt nur *HOOD* erste Ansätze zur Entwicklung verteilter Anwendungen, die jedoch nicht über die systemorientierten Konzepte hinausgehen.

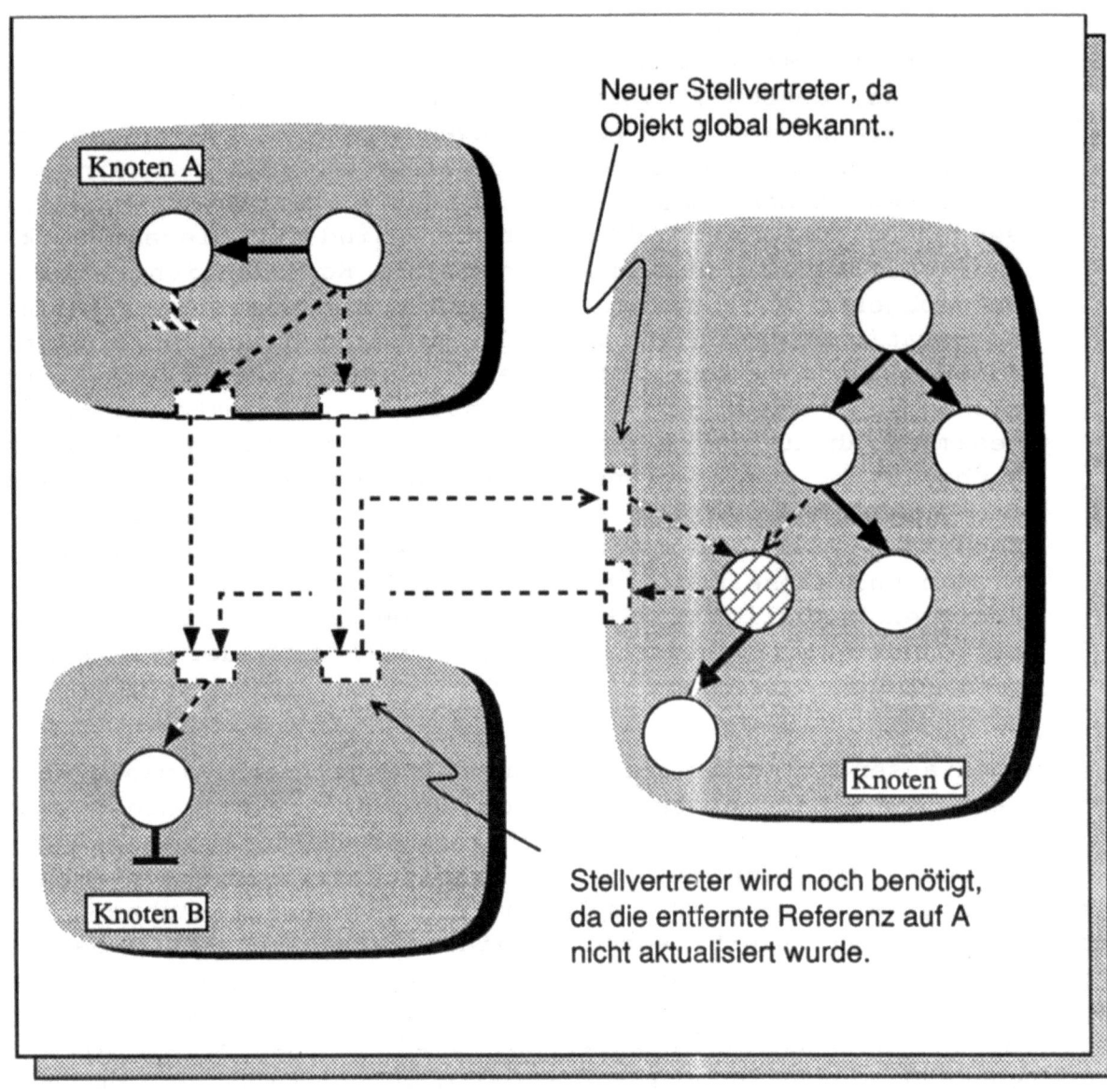

Abbildung 2   Situation nach Migrationsvorgang

4 Komplexität

Die Komplexität der Anwendungen nimmt ständig zu. Die Gründe liegen sowohl in der wachsenden Funktionalität als auch in den gestiegenen Anforderungen bezüglich der Integration der dezentralen Informationssysteme. Besonders der letzte Grund impliziert die Notwendigkeit verteilter Anwendungen.

Wie bereits im vorherigen Kapitel dargelegt wurde, ist der objektorientierte Ansatz nicht weitreichend genug, um bei der Bewältigung der Komplexität verteilter Anwendungen ausreichend Hilfestellung zu bieten. Die vorgestellten problemorientierten

Konzepte zur Behandlung von Verteilungsaspekten sind daher ein wichtiger Schritt zu einem besseren Ansatz. Zu diesem Zweck werden spezielle Arten von Objekten zur Bewältigung gewisser Teilaufgaben benötigt. Das angebotene Typkonzept ist jedoch nicht weitreichend genug, um die erforderliche Semantik anzubieten. Im Gegenteil, ein Prinzip des klassischen objektorientierten Ansatzes ist es, alle Typen gleich zu behandeln. Bei der Entwicklung sehr großer Anwendungen ist dieses Prinzip jedoch zu restriktiv.

In DOCASE wurden daher verteilungsrelevante Grundeigenschaften von Typen identifiziert und kategorisiert. Jeder Typ ist einer *Kategorie* zugeordnet. Allein die Zuordnung definiert gewisse Verhaltensweisen der Instanzen des Typs. Anwendungstypen werden nun gemäß ihrer Funktion in der Anwendung kategorisiert, so daß die zu entwickelnde Typbibliothek klarer strukturiert ist. Durch die Einführung der Kategorien anstelle einer abstrakten Typhierarchie wird eine wesentlich umfangreichere Semantik in das Modell mit aufgenommen. Sowohl Entwickler als auch Entwicklungswerkzeuge bedienen sich dieser Erweiterung der Semantik.

Zur Beschreibung der bereits erwähnten Kolokationen, Interaktionen und Kooperationen werden entsprechende Kategorien eingeführt.

Zusammenfassend kann man sagen, daß die Einführung von Kategorien ein entwurfstechnisches Konzept ist, das hilft, die Komplexität verteilter Anwendungen besser bewältigen zu können. Im Rahmen des DOCASE Projektes sind 13 Kategorien identifiziert worden. Die vollständige Liste kann in [Gerteis+ 90] nachgelesen werden.

5 Anwendungsprozeß

Ein zentraler Entwurfsaspekt bei der Entwicklung verteilter Anwendungen sind die in ihnen enthaltenen Prozesse. Ein Anwendungsprozeß wird durch einen globalen Kontrollfluß beschrieben, der die Koordination von Objekten durchführt. Dieser globale Kontrollfluß wird im klassischen objektorientierten Ansatz nicht ausreichend unterstützt. Es wird lediglich das Konzept der Operation angeboten, um den Kontrollfluß innerhalb eines Objektes zu regeln. Aus diesem Grund wird im klassischen Ansatz ein globaler Kontrollfluß aufgespalten in viele Operationen. Die Sicht auf den Gesamtablauf geht aufgrund des Geheimnisprinzips entweder verloren oder muß mühsam mittels Konventionen aufrecht erhalten werden.

Das bereits vorgestellte Konzept der Kooperation bietet dem Entwickler die Möglichkeit, globale Kontrollflüsse unabhängig von den betroffenen Objekten zu formulieren. Die Kooperation definiert die teilnehmenden Partner und beinhaltet den Algorithmus zur Regelung des globalen Kontrollflusses. Die Funktionalität eines Partners wird durch eine *Rolle* definiert. Objekte werden zu Partnern, indem sie sich in eine der definierten Rollen einschreiben. Sie sind nur dann dazu in der Lage, wenn sie die geforderte Funktionalität besitzen. Durch den Einsatz von Rollen wird eine weitere Form des

Polymorphismus eingeführt. Sie erlaubt die Verwendung von Instanzen deren Typen nicht in einer Vererbungsbeziehung zueinander stehen. Das Konzept der *strengen Typisierung* wird nicht verletzt, sondern um eine *dynamische* Variante erweitert. Insbesondere die Einbindung zukünftiger Typen wird somit erleichtert. Die Rolle ist ebenfalls eine Kategorie. In Abbildung 3 wird die Sicht auf einen Anwendungsprozeß mit Hilfe des klassischen objektorientierten Ansatzes skizziert, und in Abbildung 4 wird das Kooperationsmodell eingesetzt. Dabei wird deutlich, daß die Anzahl und Art der Aktionen zwischen beiden Entwürfen differieren kann. Der zweite Entwurf ist wesentlich übersichtlicher für den Entwickler des Anwendungsprozesses.

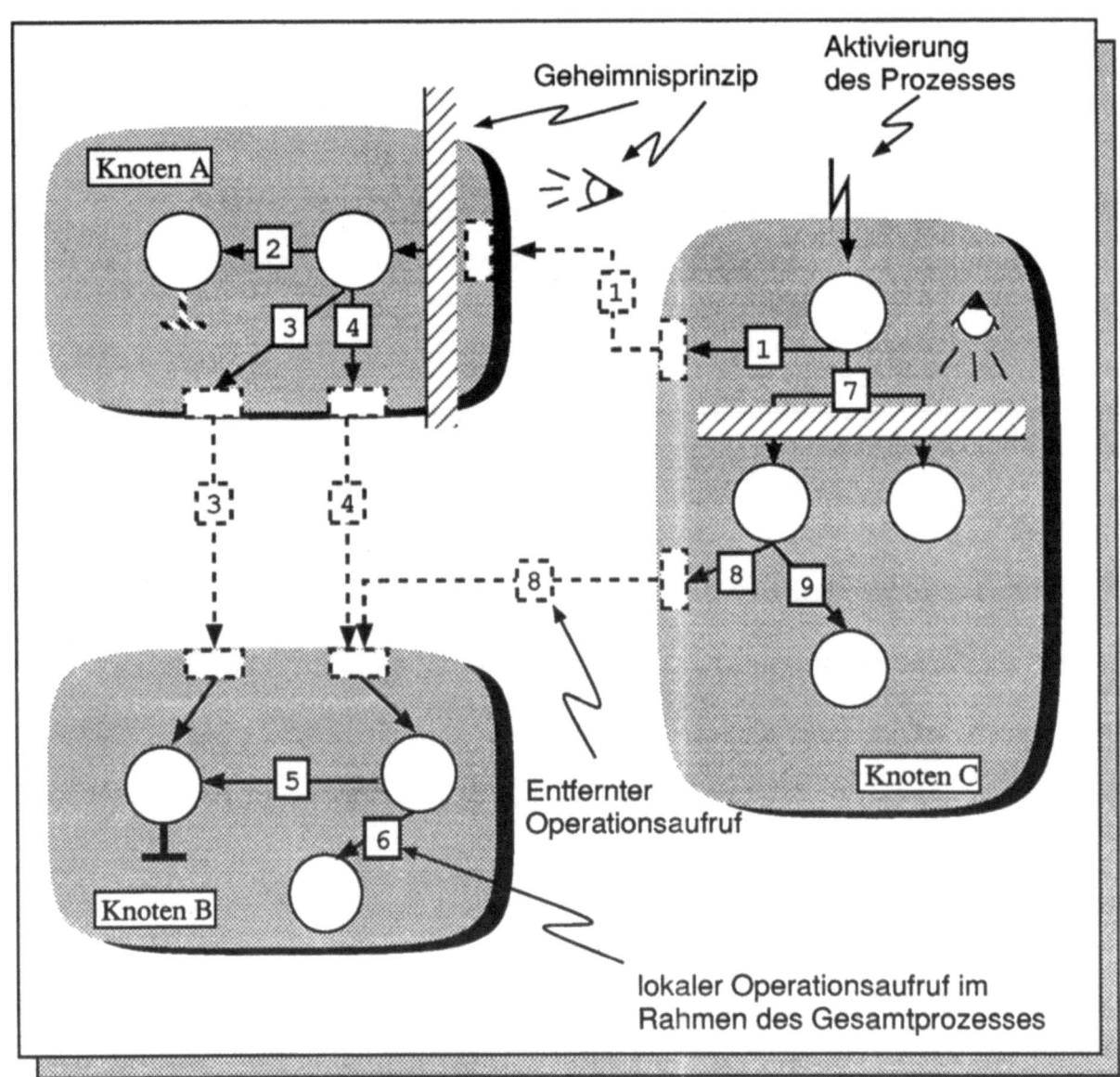

Abbildung 3   Sicht des Entwicklers auf einen Anwendungsprozeß ohne Kooperationsmodell

Die Kooperation ist die geeignete Kategorie zur Beschreibung der *strukturellen Parallelität* innerhalb der Anwendung. Jede Kooperation regelt die Aktivierung der an ihr beteiligten Partner. Somit bedarf es nur noch der Synchronisation innerhalb eines Objektes, wenn es an mehreren Kooperationen direkt oder indirekt beteiligt ist.

Ein Anwendungsprozeß ist im allgemeinen sehr komplex aber selten monolithisch. Vielmehr gliedert er sich in eine Reihe von sequentiellen und parallelen Teilprozessen auf, die selbst wiederum komplex sein können. Um die hierarchische Dekomposition von Anwendungsprozessen zu ermöglichen, sind Kooperationen ebenfalls hierarchisch modellierbar. Es wird dabei kein neuer Mechanismus benötigt. Eine Rolle wird derart definiert, daß die eingeschriebenen Objekte Instanzen von Typen aus der Kooperationskategorie

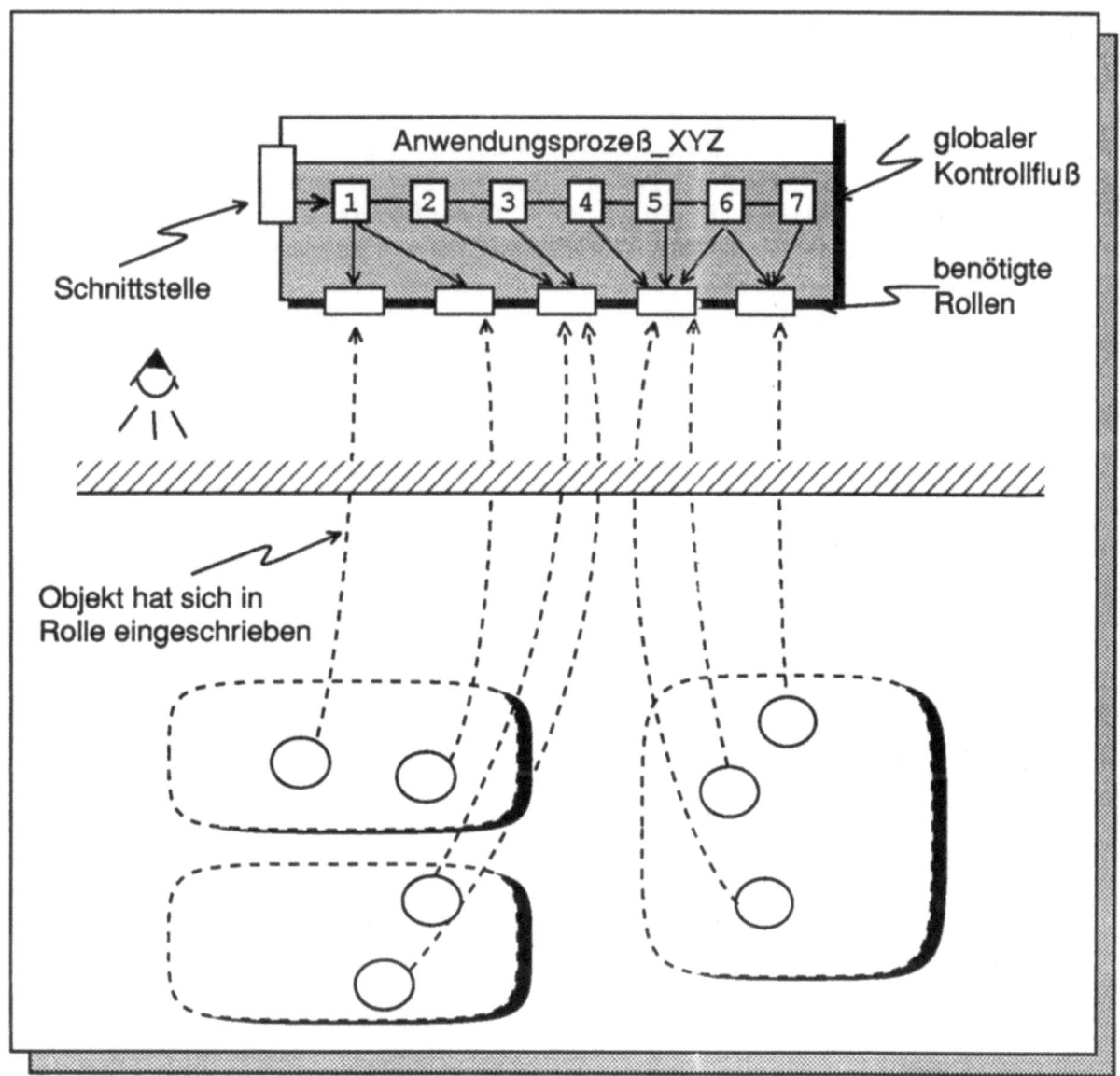

Abbildung 4 Sicht auf den Anwendungsprozeß im Kooperationsmodell

sein müssen. Die verschiedenen Kooperationsinstanzen können dabei beliebig im System verteilt sein. Der globale Kontrollfluß kann sich somit gleichzeitig auf mehreren Knoten des System befinden.

Das Kooperationsmodell bestehend aus Kooperation und Rolle ist geeignet, den globale Kontrollfluß komplexer Prozesse in verteilten objektorientierten Anwendungen zu modellieren. Die Verflechtung von verteilungsrelevanter Information und Anwendung ist nun auf das Kooperationsmodell konzentriert. Da aber auch Kooperationen sehr komplex werden können, wird ein Konzept zur Entflechtung der eigentlich orthogonalen Entwurfsaspekte benötigt.

6 Orthogonale Entwurfsaspekte

Die diesem Kapitel zugrunde liegende These (5) bedarf sicherlich einer eingehenderen Erläuterung. Wie in den vorangegangenen Kapitel aufgezeigt wurde, fließen die meisten verteilungsrelevanten Informationen unmittelbar in die Anwendungsbeschreibung ein. Die Komplexität nimmt zu, wenn mehrere Entwurfsaspekte gleichzeitig betrachtet werden müssen. Dieses Phänomen der Verflechtung findet man auch bei anderen Entwurfsaspekten, z.B. bei der Verwendung von Synchronisationsmechanismen oder Transaktionen. Auch hier müssen in den Kontrollfluß Anweisungen eingepflanzt werden, die die entsprechende Funktionalität aktivieren. In vielen Fällen besteht eine weitestgehend *semantische Orthogonalität* zwischen der eigentlichen Anwendung und zusätzlichen Entwurfsaspekten. Eine Entflechtung dieser orthogonalen Entwurfsaspekte ist wünschenswert, damit der Entwickler sich auf die Anwendung konzentrieren kann. Die Integration der verschiedenen Aspekte soll durch ein Entwicklungssystem transparent erfolgen. Zu diesem Zweck müssen die ergänzenden Entwurfsaspekte so formulierbar werden, daß das System die entsprechenden Stellen im globalen Kontrollfluß identifizieren kann, um die definierten Erweiterungen einzupflanzen. Hierbei darf der Kontrollfluß nur solche Änderungen erfahren, die transparent gegenüber der Semantik des Anwendungsprozesses sind.

Das Modell der *Programmüberlagerung* [Heuser 90] genügt den Anforderungen. Hierbei werden die ergänzenden Entwurfsaspekte mit Hilfe von *Integrationsprädikaten* definiert. Ein Prädikat beschreibt die Stellen im Kontrollfluß, an denen ein *Implantat* eingepflanzt werden muß. Alle Integrationsprädikate zusammen formulieren den Algorithmus des *überlagernden* Entwurfsaspektes.

Die Programmüberlagerung definiert eine neue Typkategorie, da sie einen bestimmten Objektaufbau voraussetzt. Sie ist ein neues Konzept im Bereich des Entwurfs. Im Moment gibt es keine Entwurfsmethode in der Literatur, die sich dieser Technik bedient. Aus diesem Grund widmet sich innerhalb DOCASE das Teilprojekt GOAL [Heuser 89] der Aufgabe, einen geeigneten Formalismus und die benötigte Semantik zu definieren. Ziel ist die Unterstützung des

Entwickler bei der Modellierung verteilter objektorientierter Anwendungsprozesse. Hierzu wird in das Kooperationsmodell die Programmüberlagerung integriert.

Die Programmüberlagerung ist nicht beschränkt auf die Überlagerung globaler Kontrollflüsse. Sie kann auch für normale Operationen eingesetzt werden. Zusammenfassend ist zu sagen, daß die Programmüberlagerung ein wichtiges Konzept zur Entflechtung orthogonaler Entwurfsaspekte ist. GOAL hat gezeigt, daß die Überlagerungstechnik sehr gut mit dem objektorientierten Ansatz harmonisiert. Der Entwickler ist nun in der Lage, komplexe verteilte objektorientierte Anwendungen zu erstellen. Die von ihm benötigten Entwurfsmodelle sind vorhanden.

7 Ausblick

In der vorliegenden Ausarbeitung wurden fünf Thesen aufgestellt. Sie beschrieben den objektorientierten Ansatz als ein geeignetes Basismodell zur Entwicklung verteilter Anwendungen. Es wurden ebenso die Mängel des klassischen Ansatzes offen gelegt und Erweiterungsvorschläge gemacht. Insgesamt kann man sagen, daß der hier vorgestellte erweiterte Ansatz alle beschriebenen Anforderungen zur Modellierung verteilter objektorientierter Anwendungsprozesse erfüllt. Insbesondere das Kooperationsmodell zur Beschreibung globaler Kontrollflüsse und die Programmüberlagerung sind zwei wichtige neue problemorientierte Konzepte, die ein hohes Abstraktionsvermögen besitzen.

Im Rahmen von GOAL werden Methoden und Werkzeuge entwickelt, um dem Entwickler die beiden oben genannten Konzepte während des Entwurfs zur Verfügung zu stellen. Zu diesem Zweck ist eine formale Repräsentation in Form einer Entwurfssprache entwickelt worden. Die Werkzeuge werden sowohl den Grob- als auch den Feinentwurf unterstützen. Des weiteren wird an der Erstellung eines Transformators gearbeitet, der die Spezifikation in eine Programmiersprache transformiert und dabei die Programmüberlagerung durchführt. Schließlich werden exemplarische Programmüberlagerungen entworfen, um die Einsatzfähigkeit der Konzepte zu überprüfen.

8 Referenzen

[Black+ 87]   A. Black, N. Hutchinson, E. Jul, H. Levy, L. Carter,
              Distribution and Abstract Types in Emerald, *IEEE Transactions on Software Engineering*, Januar 1987

[Booch 89]   G. Booch,
              Object-Oriented Design, *Tutorialunterlagen OOPSLA'89*, ACM, New Orleans, 1989

[Decouchant 86]   D. Decouchant,
                  Design of a Distributed Object Manager for the
                  Smalltalk-80 System, *Tagungsband OOPSLA'86,
                  Seite 444-452, ACM, Portland, September 1896*

[Dijkstra 76]   E. Dijkstra,
                  Structured Programming, *Software Engineering,
                  Concepts and Techniques, J. Buxton et al., Van
                  Nostrand Reinhold, 1976*

[Evangelist+ 89] M. Evangelist, N. Francez, S. Katz,
                  Multiparty Interactions for Interprocess Communication and Synchronization, *IEEE Transactions on Software Engineering, Seite 1417-1426, November 1989*

[Jackson 83]   M. A. Jackson,
                  System Development, *Prentice Hall, 1983*

[Gerteis+ 90]   W. Gerteis, C. Zeidler, L. Heuser, M. Mühlhäuser,
                  DOCASE: A Development Environment and a Design Language for Distributed Object-Oriented Applications, *Tagungsband Tools Pacific'90, Seite 298-312, Sydney, November 1990*

[Goldberg+ 83]   A. Goldberg, D. Robson,
                  Smalltalk-80: The Language and its Implementation, *Addison-Wesley, 1983*

[Heuser 89]   L. Heuser,
                  GOAL: Algorithm Development Support in DOCASE, *Tagungsband DECUS EUROPE Symposium, Den Haag, September 1989*

[Heuser+ 89]   L. Heuser, B. Achauer,
                  Language Constructs to Express Distribution of Object-Oriented Applications,
                  Tagungsband TOOLS'89, Seite 355-362, Paris, 1989

[Heuser 90]   L. Heuser,
                  Processes in Distributed Object-Oriented Applications, *Tagungsband TOOL'90, Seite 281-290, Karlsruhe, November 1990*

[HOOD 89]   HOOD Working Group,
                  HOOD Reference Manual 3.0, *September 1989*

[Mühlhäuser 89]   M. Mühlhäuser,
                  Current Trends: Distributed Programming - Software Engineering - Object-Oriented Techniques, *Tagungsband des 2. intern. Workshops "Distribution & Objects", Seite 1-23, DECUS München, Karlsruhe, 1989*

[Mühlhäuser+ 89] M. Mühlhäuser, A. Schill, J. Kienhöfer, H. Frank, L. Heuser
A Software Engineering Environment for Distributed Applications, *Tagungsband Euromicro'89, Köln, 1989*

[Schaffert+ 86] C. Schaffert, T. Cooper, B. Bullis, M. Kilian, C. Wilpolt,
An Introduction to Trellis/OWL, *Tagungsband OOPSLA'86, Seite 9-16, ACM, Portland, September 1896*

[Schill 90] A. Schill,
Migrationssteuerung und Konfigurationsverwaltung für verteilte objektorientierte Anwendungen, *Informatik-Facherichte 241, Springer, 1990*

IAO-Forum
Objektorientierte Informationssysteme

Werkstoffinformationssystem auf der Basis einer objektorientierten Datenbank

D. Fischer

Werkstoffinformationssystem auf der Basis einer objektorientierten Datenbank
IAOWIS[1]

von Dietmar Fischer

Abstract

Das nachfolgende, am Beispiel von Konstruktionswerkstoffen wie faserverstärkte Kunststoffe (FVK) beschriebene Werkstoffinformationssystem dient zur Unterstützung der Konzeptions- und Entwurfsphase des Konstruktionsprozesses. Die konstruktive Behandlung von Bauteilen aus FVK stellt für den in isotropen Werkstoffen "denkenden" Ingenieur eine Neuerung dar. Die ungeheure Vielfalt der Kombinations- und Konfigurationsmöglichkeiten, die heutige FVK bieten, überfordert in der Regel vor allem den "Nicht-Spezialisten" unter den Konstrukteuren und führt zu Lösungen, die weit hinter den Möglichkeiten zurückbleiben, die diese Werkstoffe bieten. Das Werkstoffinformationssystem unterstützt und optimiert nach Vorgabe konstruktiver Randbedingungen und technischer Anforderungen an das ausgehärtete Bauteil die Werkstoffauswahl bei der Konstruktion mit faserverstärkten Kunststoffen.

Stuttgart, im April 1991

---

[1] Am Fraunhofer-Institut für Arbeitswirtschaft und Organisation **(IAO)** entwickeltes **W**erkstoff-**I**nformations-**S**ystem

1 Einleitung

Informationen über Werkstoffe werden täglich benötigt, beispielsweise von Werkstofftechnologen, Konstruktions- und Berechnungsingenieuren. Die Suche nach "maßgeschneiderten" Werkstoffen mit speziellen Eigenschaften ist oft kostspielig, zeitraubend und schwierig.

Dies belegt auch die Bedarfsanalyse für Werkstoff-Informationen der Firma GEWIPLAN /1/. Die Gewiplan-Studie hat u. a. ergeben, daß 60 % der Werkstoffanwender bis zu 10 Stunden und weitere 25 % mehr als 10 Stunden monatlich für die Suche nach geeigneten Werkstoffen aufwenden. Eine Möglichkeit, diesem steigenden Bedarf an Informationen über Werkstoffe gerecht zu werden, bieten die sogenannten Werkstoff-Datenbanken.

Das wird ebenfalls durch die erheblichen Anstrengungen der Kommission der Europäischen Gemeinschaft D. G. XIII in dem 1988 abgeschlossenen Demonstrator-Programm Werkstoffdatenbanken /2/ offenkundig. Jedoch hat sich gezeigt, daß die bisherigen Abfragesysteme von Werkstoff-Datenbanken nicht benutzerfreundlich sind, so daß die direkte Benutzung für den Werkstoffanwender in aller Regel ausgeschlossen ist.

Beispielsweise sind die Hälfte der heute ca. 2500 Stahllegierungen in den letzten fünf Jahren entwickelt worden. Da der schnelle und gezielte Zugriff auf Informationen über Konstruktionswerkstoffe immer mehr zu einem bedeutenden Produktionsfaktor wird, wurde am Fraunhofer-Institut für Arbeitswirtschaft und Organisation ein Werkstoffinformationssystem entwickelt. Die Vorteile dieses Systems, das ein rationelleres methodisches Konstruieren ermöglicht, sind neben der schnelleren Aufgabenbearbeitung und der Früherkennung von ungünstigen Lösungsansätzen eine kostengünstigere Abwicklung des Konstruktionsprozesses und daher eine effiziente und konkurrenzfähige Produktentwicklung.

Neue Hard- und Softwaretechnologien finden Berücksichtigung bei der Weiterentwicklung des Werkstoffinformationssystems. So wird neben dem Betriebssystem UNIX für die Entwicklung der grafischen Benutzeroberfläche ein am Markt verfügbares Softwarewerkzeug eingesetzt, das ohne Programmierkenntnisse die Gestaltung und Bearbeitung von Menüs erlaubt. Für die Datenbanktechnologie wird ein objektorientiertes Datenbanksystem eingesetzt. Notwendige Erweiterungen können ohne große Änderungen des Datenbankdesigns realisiert werden, indem neue Klassen eingeführt und bereits existierende Methoden mit Hilfe des Vererbungsmechanismus verwendet werden.

2 Ausgangssituation

2.1 Problematik bei der heutigen Werkstoffrecherche

Die nachfolgend beschriebene Praxis zeigt, daß die Werkstoffauswahl eine komplexe Problematik darstellt. Zunächst wurde im Betrieb des Werkstoffanwenders die herkömmliche Vorgehensweise bei der Informationsbeschaffung von Werkstoffdaten grob analysiert.

Der erste Schritt eines Werkstoffanwenders bei einer Werkstoffrecherche wird es sein, seine persönliche Datensammlung zu durchforsten. Diese besteht beispielsweise aus Handbüchern, Werkstoffdatensammlungen auf Papier bzw. in File-Form auf Rechnern, Katalogen, Prospekten, persönliche Notizen, Prüfberichten, Ergebnisse aus Literaturrecherchen und Datenblättern.

Die sukzessive Beschaffung von Daten und Informationen über Werkstoffe auf traditionellem Wege führt zur Befragung von Kollegen, Werkstoffspezialisten und der Werkstoff-Hersteller. Gegebenenfalls führt der Werkstoffanwender interne Werkstoff-Versuchsreihen durch bzw. läßt externe Versuchsreihen von Hochschulen und Forschungseinrichtungen durchführen. Eine wichtige Rolle bei der Bereitstellung und Dokumentation von Werkstoffinformationen spielt der Werkstoffspezialist. Seine Erfahrungen fließen bei der Durchführung von Werkstoff-Versuchsreihen und der Interpretation der Prüfergebnisse ein.

Die Ablage, Ordnung, Pflege und Aktualisierung der so gewonnenen Werkstoffdaten und Informationen ist für den Werkstoffanwender mit einem hohen Aufwand verbunden. Es entstehen Informationsdefizite aufgrund zeitlicher Engpässe, der Unkenntnis geeigneter Informationsquellen, das Fehlen von Fachpersonal zur gezielten Informationsbeschaffung, einer nicht zu bewältigenden Informationsflut und zu hoher Kosten für die Informationsbeschaffung.

Daher ist für den Konstrukteur als Werkstoffanwender ein eher restriktives, an bekannten Werkstoffen verharrendes Verhalten bei seiner Werkstoffauswahl typisch. Weiterentwicklungen von Werkstoffen, seien es Metalle, Keramiken oder Kunststoffe finden nur unzureichenden Eingang bei neuen Problemlösungen.

2.2 Anforderungen an ein Werkstoffinformationssystem

Allgemein können folgende Anforderungen aus der Sicht der Konstruktion und Entwicklung an ein Werkstoffinformationssystem gestellt werden:

- o Werkstoffinformationen müssen schnell am Arbeitsplatz verfügbar sein
- o gute Antwortzeiten, auch wenn die Größe der Werkstoff-Datenbank, die Menge der Werkstoffrecherchen und die Komplexität der Abfragen steigen
- o Werkstoffinformationen müssen benutzerfreundlich angeboten werden
- o es muß möglich sein, eigene Datenbestände hinzuzufügen
- o Schnittstellen zu Berechnungs- und Auswerteprogrammen müssen bereitstehen.

Konkret wurden drei wesentliche Anforderungen an ein Werkstoffinformationssystem herausgearbeitet:

- o Werkstoffdaten, Erfahrungswerte und das Fachwissen von Werkstoffspezialisten sollen in einem wissensbasierten Werkstoffinformationssystem erfaßt, gespeichert, verwaltet und aufbereitet werden und allen Werkstoffanwendern, die Informationen über Konstruktionswerkstoffe bei ihrer täglichen Arbeit benötigen, zur Verfügung stehen. Beispielsweise kann dadurch der Werkstoffspezialist bei Routineaufgaben und von notwendigen persönlichen Rücksprachen entlastet werden.

- o Die Daten und Informationen über Konstruktionswerkstoffe sollen mit Hilfe eines Datenbank-Management-Systems gepflegt werden, damit sie jederzeit aktuell, praxisgerecht und zuverlässig sind.

- o Das Meta-Werkstoffwissen soll mit Hilfe einer wissensbasierten Komponente im Werkstoffinformationssystems dokumentiert und einem breiten Werkstoffanwenderkreis zugänglich gemacht werden. Das sogenannte Metawissen beinhaltet allgemein Informationen über das vorhandene übergeordnete Werkstoffwissen wie z. B. firmenspezifisches Know-how. Das Werkstoffinformations-system soll allen Werkstoffanwendern den gleichen Wissensstand über die Eigenschaften von Werkstoffen zur Verfügung stellen.

3 Werkstoffinformationssystem

3.1 Aufbau des Werkstoffinformationssystems

Der schematische Aufbau von IAOWIS ist in Bild 1 dargestellt. Die Softwarearchitektur von IAOWIS setzt sich dabei aus folgenden Komponenten zusammen:

- Werkstoffdatenbank
- Wissensbasierte Komponente
- Methodenbank
- Dialogschnittstelle
- Programmsteuerung

Die separate Betrachtung und Optimierung der einzelnen Komponenten und die anschließende Verknüpfung zu einem Gesamtsystem haben ein leistungsfähiges Softwarepaket entstehen lassen, wobei am Markt verfügbare Softwaretools verwendet werden.

Werkstoffdatenbank (WDB)

In einer objektorientierten Datenbank (GemStone, entwickelt von der Firma Servio Logic, USA) sind beispielsweise alle für den Konstrukteur notwendigen Werkstoffinformationen enthalten. Darüber hinaus erlauben spezielle Funktionen dem autorisierten Benutzer firmenspezifische Daten einzugeben und zu verändern. Es ist somit leicht möglich, die Datenbank zu aktualisieren und speziellen Anforderungen anzupassen. Neben der herkömmlichen Datenverarbeitung werden über eine definierte Schnittstelle der wissensbasierten Komponente Daten zugänglich gemacht.

Verwaltung und Speicherung von
- Werkstoffdaten,
- Geometrischen und physikalischen Daten von realisierten Bauteilen und entwickelten Teillösungen
- Organisatorische Daten, wie z. B. kundenspezifischen Problemen oder Vorgaben

Das objektorientierte Datenbanksystem GemStone bietet dabei folgende Vorteile:
- Wirklichkeitsgetreue Modellierung der Gegenstandswelt
- Hohe Flexibilität bei der Datenpflege
- Hohe Effizienz bei der Informationsbereitstellung

Wissensbasierte Komponente

Für die effiziente Entwicklung der wissensbasierten Komponente als ein wichtiger Teil von IAOWIS ist ein unterstützendes Software-Werkzeug notwendig. Eine komfortable Unterstützung zur schnellen Systementwicklung bieten Expertensystem-Shells.

Die verwendete Expertensystem-Shell NEXPERT-Object stellt für sich alleine noch kein Expertensystem dar. Sie bietet mit geringem Aufwand die Option, Wissensbasen, also Sammlungen von Erfahrungswissen in Form von Regeln aufzubauen und in das Werkstoffinformationssystem einzubinden.

Erst durch die Verknüpfung der Daten mit gespeichertem Wissen und explizit formulierten Erfahrungswerten werden daraus neue Erkenntnisse gewonnen.

Expertensysteme greifen auf das Wissen und Können von Experten zurück. Probleme werden dabei nicht über mathematisch nachvollziehbare Lösungsverfahren angegangen, sondern können auch mit vagem Wissen, Regeln und Schlußfolgerungsketten erfolgreich gelöst werden.

Methodenbank

Unterstützung der Werkstoffauswahl durch eine Weiterverarbeitung von Daten durch Rechnerprogramme, von Berechnungsmodule, Diagrammverwaltung zur grafischen Darstellung von Datensätzen und Nutzwertanalyse.

Berechnungsmodule wie z. B. FASER dienen zur Ermittlung von Verbundeigenschaften und zum Vergleich von Eigenschaften während einer Expertise, ohne daß diese unterbrochen werden muß, wobei die Programmierung der Berechnungsmodule in jeder konventionellen Programmiersprache, wie z. B. FORTRAN vorgenommen werden kann.

Die **Diagrammverwaltung** in IAOWIS dient zur Verwaltung und Speicherung funktionaler Abhängigkeiten von Werkstoffdaten wie beispielsweise die Warmstreckgrenze von Ventilstählen über die Temperatur.

Eine Unterstützung des Konstrukteurs bei der optimierten Werkstoffauswahl erfolgt in IAOWIS mit Hilfe der **Nutzwertanalyse** durch Zuordnung eines Zahlenwertes unter Berücksichtigung der quantifizierten Eigenschaftsgröße.

Dialogschnittstelle

Der Einsatz von komplexen EDV-Systemen mit grafischen Benutzeroberflächen, beispielsweise von IAOWIS, werden sich in Zukunft am Markt immer mehr durchsetzen. Sie finden in der Praxis beim Benutzer nur dann Akzeptanz, wenn leistungsfähige Mensch-Computer-Schnittstellen zur Verfügung stehen. Die Anforderungen an Software-Systeme im Ingenieurbereich sind:

- o benutzerorientierte Anforderungsprofile und Ergebnisaufbereitung,
- o kurze bzw. akzeptable Antwortzeiten beim Datenzugriff,
- o intelligentes Hilfesystem zur Unterstützung des Benutzers.

Daher ist eine sehr wichtige Komponente von IAOWIS die Mensch-Computer-Interaktion. Mit Hilfe der Benutzeroberfläche spezifiziert der Benutzer seine Anfrage und erhält über sie seine Ergebnisse. Ein Software-Werkzeug, mit dem grafische Benutzeroberflächen ohne Programmierkenntnisse erstellt und bearbeitet werden können, ist der Dialog Manager. Basis des Dialog Managers sind etablierte Standards für Benutzeroberflächen wie OSF/Motif, Presentation Manager, Windows 3 und auch Alpha Windows. Er besteht aus einer Toolbox mit Objekt- und Regeleditor zur Definition des Dialogsystems und einer Laufzeitkomponente zur Anbindung spezieller, spezifischer Anwendungsmodule an das Dialogsystem.

Programmsteuerung

Die Programmsteuerung formuliert und sendet je nach Benutzereingabe die geeigneten Anfragen an das Datenbankmanagementsystem und wertet die Antworten aus. Dazu werden die verfügbaren Module der Methodenbank wie z. B. Berechnungsmodule, Diagrammverwaltung sowie die wissensbasierte Komponente bei Bedarf aufgerufen.

In die Programmsteuerung sind die einzelnen Komponenten von IAOWIS zu einem Gesamtsystem eingebunden, von der aus sie gesteuert und kontrolliert werden können. Um das Werkstoffinformationssystem durchgängig objektorientiert zu gestalten, wurde für die Programmsteuerung die objektorientierte Programmiersprache C++ verwendet.

Bild 2 zeigt die einzelnen Bausteine, aus denen das Werkstoffinformationssystem zusammengesetzt ist.

3.2 Interaktion mit dem Werkstoffinformationssystem

Die Dialogschnittstelle (Bild 1) zwischen den einzelnen Benutzern wie Berechnungs-ingenieur, Wissensingenieur, Datenbank-Manager, Konstrukteur, Werkstofftechnologe et cetera und dem Werkstoffinformationssystem findet über Menüs der speziell für die einzelnen Anwendungsfälle entwickelten und gestalteten Benutzeroberfläche statt.

Die komfortable grafische Benutzeroberfläche des Werkstoffinformationssystems ist so ausgelegt, das es auch von gelegentlichen Benutzern bedient werden kann. Der geübte Benutzer kennt jedoch die Details wie auch die Prinzipien. Ihm kommt es vor allem auf die Leistungsfähigkeit an.

Weiterhin können verschiedene Benutzerkreise definiert werden, d. h. der geübte bzw. autorisierte Benutzer kann alle Möglichkeiten und Funktionen des Systems nutzen, während der gelegentliche[2] Benutzer speziell zugeschnittene Funktionen für sein Arbeitsgebiet erhält.

Das Werkstoffinformationssystem unterscheidet zwischen zwei Vorgehensweisen bei der interaktiven rechnergestützten Werkstoffrecherche:

    I Datenbankanfrage   : Allgemeine Werkstoffinformation
    II Datenbankanfrage   : Optimierte Werkstoffauswahl

Die Benutzer, die jeweils einen unterschiedlichen Kenntnisstand haben und vielfältige Aufgaben bearbeiten, werden beim Erstellen verschiedener beliebiger Anfragen an die Werkstoffdatenbank unterstützt. Die Programmsteuerung von IAOWIS generiert aus dem Anforderungsprofil dynamisch unterschiedliche Kombinationen von Datenbank-Anfragen, ohne daß aber der Benutzer die spezielle Kommandosprache und die Datenbankstruktur kennen muß.

Anhand eines praxisbezogenen Beispiels erfolgt eine detaillierte Beschreibung der Benutzeroberfläche und der Funktionsweise von IAOWIS /3/.

---

2 Die englische Literatur hat den Begriff "casual user" eingeführt, der alle anderen Typen von Benutzer umfaßt als den autorisierten. Mit zunehmender Verbreitung interaktiver Systeme wächst der Anteil der casual users in der Gesamtheit der Benutzer stark an. Dies stellt hohe Anforderungen an die Qualität des Dialogs. Dadurch wird gerade der casual user zum "Richter" über die Frage, ob das interaktive System, in diesem Fall das wissensbasierte Werkstoffinformationssystem, benutzerfreundlich gestaltet ist.

Datenbankanfrage: Allgemeine Werkstoffinformation

IAOWIS kann eine Liste mit den Werkstoffbezeichnungen (Werkstoff-Nummer und Kurzname), über die in der Werkstoffdatenbank Informationen gespeichert und verwaltet werden, zu allen unlegierten, niedriglegierten, hochlegierten Eisenwerkstoffen & Stählen oder zu den Verbundwerkstoffen Prepegs, Fasern, Harze am Bildschirm ausgeben.

Das Beispiel in Bild 3 zeigt eine Datenbankanfrage zu **Eisenwerkstoffen und Stählen**. Mit Hilfe des Untermenüs **Werkstoffbezeichnung** sucht der Benutzer nach Ventilwerkstoffen der Hauptgruppe 1 und ggf. entsprechender DIN-Norm. Dazu gibt er in das Eingabefeld **Werkstoffnummer** den Suchbegriff 1.? ein. IAOWIS bietet dem Benutzer Hilfeinformationen beispielsweise zu der Systematik der Werkstoffnummern am Bildschirm an.

Gibt er keine weiteren Suchbegriffe vor, bestätigt er die Eingabe mit **O. K.** und startet die Datenbankanfrage. Danach erhält er von IAOWIS ein Auswahlmenü mit einer Liste der gesuchten Werkstoffe. Zu jedem Werkstoff kann er sich das Datenblatt zeigen lassen. Bild 4 zeigt das Datenblatt zu dem hochlegierten Ventilwerkstoff 1.4718. Das Datenblatt enthält zu diesem Werkstoff die in der Datenbank gespeicherten Informationen. Mit der Graphikfunktion kann sich der Benutzer den funktionalen Zusammenhang der 0.2%-Dehngrenze über der Temperatur (Warmstreckgrenze) für diesen Werkstoff graphisch darstellen. Zum Ermitteln einzelner diskreter Funktionswerte wird dem Benutzer auf Wunsch ein weiteres Menü angeboten.

Neben dieser einfachen Werkstoffrecherche hat der Benutzer in IAOWIS die Möglichkeit, Informationen über Werkstoffe anhand zuvor spezifizierter Werkstoffkennwerte abzufragen. Bild 5 zeigt eine Datenbankanfrage zu Prepegs. In dem Untermenü **Physikalische Eigenschaften** kann der Benutzer das Anforderungsprofil für die **Mechanischen Eigenschaften** aufrufen.

In diesem Menü trägt er seine Anforderungen bezüglich Elastizitätsmodul und Dichte ein. Mit Hilfe der Kurzwahl-Menü kann der Benutzer beispielsweise bei der Dichte nicht quantifizierte Eingaben aus zuvor gespeicherten Standardeinstellungen auswählen. Bestätigt er die Eingaben mit **O. K.**, beendet er die weitere Bearbeitung in diesem Untermenü. Nach der sukzessiven Erstellung des Anforderungsprofils startet er die Datenbankanfrage. Mit diesem Anforderungsprofil "durchforstet" das System die Werkstoffdatenbank und listet alle Werkstoffe, die diese vom Benutzer spezifizierten Anforderungen erfüllen, im Auswahlmenü (Werkstoffnummer und Kurzname) auf.

Datenbankanfrage: Optimierte Werkstoffauswahl

Bei der optimierten Werkstoffauswahl bietet IAOWIS dem Benutzer die Möglichkeit an, einen expertensystemunterstützten Werkstoffvergleich durchzuführen.

Es kann Informationen über Werkstoffe anhand zuvor spezifizierter gewichteter Werkstoffkennwerte abfragen. Dazu werden die Kennwerte mit Hilfe einer Wertefunktion gewichtet. Die Eingabe erfolgt beispielsweise für das Elastizitätsmodul in X-Richtung (Bauteillängsachse) im Menü **Funktion definieren**.

Der errechnete Nennwert der erreichten Gesamtpunktzahl wird im **Ergebnis der Nutzwertanalyse** grafisch dargestellt.

Eine detaillierte Übersichtstabelle der Werkstoffanalyse kann dazu vom Benutzer aufgerufen werden.

Danach kann sich der Benutzer die Information der ausgewählten Werkstoffe, in diesem Fall der Prepegs, auf dem Bildschirm in Form von Datenblättern anzeigen lassen.

Die Expertise bei der Werkstoffrecherche erfolgt durch Abarbeiten von Fakten und Regeln, die in der wissensbasierten Komponente von IAOWIS abgelegt sind.

Diese optimierte Werkstoffauswahl in IAOWIS ist also gekoppelt mit Wissensbasen zu einzelnen Fachgebieten wie z. B. der Auswahl eines geeigneten Verarbeitungsverfahrens für faserverstärkte Kunststoffe.

3.3 Vorteile des Werkstoffinformationssystems

Bei der Konzeption von IAOWIS wurde auf folgende Punkte besonderen Wert gelegt:

- o ein klares und modernes Konzept
- o Programmier- und Benutzerfreundlichkeit
- o standardisierte Schnittstellen zur Kopplung von Planungs- und Konstruktionssystemen
- o bequeme Wartung und die Möglichkeit zu rekonfigurieren
- o Portabilität - der Quell-Code ist für eine weite Klasse von Computern gültig
- o aktive, flexible Benutzerführung
- o einfache Handhabung

- o aktive Eingabehilfe
- o einfache Wartung und Pflege der Datenbestände

Wesentliche Vorteile von IAOWIS:

- o IAOWIS kann unproblematisch, ebenso wie die Menüführung mit Hilfesystem und die Werkstoffrecherchekonzepte, an die jeweiligen Wünsche bzw. Anforderungen des Benutzers angepaßt werden
- o die einzelnen Komponenten von IAOWIS erlauben den Benutzer anpaßbare Entscheidungshilfen zu entwickeln
- o die weitgehende Nutzung von Standardsoftware ermöglicht eine kostengünstige Entwicklung, Pflege und Wartung des objektorientierten Systems

3.4 Datenstrukturierung - Grundlage der Gestaltung von IAOWIS

Die Datenstrukturierung /4/ nimmt bei integrierten Informationssystemen eine zentrale Rolle ein. Besonders bei komplexen Softwaresystemen hängt der Erfolg von einer einheitlichen Datenhaltung ab. Moderne, fortgeschrittene Datenbanktechnologien sind hierfür unverzichtbar. Die technische Realisierung von Informationssystemen mit relationalen Datenbanksystemen ist inzwischen ausgereift und in der Praxis bewährt. Relationale Modelle zwingen jedoch den Systementwickler ein zu enges Raster für den Datenbankentwurf auf, denn nicht alle Beziehungen zwischen Daten, Methoden etc. lassen sich problemlos zweidimensional abbilden. Solche Konflikte können durch den Einsatz objektorientierter Datenbankkonzepte leicht aufgelöst werden.

Objektorientierte Datenbanksysteme stehen zwar noch am Anfang ihrer Entwicklung, aber sie wurden schon auf dieser Entwicklungsstufe erfolgreich eingesetzt. Werden sie kontinuierlich weiterentwickelt (Verbesserung der System-Antwortzeit, der Benutzerfreundlichkeit, der Wartbarkeit...), so werden sie die bisher verwendeten relationalen Modelle ersetzen.

In dem objektorientierten Datenbanksystem sind die in Abbildung 6 dargestellten zwei unterschiedlichen Ebenen für die Beschreibung der Datenstrukturen des Werkstoffinformationssystems zu unterscheiden.

Auf der waagerechten Ebene werden die verwendeten Methoden oder Programme beschrieben. Davon getrennt, jedoch ineinander überführbar, ist das konzeptionelle Schema. Die senkrechte Ebene enthält die Struktur aller in einer (Werkstoff-) Datenbank gespeicherten Daten. Dabei spielt es keine Rolle, ob es sich um eine hierarchische und/oder netzwerkorientierte Datenstruktur handelt. Beide Ebenen können durch das Versenden von Nachrichten miteinander und untereinander kommunizieren, da die Daten als Objekte aufgefaßt werden können und nur über Methoden auf sie zugegriffen werden kann. Da Objekte häufig in vielen Eigenschaften übereinstimmen, können sogenannte Klassen gebildet und denen wiederum Methoden zugeordnet werden.

Abbildung 7 zeigt die grafische Darstellung des konzeptionellen Schemas für eine objektorientierte Werkstoffdatenbank am Beispiel von Kunststoffen. Die Klasse definiert die Struktur eines Objekts. Sie enthält einen individuellen Namen, der später als Grundlage für verschiedene Objekte verwendet werden kann oder zur Vererbung dient. In einer Klasse werden sowohl die Variablen als auch die Methoden (Funktionen) definiert, die zur Manipulation der Objekte einer Klasse verwendet werden.

4 Zusammenfassung und Ausblick

Gesicherte Daten und Informationen von Konstruktionswerkstoffen im Motoren-, Maschinen-, Apparate- und Anlagenbau sind der "Grundbaustein" für jedes technische Produkt. Der damit verbundenen Suche nach gesicherten, aktuellen, praxisgerechten und zuverlässigen Werkstoffdaten, häufig über mechanische Kennwerte (statische und dynamische), kommt immer mehr Bedeutung zu. Um die riesigen Mengen von Daten und Informationen im Griff zu behalten, ist der Einsatz EDV-gestützter Informationssysteme notwendig.

Ein Werkstoffinformationssystem wie IAOWIS befreit den Benutzer nicht von einer kritischen Bewertung der Daten, es unterstützt ihn "lediglich" bei der Werkstoffrecherche. So liegt die letzte Entscheidung, welcher Werkstoff zum Einsatz kommt, beim Konstrukteur. Neben Werkstoffeigenschaften können in einer integrierten Wissensbasis durchaus Erfahrungswerte über Werkstoffe und deren Verwendung als Information gespeichert und verwaltet werden.

IAOWIS erlaubt eine umfassende, vollständige und aktuelle Werkstoff- und Wissensdatenbank zu entwickeln, in der firmenspezifische Daten, Erfahrungswerte und Know-how über Werkstoffe gespeichert, verwaltet und aufbereitet werden. Darüber hinaus können auch externe Daten und Informationen in der Werkstoffdatenbank abgelegt werden.

Das Werkstoffinformationssystem IAOWIS wurde am Fraunhofer-Institut für Arbeitswirtschaft und Organisation entwickelt. Aufbauend auf einen 1988 entwickelten Prototypen existiert zur Zeit ein erster Einsatztyp. Größere Erweiterungen sind geplant und zum Teil in Arbeit. Das System ist Grundbaustein für ein 1991 geplantes **Verbundvorhaben für rechnergestützte Werkstoffinformationssysteme**.

5 Literatur zum Thema

/1/ Bedarfsanalyse für Werkstoff-Informationen. GEWIPLAN Gesellschaft für Wirtschaftsförderung und Marktplanung mbH, Frankfurt am Main, November 1986.

/2/ Demonstrationsprogramm Werkstoff-Datenbanken 1988-1989. Hrsg. von der Kommission der Europäischen Gemeinschaft D. G. XIII.

/3/ Fischer, Dietmar; Menges, Raimund: Konstruktion mit faserverstärkten Kunststoffen. Teil 1: Entwicklungsumgebung für ein wissensbasiertes System zur Werkstoffauswahl. In: Heft Nr. 9/10. Teil 2: Aufbau und Funktion eines wissensbasierten Systems zur Werkstoffauswahl. In: Heft Nr. 11/12., VDI-Verlag, Ingenieur-Werkstoffe, 1989.

/4/ Hars, Alexander; Scheer, August-Wilhelm: Datenstrukturierung - Grundlage der Gestaltung betrieblicher Informationssysteme. In: Scheer A.-W. (Hrsg.): Information Management 1/91, Saarbrücken 1991.

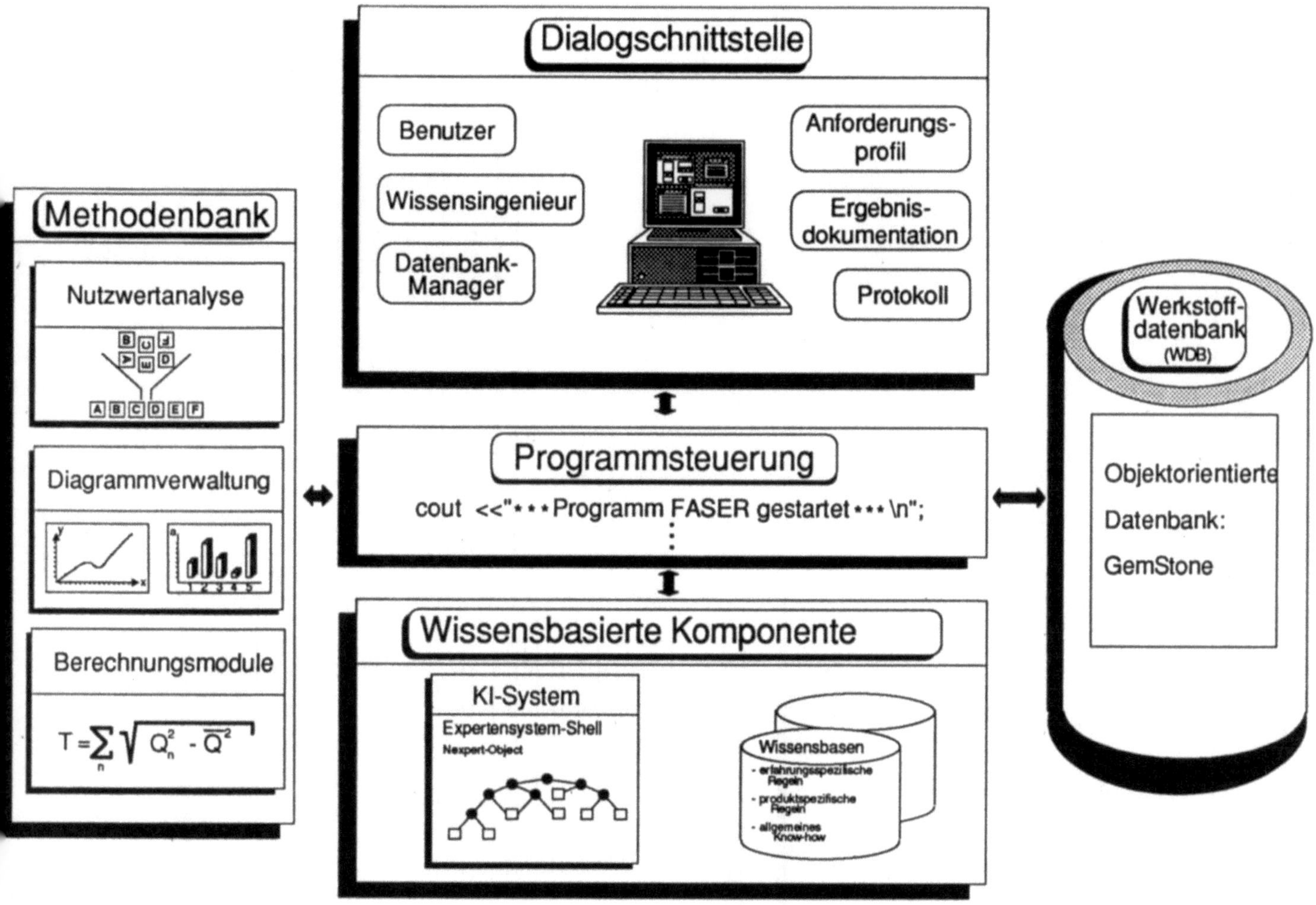

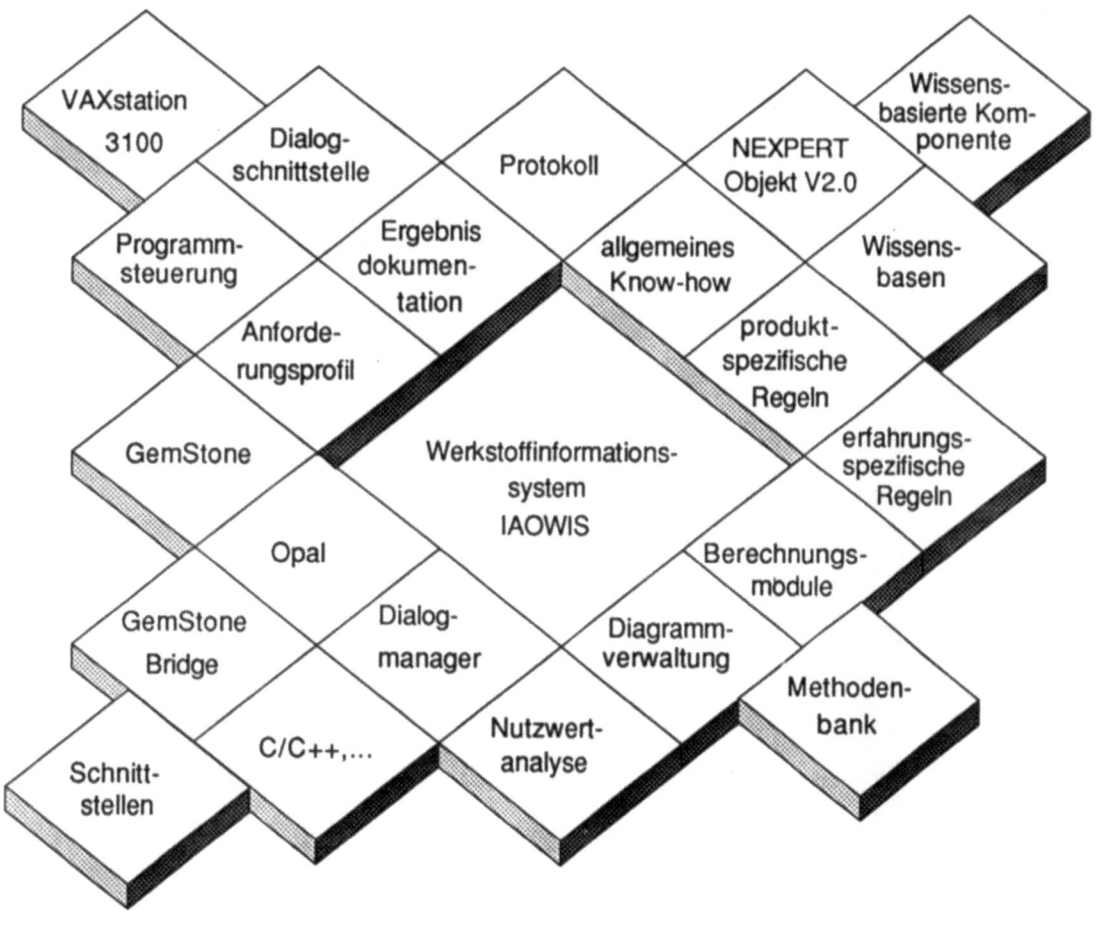

Bild 1: Schematischer Aufbau des Werkstoffinformationssystems

Bild 2: Bausteine des Werkstoffinformationssystems

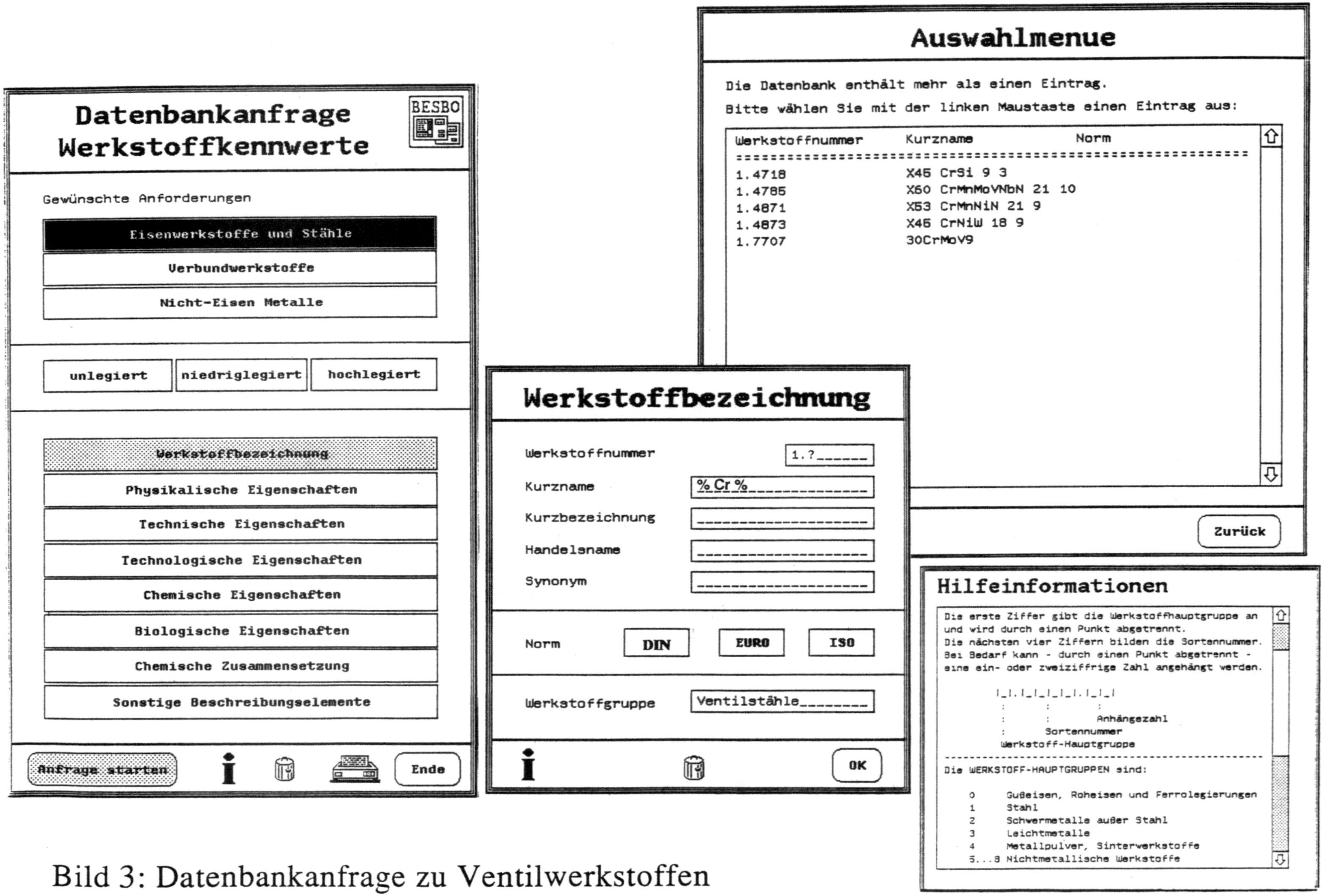

Bild 3: Datenbankanfrage zu Ventilwerkstoffen

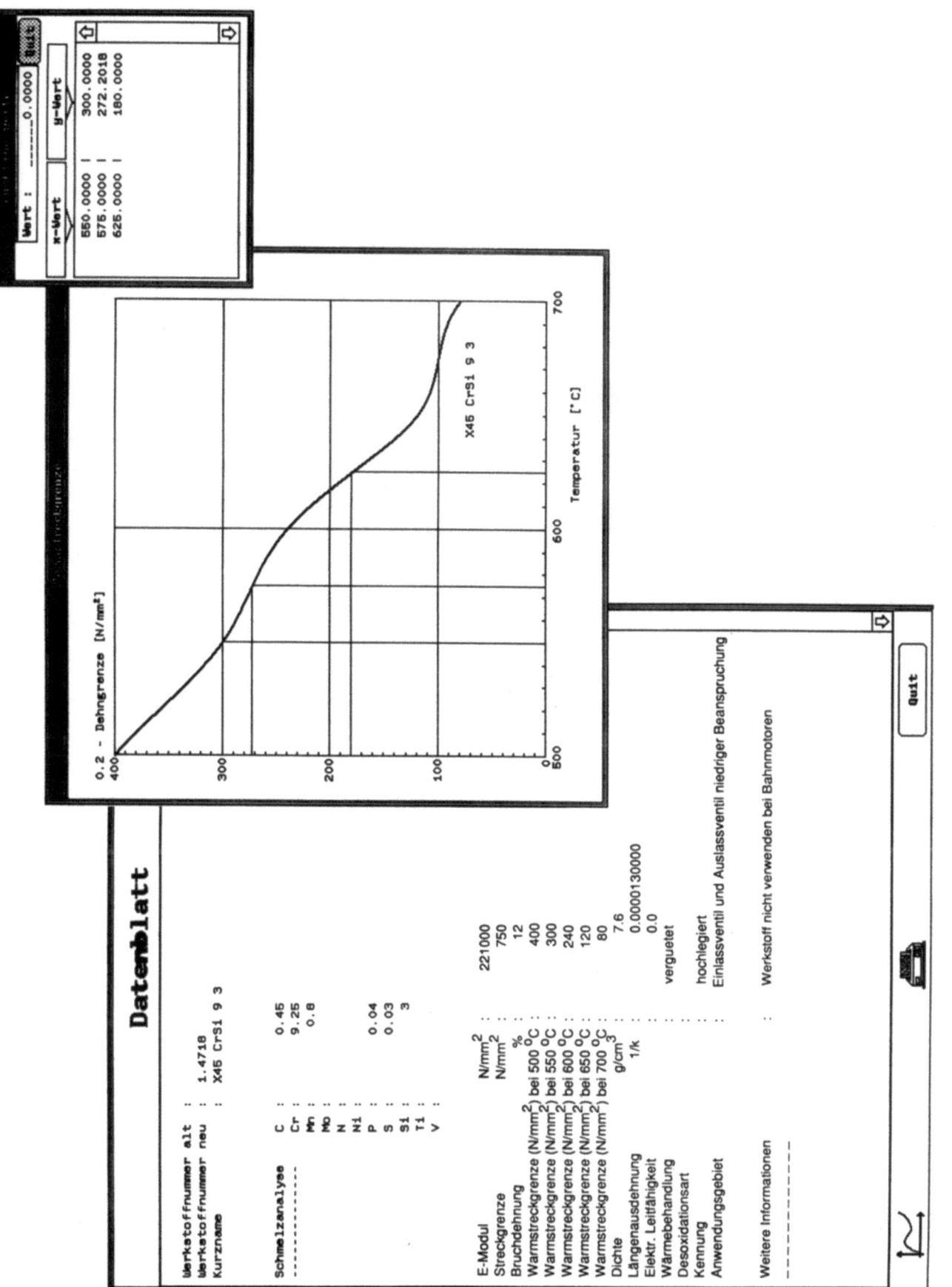

Bild 4: Datenblatt zu einem hochlegierten Ventilwerkstoff

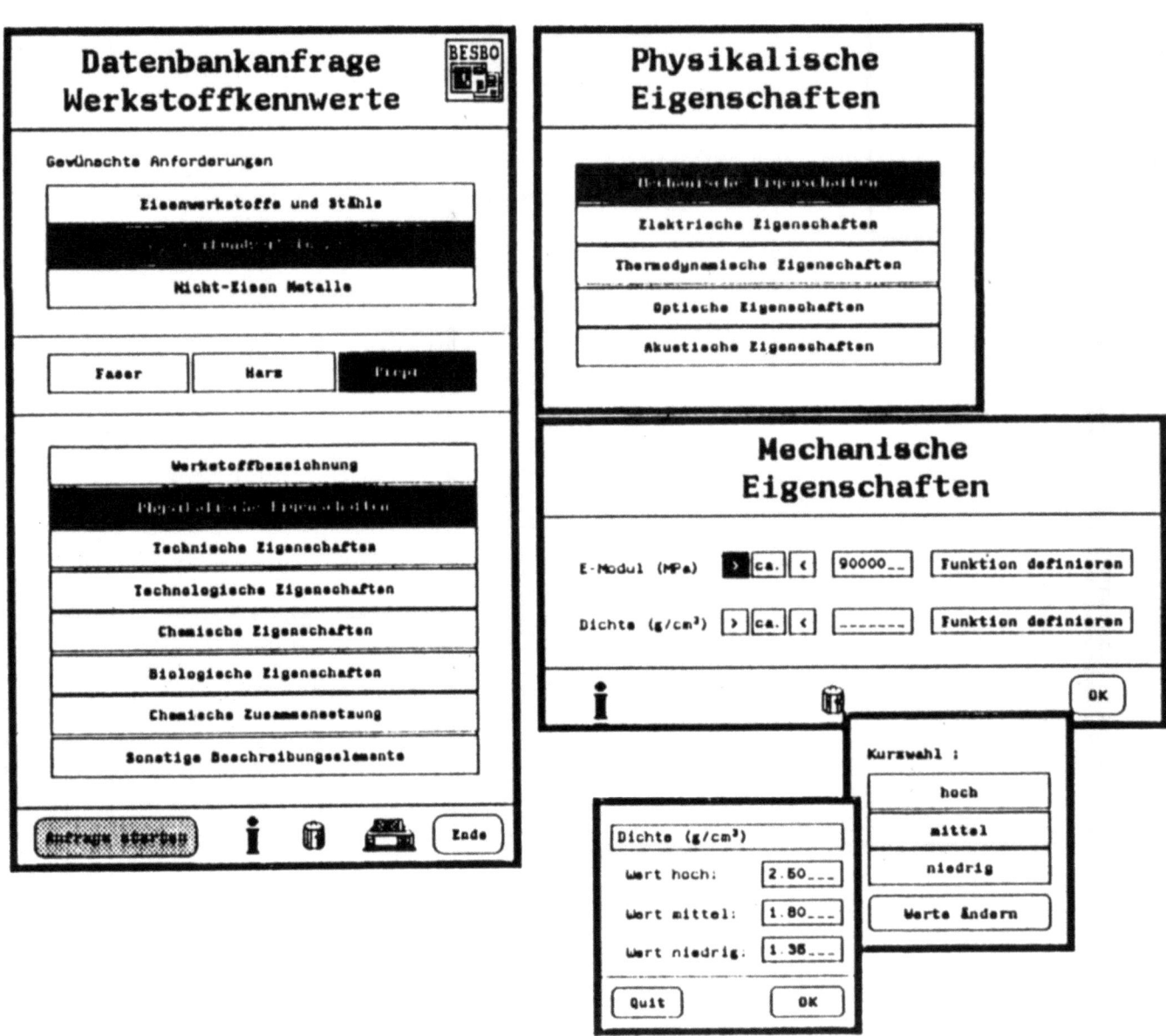

Bild 5: Datenbankanfrage zu Prepregs

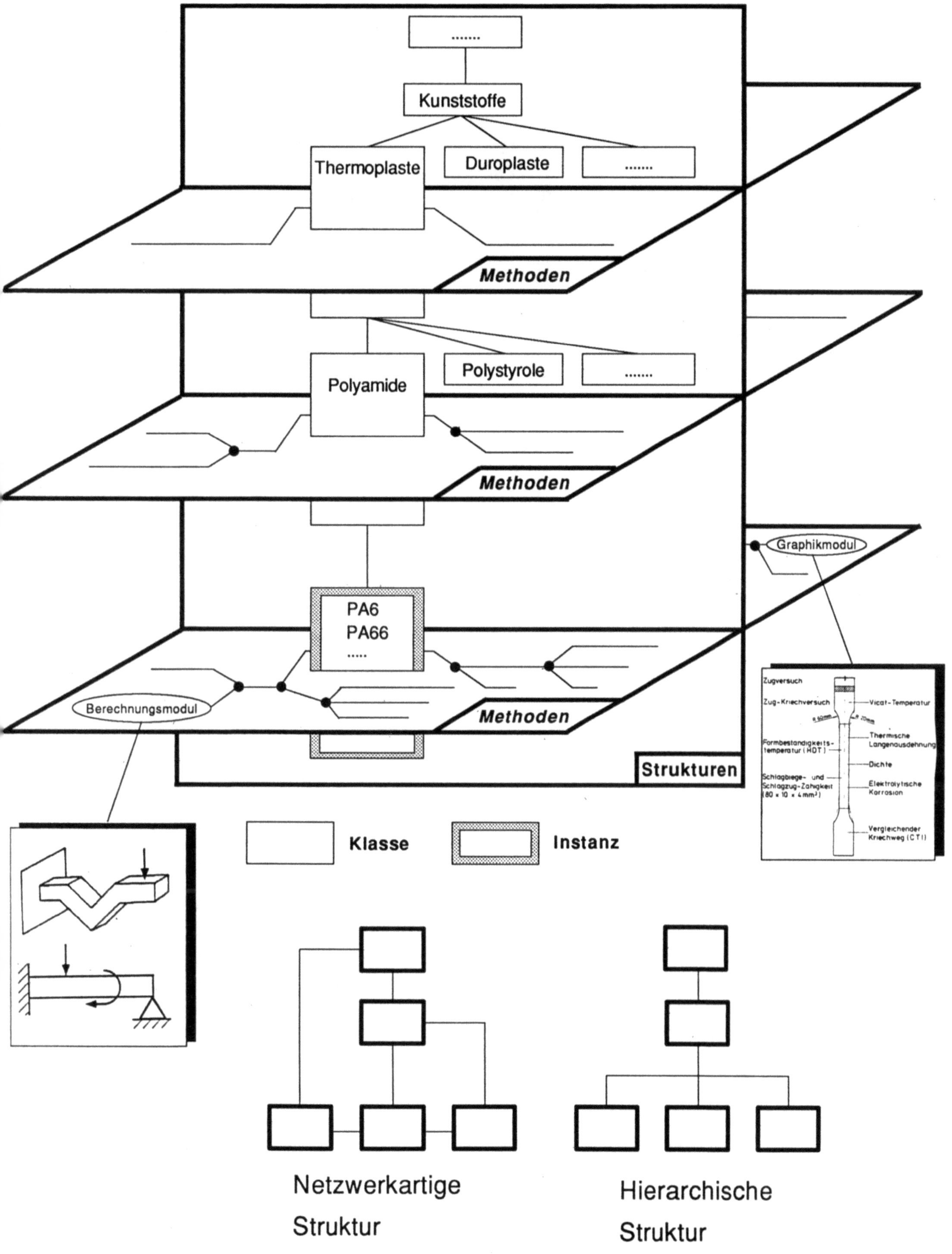

Bild 6: Schematische Beschreibung der Datenstrukturen

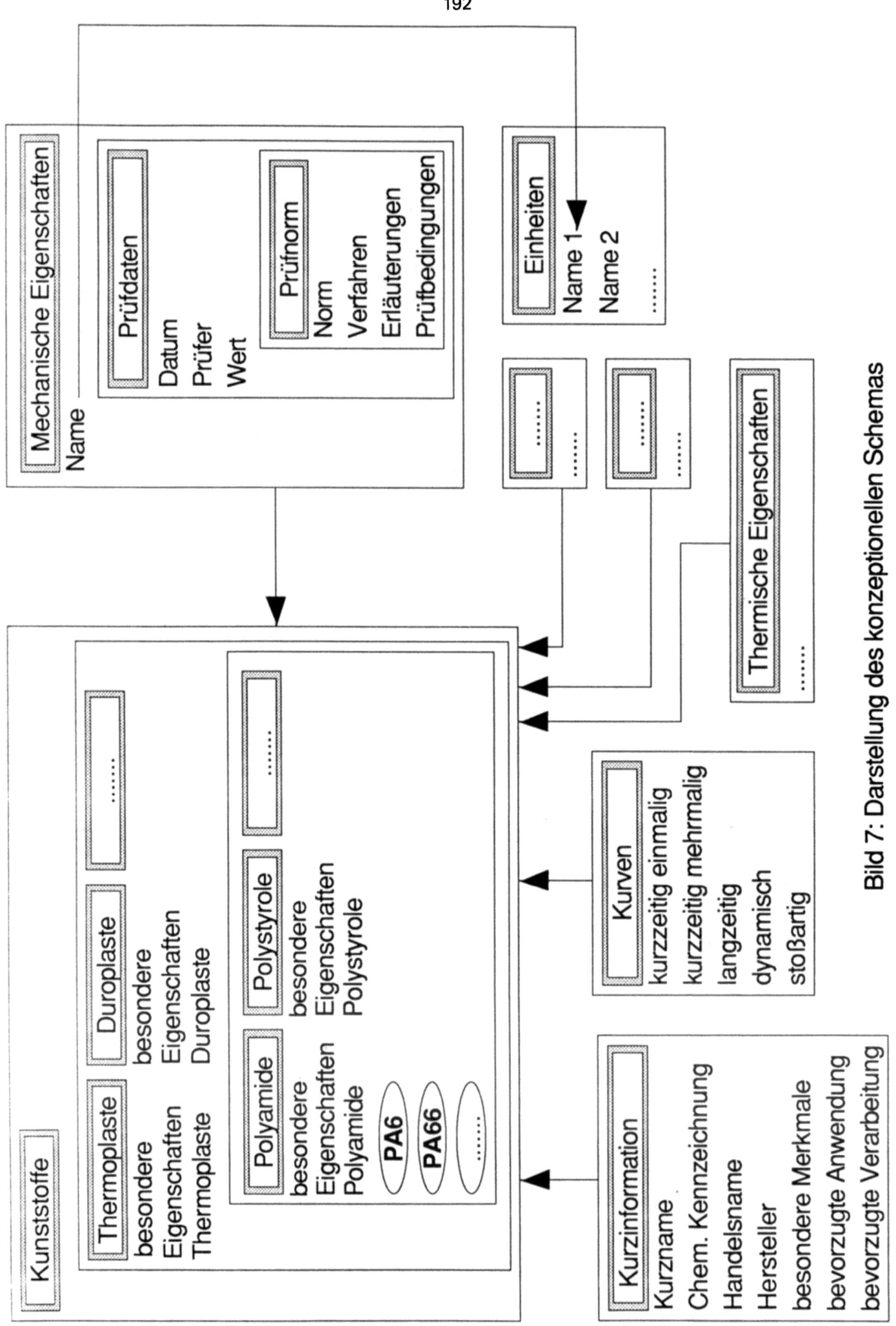

Bild 7: Darstellung des konzeptionellen Schemas

IAO-Forum
**Objektorientierte
Informationssysteme**

**Praktische Anwendung
objektorientierter
Technologien in der
Software-Entwicklung**

R. Vorwerk

Am Anfang stand die Unzufriedenheit...

Besser als alle Worte beschreibt diese Graphik das alte und neue Dilemma der Software Industrie. Die vielzitierte Krise in der Software Branche ist trotz enormer methodischer Anstrengungen in den letzten Jahren noch nicht gemeistert.

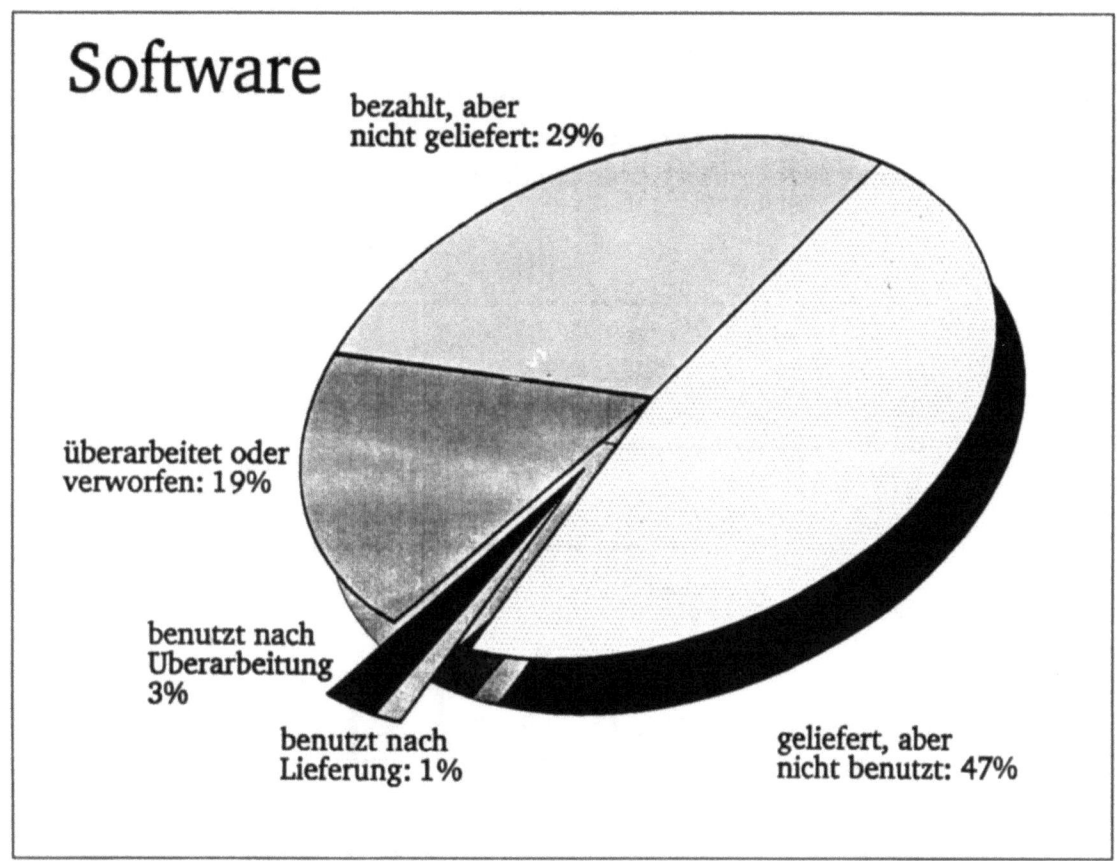

Hoffnungsträger der letzten Dekade waren CASE-Tools und Structured Analysis. Angetreten, um die Software Entwicklung in den Rang einer ingenieursmäßigen Disziplin zu befördern, haben sie inzwischen den Markt mit einer Vielzahl von teuren und zeitaufwendigen Tools und Methoden überschwemmt.

Das Lob, das dem Zugewinn an Strukturiertheit, Konsistenz und Dokumentation von CASE-Anhängern gezollt wird, kann allerdings nicht darüber hinwegtäuschen, daß das finanzielle und planerische Risiko eines Softwareprojekts keineswegs in dem Maße gesunken ist, wie man es angesichts des betriebenen Aufwandes hätte erwarten können.

Auch der Zuwachs an Software-Qualität bleibt in einem eher bescheidenen Rahmen. Von nennenswerten Produktivitätssteigerungen kann schon gar nicht die Rede sein, weil die wichtigste Voraussetzung dafür, nämlich die Wiederverwendbarkeit von Design-Teilen und Modulen, bisher nicht gewährleistet ist.

Tatsächlich resultiert das Risiko von Softwareprojekten aus diesen gravierenden Mängeln in der Projekt-Ablauforganisation.

Unsere Lösung des Problems

vorwerk consulting hat zwei bewährte Verfahren aus der Industrie in seine Softwareentwicklung übernommen: Das **Prototyping** oder realitätsnahes "Entwickeln im Windkanal". Das **Baustein-Prinzip**, d.h. Software-IC's mit genormten Schnittstellen sind in vielen Anwendungen wiederverwendbar.

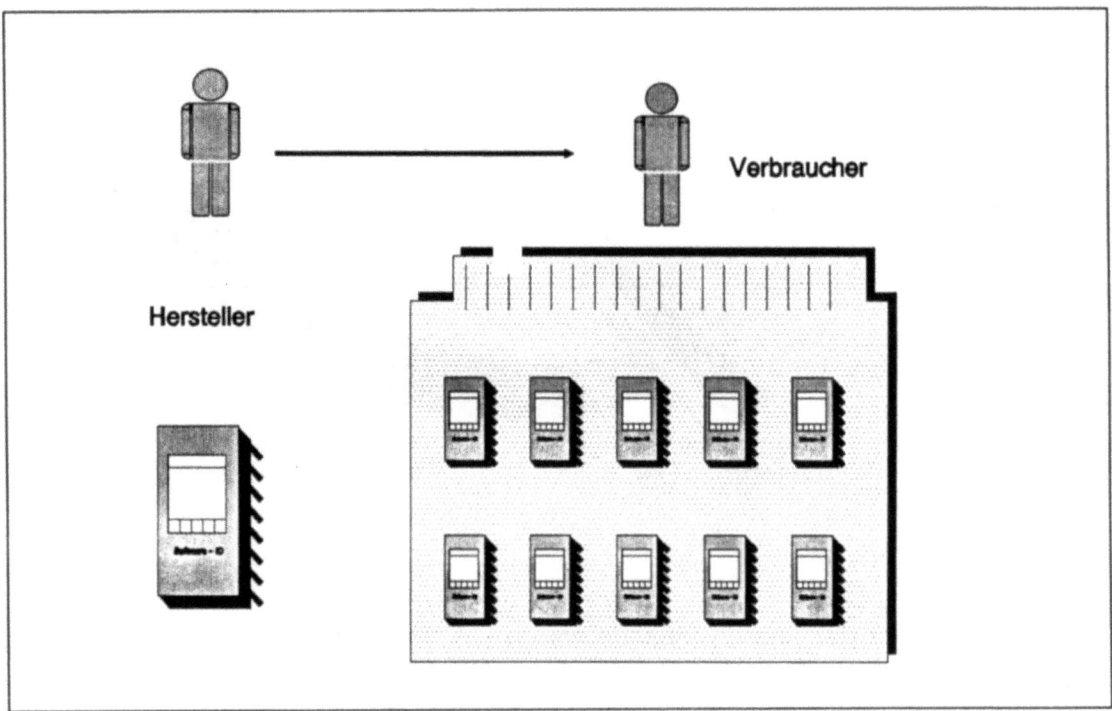

Welche Vorteile hat Prototyping?

In fast allen Industriezweigen, z.B. in der Auto- und Flugzeugindustrie, ist es üblich, einen Prototyp zu entwickeln, bevor ein Produkt in Serie geht. Man benutzt diese Prototypen, um ihr Verhalten auszutesten, eine Entscheidungsgrundlage für die Weiterentwicklung zu finden und dem Auftraggeber einen konkreten Eindruck von seinem zukünftigen Produkt zu vermitteln. Ein voll funktionsfähiger Prototyp ist in der Regel die Voraussetzung für die Vergabe eines Auftrags und für die Finanzierung der zweiten Stufe. Dies ist vernünftig.

Bis vor kurzem hat die Software Branche nicht ernsthaft daran gedacht, dieses Modell zu übernehmen. Die Entwicklung eines Software Systems galt als so komplex, daß die Entwicklung eines Prototypen dem Aufwand für das Endprodukt gleichgekommen wäre. Das, was bisher als Prototyping firmierte, war bestenfalls eine statische Visualisierung von Masken.

Um Prototyping in unserem Sinne handelt es sich aber erst dann, wenn der Prototyp die komplette Funktionalität einer Anwendung beinhaltet und ablauffähig ist.

Bei einem so verstandenen Prototyping handelt es sich um ein Verfahren zur Anwendungsentwicklung, das ein frühzeitiges Experimentieren mit einem vollständigen Modell des Zielsystems ermöglicht. Im Vergleich zu einer detaillierten Systemspezifikation auf Papier schneidet dieser Ansatz in jeder Hinsicht besser ab.

Praxisvergleiche haben ergeben,

daß Produkte durch Prototyping mit bis zu 50% weniger Entwicklungsaufwand hergestellt werden. Dieser innovative Ansatz trägt auch der Tatsache Rechnung, daß der Auftraggeber nur selten in der Lage ist, seine Anforderungen an die Anwendung so strukturiert und vollständig an den Entwickler weiterzugeben, wie es für die Entwicklung eines konsistenten Systems notwendig wäre. Anforderungslücken werden aber sichtbar, wenn beim Ablauf des Prototypen Reaktionen oder Ergebnisse auftreten, die eindeutig den Anforderungen des Auftraggebers widersprechen.

In einem iterativen Korrekturprozeß kann dann der Prototyp optimiert werden. Diese großartige Möglichkeit zur Rückkopplung und Kooperation zwischen Anwender und Entwickler ist ein eindeutiger Vorteil gegenüber traditionellen Software-Endwicklungskonzepten ohne Prototyping.

Prototyping reduziert nachträglich auftretende Veränderungswünsche des Anwenders auf ein Minimum. Damit ist der größte Kostenverursacher im Softwareentwicklungsprozeß unschädlich gemacht.
Ein erheblicher Teil der Gesamtkosten eines Softwareprojekts lässt sich dadurch einsparen.

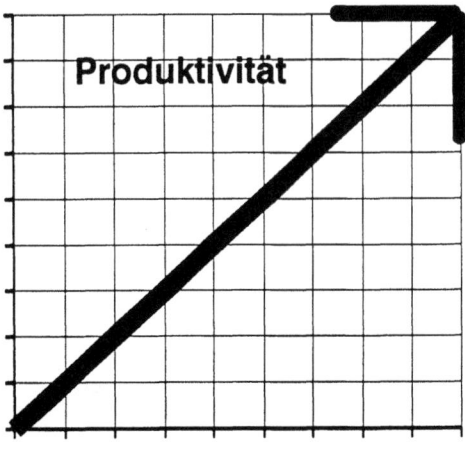

Prototyping fördert eine gedeihliche Zusammenarbeit zwischen Anwender und Entwickler. Mißverständnisse werden frühzeitig ausgeräumt. Der Anwender identifiziert sich schnell mit dem System.

Die anschließenden Realisierungsarbeiten können auf einer gesicherten Basis ausgeführt werden. Entwicklungskosten halten sich in überschaubaren Grenzen, komplette Investitionsruinen sind ausgeschlossen.

In einer optimalen Prototyping-Infrastruktur wird der Prototyp Bestandteil des Zielsystems. Er ist also kein Wegwerf-Modell. Er bleibt auch nach Fertigstellung des Produkts als Referenzsystem für Änderungen erhalten.

Der Prototyp gewährleistet offene Funktionalität für spätere Zusatzanforderungen.

Das Erstellen von Prototypen ist kein Problem.

Der Grund, weshalb sich Prototyping bisher nicht effektiv und kostengünstig einsetzen ließ, lag in den Entwicklungsumgebungen der dritten Generation.

Mit COBOL oder anderen prozeduralen Sprachen Prototypen einzurichten, ist vom Aufwand her nicht vertretbar.

Dies hat sich mit dem Aufkommen Objektorientierter Programmiersysteme schlagartig geändert.

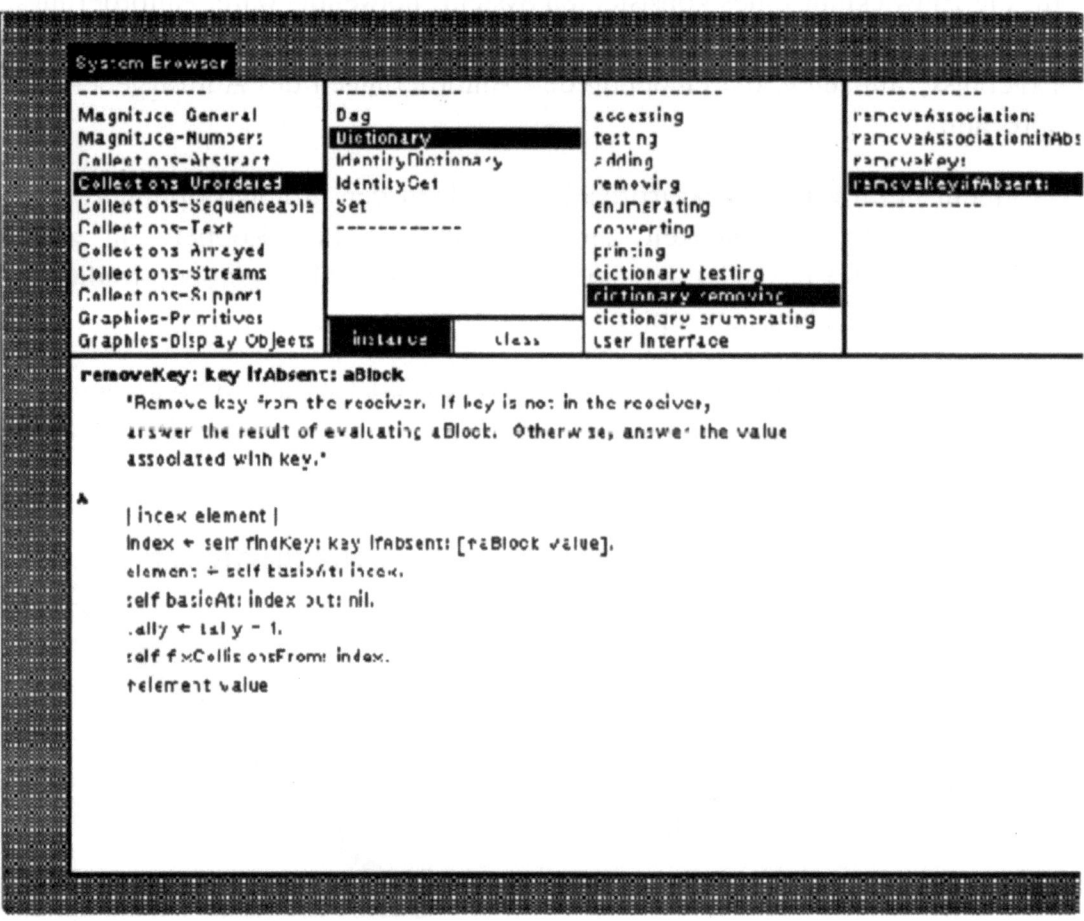

die incrementale Kompilierung von Code benötigt wird, ist so gering, daß er nicht ins Gewicht fällt.

Es versteht sich von selbst, daß sich die Produktivität eines Programmierers in einer solchen Umgebung drastisch erhöht.

Anwendungen

Mit der hier vorgestellten Vorgehensweise sind unterschiedlichste Projekte realisiert worden. Dazu gehören:

Ein Management-System für Programmierkapazitäten

Diverse Prototypen im Rahmen der Kraftfahrzeugelektronik

Kommerzielle Applikationen, wie Fremdwährungsbuchhaltung, Vertriebssteuerung etc.

Diese objektorientierte Vorgehensweise haben wir zu einem **Software Construction Kit** zusammengefügt.

Das Software Construction Kit ist eine unter OS/2 und MS-DOS ablauffähige Softwareentwicklungsumgebung zur Ergänzung vorhandener CASE-Tools. Die wesentlichen Bestandteile sind das **Rapid Prototyping Center** zur einfachen Erstellung funktionaler Modelle geplanter Anwendungen, ein Quellcode-Generator zur Weiterverwendung der Prototyp-Ergebnisse sowie ein Construction Kit zur Unterstützung der Source-Code-Erstellung. Das Construction Kit wird wird ein Project Data Dictionary, einen ScreenPrinter, einen Logiktester und ein Entscheidungstabellmodul ergänzt.

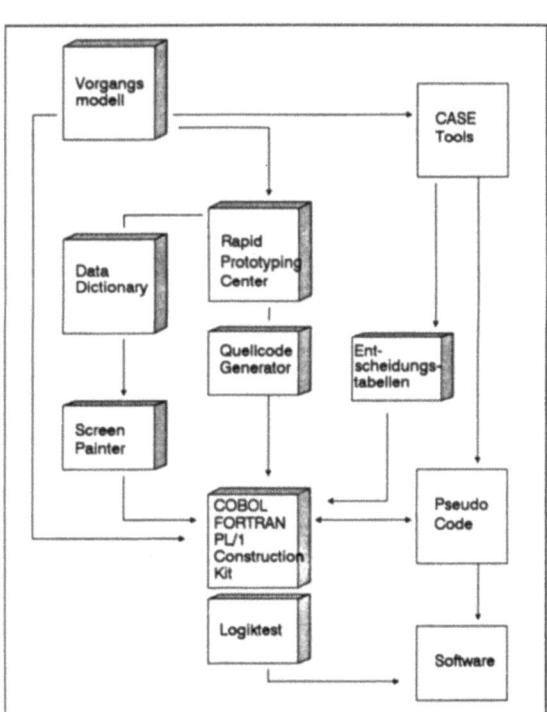

IAO-Forum
**Objektorientierte
Informationssysteme**

Werkzeuge zur Übersetzung technischer Dokumente

R. Mayer

Entwurf von Werkzeugen zur Übersetzung technischer Texte

Dipl.-Inform. Renate Mayer
FhG - IAO, Stuttgart

Zusammenfassung

Termbanken sind wichtige Werkzeuge für technische Übersetzer. Die Terminologie, der Wortschatz eines Fachgebietes, mit Übersetzung, Definition und weiteren Angaben ist in einer Datenbank abgespeichert. Das Papier beschreibt den Entwurf des logischen Datenschemas und die Realisierung einer Termbank für eine relationale Datenbank. Darüberhinaus wird aufgezeigt, wie die Einführung objektorientierter Datenbanksysteme Entwurf und Realisierung einer Anwendung verändert. Die Termbank, die im Rahmen des ESPRIT Projekts 2315 "Translator's Workbench" (TWB) am IAO entwickelt wurde, wird vorgestellt.

1. Einleitung

Die rasante technische Entwicklung der letzten Jahrzehnte hat neue Fachgebiete und eine Vielzahl neuer Begriffe und Benennungen mit sich gebracht. Begriffe sind abstrakte Gebilde, Ideen, Verfahren, Benennungen geben Begriffen einen Namen. Der Begriff "Computer" besitzt beispielsweise die Benennungen Computer, Datenverarbeitungsanlage oder Rechner. Der Fachwortschatz oder die Terminologie eines Fachgebietes ist ständiger Änderung unterworfen. Neue Benennungen und Begriffe werden eingeführt und die Bedeutung existierender Benennungen verändert sich. Die Anforderungen an technische Redakteure und Übersetzer steigen durch diese rasante technische Entwicklung beträchtlich. Hinzu kommt, daß durch kürzere Produktlebenszeiten häufiger ein neues Produkt auf dem Markt erscheint. Der Zeitdruck auf Übersetzer und die Kosten, die durch die Dokumentation entstehen, steigen enorm. Die Anforderungen der Kunden an eine gute Dokumentation ist ebenfalls gestiegen. Technische Redakteure und Übersetzer, die im allgemeinen keine Fachexperten sind, müssen Sachverhalte in Handbüchern, Bedienungsanleitungen u. ä. beschreiben und übersetzen. Dafür müssen sie sich, um gute Qualität liefern zu können, in die neuen Sachgebiete einarbeiten. Gedruckte Wörterbücher können da nicht mehr Schritt halten.

Um die Begriffe und Fachwörter mit ihren Bedeutungen bzw. dem Bedeutungswandel in den Griff zu bekommen, werden für Übersetzer und technische Redakteure Termbanken eingeführt, die sie bei ihrer täglichen Arbeit unterstützen.

2. Termbanken

Termbanken enthalten die Terminologie eines oder mehrerer Fachgebiete. Eine Termbank ist ein maschinengestütztes Lexikon und beinhaltet, je nach Zielrichtung, neben dem Fachwort dessen Definition, eine Grammatikangabe, Äquivalente in anderen Sprachen, und Beziehungen zwischen den Fachwörtern wie z.B. Synonym, Oberbegriff, Unterbegriff. Die Termbank subsummiert folglich verschiedene Arten von Nachschlagewerken wie Enzyklopädien, Thesauri, Glossare, technische Wörterbücher, Abkürzungslisten und andere mehr. Die Daten setzen sich aus Wörtern, Beziehungen zwischen ihnen und Texten wie Definition, oder Anwendungsbeispiel zusammen. Manche gedruckte Enzyklopädien, und in zunehmendem Maße auch Termbanken, bieten zum besseren Verständnis auch Bilder und Graphiken an. Moderne elektronische Wörterbücher im Zeitalter von Hypermedia und Hypertext, beinhalten darüberhinaus auch Ton, Video oder Animation. Die Daten sind in einer Datenbank abgespeichert und man kann über spezielle Programme auf sie zugreifen und sie modifizieren.

Vor allem im Bereich der technischen Übersetzung spielen Termbanken eine immer größere Rolle, da gedruckte Wörterbücher dem laufenden Wandel der Terminologie nicht mehr gewachsen sind. Typische Benutzer von Termbanken sind technische Übersetzer und Fachexperten, deren Interesse im Nachschlagen nach Definitionen, Äquivalenten usw. liegt und Terminologen, die den Inhalt der Termbank bearbeiten, d.h. Daten hinzufügen, löschen oder ändern.

Die ersten Termbanken wurden in den 70ger Jahren vom Bundessprachenamt (LEXIS), der kanadischen Regierung (TERMIUM) und der EG (EURODICAUTOM) eingeführt. Alle drei Termbankbetreiber haben einen hohen Übersetzungsbedarf. Die kanadische Regierung muß alle offiziellen Dokumente in englisch und französisch veröffentlichen, da beide Sprachen Amtssprache sind. Bei der EG verschärft sich das Problem noch, da in der EG neun verschiedene Sprachen gesprochen werden und die meisten EG-Dokumente in allen EG-Sprachen veröffentlicht werden müssen. Das Bundessprachenamt ist dafür verantwortlich, politische Dokumente zu übersetzen. Alle drei Termbanken wurden für Großrechner konzipiert und Software eigens für die Termbank entwickelt.

Die Termbanken der nächsten Generation wurden für kleinere Rechner wie Workstations und PCs entwickelt. Die Designer bedienten sich beim Entwurf eines kommerziellen Datenbanksystems. Bild 1 zeigt einen Überblick über die bekanntesten Termbanken. Die Verwendung eines kommerziell verfügbaren Datenbanksystems bietet den Vorteil, daß Aufgaben wie Locking der Daten, Logging, Synchronisation von mehreren Benutzern etc. vom System übernommen werden. Der Designer kann sich auf die Konzeption des logischen Schemas der Termbank konzentrieren.

Termbank	**Betreiber**	**Hardware**	**Sprachen**
Termium	Kanada	Großrechner	en, fr
Lexis	B-Spr.Amt	Großrechner	en, fr, ru, sp, it
Eurodicautom	EG	Großrechner	en, fr, it, de, sp, po, el, da, nl
TEAM	Siemens AG	Großrechner	en, fr, de, sp, ca, it,
Termex	EG	PC	
CAT	Ericcson	PC	
Term-PC	Siemens	PC	en, fr, de, sp, ca, it,

Bild 1: Überblick Termbanken

3. Entwurf von Termbanken

Wird der spezielle Einsatz einer Termbank schon beim Entwurf berücksichtigt, kann der Designer auf die existierende Hardwareumgebung einerseits und die Wünsche, Anforderungen und Vorbildung bezüglich Computernutzung der Benutzerinnen und Benutzer andererseits, eingehen. Zu Beginn des Termbankentwurfs muß geklärt werden, ob bei ihrem Einsatz eine mehr übersetzungsbezogene oder einsprachige Verwendung im Vordergrund steht. Das heißt ein Modell der Welt, die in der Termbank abgebildet werden soll, und ein Modell der Welt, in die die Termbank gestellt wird, muß spezifiziert werden. In einem nächsten Schritt werden die Daten, die für eine Termbank aufbereitet werden sollen, klassifiziert und detailliert spezifiziert. Diese Spezifikation fließt in das logische Datenschema ein. Das konzeptionelle Schema wird in ein physikalisches überführt und die Relationen implementiert. In einem weiteren Schritt muß eine Schnittstelle zur Modifikation und zum Retrieval realisiert werden und im letzten Schritt wird die Datenbank mit Daten gefüllt.

Relationaler Entwurf

Für den Entwurf eines Datenschemas für relationale Datenbanksysteme hat sich der Entity Relationship Ansatz durchgesetzt (Chen 75). Der Ansatz wurde durch einige Merkmale erweitert (Batini, Smith) Zum Entwurf des konzeptionellen Schemas dient folgender Plan:

1. Beschreibe die Anwendung
2. Bestimme die Entity-Mengen
3. Bestimme die Relationship-Mengen
4. Zeichne das Entity-Reationship Diagramm
5. Bestimme die Attribute und ihre Wertemengen
6. Bestimme die Primärschlüssel
7. Prüfe, ob das Diagramm eine adäquate Darstellung der Anwendung ist
8. Übersetze das Diagramm in Relationen und beschreibe die Konsistenz- znd Integritätsbedingungen
9. Entwerfe das interne/physikalische Format

Erst in Schritt acht werden Integritäts- und Konsistenzbestimmungen eingeführt. Dieser Schritt dient nur zum schriftlichen Festlegen der internen Abhängigkeiten. Die relationalen Datenbanken bieten keine

Hilfe bei der Realisierung der Bedingungen. Das muß der Anwendugns-
programmierer mit Hilfe einer Programmiersprache über die Datenbank
stülpen. Das ist beim Einsatz objektorientierter Datenbanken nicht
mehr der Fall.

Beispiel TWB-Termbank:
Die Daten, die für die multilinguale Termbank aufbereitet werden,
stammen aus der Automobilindustrie und behandeln die Katalysator-
technik und den Lastwagenbau im speziellen. Die Einträge sind
Fachwörter in den Sprachen englisch, deutsch und spanisch und haben
als Attribute eine kurze Syntaxangabe, das Land (amerikanisches vs.
britisches Englisch), den Gebrauch (Allgemeinsprache vs. Firmen-
sprache) und ein Hinweis auf die Ausarbeitung (vorläufig vs.
validiert).

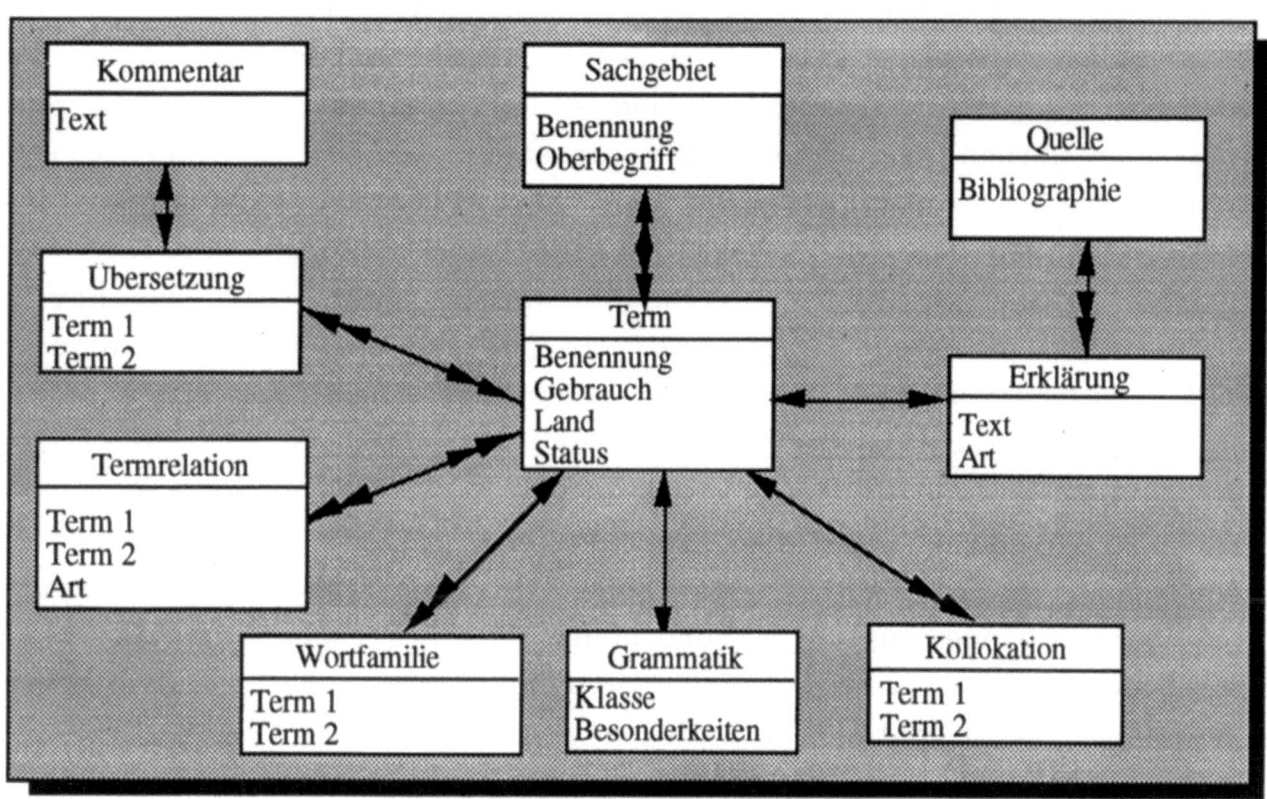

Bild 2: Konzeptioneller Entwurf der Termbank

Informationskategorien, die aufgenommen werden, sind Definitionen,
Kontexte, Synonyme, Sachgebiet, Wortfamilie, Grammatik. Dadurch
enstehen die folgenden Objekte und Verbinduungen zwischen ihnen:
Objekte: Definition mit Quelle, Kontextbeispiel, Sachgebiet.

Relationen: Synonym, Variante, Abkürzung, Thesaurusrelationen
(Ober-, Unterbegriff), fremdsprachliche Äquivalente.

Die Informationen sind in einer relationalen Termbank abgespeichert. Das Datenschema zeigt Bild 2. Momentan ist nur ein Teil der Kategorien realisiert und abgespeichert, die Daten wurden von den Universitäten Heidelberg und Surrey zusammengetragen und mit Hilfe von Technikern und Übersetzern der Mercedes Benz AG validiert. Die Datenbank beinhaltet ca. 500 Terme in jeder Sprache

Objektorientierter Entwurf

Beim objektorientierten Design stehen die Objekte nicht die Funktionen im Vordergrund. Ein Objekt ist eine Entität, auf dem bestimmte Operationen definiert sind. Ein Objekt besitzt einen bestimmten Zustand, Operationen sind Abfragen oder Änderungen des Zustandes. Die Objekte sind in eine Objekthierarchie eingebunden. Ein Objekt höherer Klasse vererbt Eigenschaften an abhängige Objekte. An die Zustandsänderung eines Objektes können Methoden gebunden werden, die automatisch ausgeführt werden. Dies ermöglicht eine einfache Realisierung von Integritätsbestimmungen und Konsistenzbedingungen. Beispielsweise kann dadurch einfach die Quelle einer Definition gelöscht werden, wenn die zugehörige Definition gelöscht wird und die Quelle bei keinen anderen Definitionen verwendet wird. Ferner kann das Hinzufügen eines neuen Termes vereinfacht werden.

Beispiel:

In der Datenbank sind die Einträge en: „file" und de: „Datei" vorhanden. Es soll nun der spanische Eintrag „fichero" hinzukommen. Der Terminologe fügt die Verbindung file - fichero hinzu. Eine Methode kann dem Terminologen nun alle Übersetzungen eines Termes anbieten und automatisch hinzufügen.

Zur Überführung einer relationalen Datenbank in eine objekt-orientierte können außer Reimplementierung in einem objektorientierten Datenbanksystem auch zwei andere Verfahren angewendet werden:

a) Erweiterung der relationalen Datenbank um objektorientierte Programmniersprache (C++ statt C)

b) Erweiterung einer objektorientierten Sprache um Datenbankfunktionen.

4. Oberfläche

Um direkt auf die Daten zugreifen zu können, müßten die Benutzer nicht nur SQL (steht für Sequentiell Query Language) oder eine andere formale Abfragesprache der Datenbank lernen, sondern darüberhinaus auch die Struktur der Datenbank genau kennen. Da die Benutzer einerseits keine Experten im Umgang mit Computern sind und andererseits nur Interesse am Retrieval von Informationen haben, wäre dies eine zu hohe Anforderung. Die Termbank würde nicht akzeptiert, da sie im Vergleich zum bekannten Medium Wörterbuch/Karteikarte zu schwierig zu benutzen wäre.
Die Aufgabe des Designers besteht darin, eine einfache Oberfläche zur Termbank zu entwickeln, zu implementieren und zu evaluieren.

5. Beispiel: TWB

Im Rahmen ESPRIT-II Projektes "Translator's Workbench" (TWB) wird eine Computer-Arbeitsumgebung für technische Übersetzer entwickelt und implementiert. Ein zentrales Werkzeug der Workbench bildet die Termbank. Die Benutzer des Systems sind technische Übersetzer, die die Arbeit mit Papier, Bleistift, gedruckten Wörterbüchern und Karteikarten gewöhnt sind. Sie sind Laien im Umgang mit dem Computer, was besondere Ansprüche an die Benutzeroberfläche des gesamten Systems stellt.
Für die oben genannte TWB-Termbank haben wir uns für eine direkt manipulative Oberfläche entschieden und zwei Varianten, nämlich eine menüorientierte und eine buttonorientierte Oberfläche, realisiert. Beide Varianten wurden den Benutzern vorgeführt und in einem Test einander gegenübergestellt. Durch Beobachtung bei der Arbeit und direkte Befragung der Benutzer wurde evaluiert, welche der Oberflächen die Benutzer bevorzugen. Dieses Vorgehen erhöht einerseits die Akzeptanz der Benutzerinnen und Benutzer, da sie aktiv bei der Modellierung der Oberfläche eingebunden sind, andererseits kann die Oberfläche optimal gestaltet und in einem frühen Stadium an die Bedürfnisse und an die Arbeitsanforderung angepaßt werden. Die Oberfläche muß einen direkten Zugriff zu den Daten ermöglichen und sollte ein Navigieren durch ein Wort- bzw. Begriffsfeld erlauben.

Eine Benutzerbefragung zu Beginn des Projektes ergab, daß der Übersetzungsprozeß meist in zwei Phasen aufgeteilt ist: 1. Verstehen des ausgangssprachlichen Textes und 2. Textproduktion des zielsprachlichen Textes. In beiden Phasen fällt Terminologiearbeit an, der Benutzer kann durch eine Termbank unterstützt werden. Die Oberfläche ist in folgende Module (vergleiche auch Bild. 3) aufgeteilt:

- Spezifikation: Auswahl der interessierenden Informationskategorien
- Retrieval: Der gesuchte Begriff wird in das Termfenster eingegeben. Das Programm sucht zu diesem Term die Kategorien, die in der Spezifikation angegeben sind und gibt sie in das Retrievalfenster aus. Zusätzliche Informationen können über die Option *further information* ausgewählt werden. Der Suchbegriff kann durch wildcards abgekürzt werden. Das Retrievalprogramm findet Terme in unterschiedlicher Schreibweise, durch speziell angelegte Pattern (z.B. blackbox, Black-Box, Black box etc).

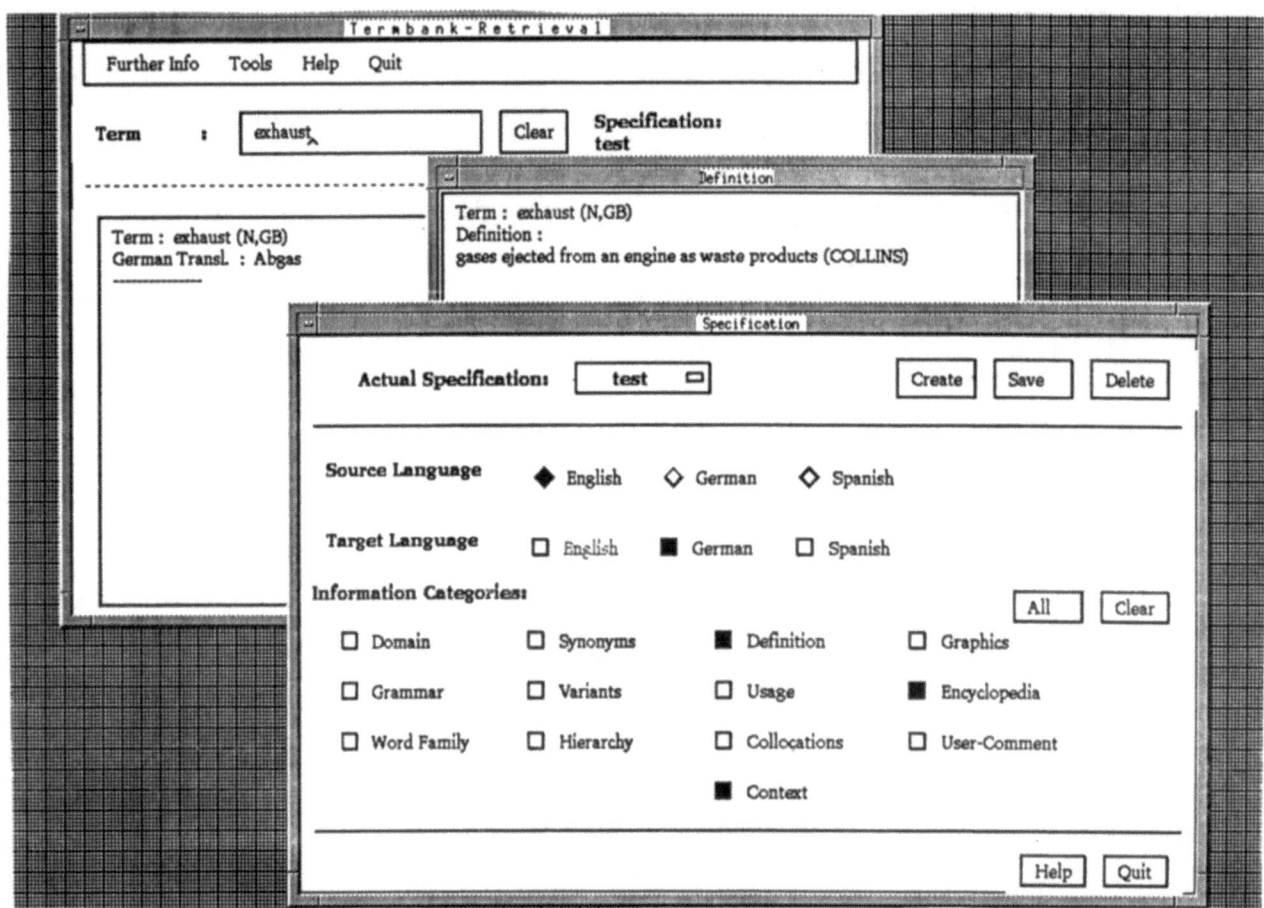

Bild 3: Oberfläche der TWB-Termbank

- Listensuche ermöglicht die gleichzeitige Abfrage mehrerer Begriffe. In der ersten Übersetzungsphase bietet die Listensuche die Möglichkeit, alle unbekannten Termini in eine Liste einzutragen und insgesamt zu suchen. Ausgabe erfolgt wahlweise auf dem Bildschirm, auf einen Drucker oder in ein File.
- Benutzerkommentar und Mail: Ermöglicht eine aktive Beteiligung der Benutzer am Termbankinhalt, da nur der Terminologe manipulierend auf die Termbank zugreifen darf. Der Übersetzer kann entweder über mail dem Terminologen eine Mitteilung zukommen lassen oder einen privaten "Kommentar" als Zusatz zu einem Term in der Datenbank abspeichern.
- Browser zum Navigieren durch ein Begriffsfeld, wobei Terme und deren Beziehungen dargestellt werden (Termbrowser) und zum Navigieren durch die Definitionstexte (Hypertextansatz). Dem Benutzer werden Terme, die im Definitionstext verwendet werden und zu denen selbst eine Definition abgespeichert ist, angezeigt. Durch einfaches Selektieren mit der Maus wird der Verweis auf diesen Term aktiviert und ausgegeben.

Technische Angaben

Die Termbankoberfläche wird auf einer Sun Workstation unter Unix mit OSF/Motif (X-Windows) entwickelt. Die Daten sind mit Hilfe des relationalen Datenbanksystems ORACLE abgespeichert.

Ausblick

Eine neue Version der Termabnk mit Hilfe des objektorientierten Datenbanksystems GemStone ist geplant. Ferner sollen in die existierende Termbank Graphiken aufgenommen werden.

Literatur

Batini, C.; Lenzerini, M.; Moscarini, M.: Views Integration in: Ceri, S. (ed) "Methodology and tools for database design", North Holland, S25-56, 1983.

Chen, P.P.: The Entity-Relationship Model - toward a unified view of data, in: ACM transaction on database systems, Vol. 1, No. 1, S. 9-36, 1976.

Diederich, J.; Milton, J.: Objects, ODDESSY: An Object-Oriented Database Design System, in: Proc. of the Third Internatinal Conference on Data Engineering, Los Angeles, 1987.

Premeriani, W.J.; Blaha, M.R.; Rumbaugh, J.E.; Varwig, T.A.: An Object-Oriented Relational Database, in: Communications of the ACM, Vol. 33, No. 11, S. 99-109, 1990.

Mayer, R.; Maier, E.: Spezifikation eines konzeptionellen Schemas für Terminologiedatenbanken, in: Czap, Nedobity (Hrsg.) Terminology and Knowledge Engineering, Frankfurt:Indeks Verlag, S. 125-163, 1987.

Smith, D.C.P.; Smith, J.M.: Database Abstraction: Aggregation and Generalization, in: ACM transaction on database systems, Vol. 2, No. 2, S. 105-133, 1977.

If you have any concerns about our products,
you can contact us on
ProductSafety@springernature.com

In case Publisher is established outside the EU,
the EU authorized representative is:
**Springer Nature Customer Service Center GmbH
Europaplatz 3, 69115 Heidelberg, Germany**

Printed by Libri Plureos GmbH
in Hamburg, Germany